東日本大震災大規模調査から読み解く災害対応

自治体の体制・職員の行動

[編著]
稲継裕昭

[著]
大谷基道
松井 望
本田哲也
河合晃一
中村悦大
竹内直人

第一法規

はしがき

　本書は、(独) 日本学術振興会・東日本大震災学術調査委員会のもとに置かれた「行政・地方自治班」が岩手県、宮城県、福島県の3県の職員の方々及び3県内の沿岸部37市町村職員の方々（いずれも課長級）を対象として行ったアンケート調査結果を集計し、分析したものです。

　本アンケート調査は、「被災自治体の皆様が、東日本大震災の応急対応及び復旧・復興活動を行うに当たり、どのような困難に直面し、またその困難に対してどのようにして対処されたか」を明らかにするために実施しました。調査にご協力いただきました3県及び37市町村の幹部・管理職員の方々のご協力なくしては決して遂行することができませんでした。職員の方々には震災後3年という復興の真っ只中ご協力を賜り、市町村職員調査で74.5％、県職員調査では82.6％と極めて高い回答を得ることができました。お忙しいなかご協力賜りましたこと、衷心より御礼申し上げます。

　被災自治体との連絡及びアンケート調査の実施にあたりましては、村松岐夫先生（日本学士院会員・京都大学名誉教授）に多大なる労をお取りいただきました。また日本都市センター、全国町村会にも多くのご協力を賜りました。ここに記して感謝申し上げます。

　なお、本書執筆過程における研究会のうち1回を熊本県で行いました（2017年8月）。その際、蒲島郁夫熊本県知事から熊本地震（2016年4月）に関するご講演を賜りました。蒲島知事及びご連絡の労をお取りいただき熊本へもご同行いただいた村松先生に御礼申し上げます。

　最後になりますが、本書の出版をお引き受けいただいたうえ、研究会会場を毎回提供いただき、また様々なご助言をいただいた第一法規の木村文男様、石川智美様、達川俊平様に感謝申し上げます。

　本書が、災害対応に関する自治体実務の向上に何らかの形で資するとともに、行政学、社会学、政治学等の発展に少しでも寄与することができれば幸いです。

2018年1月

稲継裕昭

はしがき　稲継裕昭

序章 1
本書の位置づけと調査の概要　稲継裕昭
1　はじめに 1
2　調査の設計 2
3　本書各章の概要 6

第1章 11
自治体の危機管理体制は有効に機能したか　大谷基道
1　はじめに 11
2　危機管理組織は有効に機能したか 12
3　法令、計画、マニュアルは参照されたか 23
4　おわりに 36

第2章 39
復興過程のなかでの住民意識と行政対応　松井望
1　はじめに 39
2　本章の問い：なぜ、住民からの要求等には対応がしきれないのか？ 39
3　「ふるいわけ（screening）」の実際 41
4　組織の規模仮説 44
5　経験仮説 47
6　スキル仮説 48
7　まとめ 52

第3章 55
震災に直面した職員に求められる対応と今後の備え　本田哲也
1　はじめに 55
2　震災時に職員が担う「関連しない仕事」の中身 57
3　住民からの依頼・要求のうち想定できない内容の中身 64
4　依頼・要求に応えるための改善の中身 71
5　業務が滞らないための措置の中身 84
6　まとめ 93

第4章 97
被災地自治体と他機関・自治体との連携　　稲継裕昭
1　はじめに 97
2　被災自治体と組織外の機関・団体との接触 97
3　被災自治体と組織外の機関・団体との意見や見解の相違 110
4　災害対応に必要なもの 116
5　まとめ 125

第5章 131
災害関連業務と自治体職員　　河合晃一
―どのように「非常時」から「平時」へ認識が戻るのか―
1　はじめに 131
2　アンケート調査の基礎的分析―どのように認識しているのか 132
3　認識変化の規定要因―何が認識を変化させるのか 139
4　おわりに 151

第6章 155
市町村規模、市町村合併と震災復興に対する職員意識　　中村悦大
1　はじめに 155
2　震災復興と市町村の規模 156
3　データの分析 165
4　市町村規模や合併の経験は今後重視するものの違いを生むか 177
5　まとめ 183

第7章 189
農水産系職員が関わった復旧・復興業務　　竹内直人
―農業普及指導員とネットワーク―
1　はじめに 189
2　アンケート調査結果の特徴 193
3　普及指導員と営農ネットワーク 210
4　おわりに 219

補章 223
「東日本大震災学術調査に係る被災自治体職員アンケート調査」調査票及び質問回答一覧

序章

本書の位置づけと調査の概要

稲継裕昭

1｜はじめに

　本書は、(独) 日本学術振興会・東日本大震災学術調査委員会のもとに置かれた行政・地方自治班が実施した被災自治体職員アンケート調査結果をまとめたものである。

　日本学術振興会は、東日本大震災から多くのことを学び取り、新たな時代のために学術研究と人材育成を前に進めていくことが責務であるとの考えから、復興構想7原則の1を踏まえて、2012年度より、震災記録の収集・分析を進め、そこから得られた知見を次世代に伝えるため、人文学・社会科学の視点から八つの調査研究班を設置し調査研究を行ってきた（その結果の一部は、「大震災に学ぶ社会科学」シリーズの全8巻本として東洋経済新報社から2015年から2016年にかけて出版されている。また、調査結果の概要は日本学術振興会・東日本大震災学術調査委員会『大震災に学ぶ社会科学』（東日本大震災学術調査事業報告書）（執筆責任者：村松岐夫・恒川惠一）（2015年5月）（https://www.jsps.go.jp/j-gakujutsuchosa/data/report.pdf）に取りまとめられている）。

　本報告書は、上記八班のうちの一つである「行政・地方自治班」（小原隆治代表）が行った職員アンケート調査の結果をまとめたものである。

　本アンケート調査は、被災地の自治体職員が、東日本大震災の応急対応及び復旧・復興活動を行うにあたり、どのような困難に直面し、またそれに対

してどのように対処したかを明らかにすることを目的として、震災後3年経過時点である2014年2月から4月にかけて行われた。震災復興のまっただなか、極めて忙しい時期に、丁寧に質問にお答え頂いた被災自治体職員の皆様のご協力がなかったら到底実現しなかったものである。

本章では、調査件名、調査方法、調査対象、調査期間、回収数（回収率）、回収内訳、調査項目等について簡単に記述するとともに、各章の概要を掲載することとする。

2 ｜ 調査の設計

（1）調査件名
　東日本大震災学術調査に係る被災自治体職員アンケート調査
（2）調査方法
　郵送により調査票を送付し郵送で回収を行う、いわゆる郵送調査法により実施した。また、希望者にはWEB上での回答手段も用意した。調査の実施は、（一社）中央調査社に委託し、実施事務局は松井望が務め個別質問への取りまとめにあたった。
（3）調査対象
　被災3県（岩手県、宮城県、福島県）と同3県内の沿岸部37市町村の自治体に勤務する課長級の職員1,325名である。調査対象自治体は、次のとおりである。
　① 県庁（3）
　　　岩手県・宮城県・福島県
　② 岩手県内の市町村（12）
　　　洋野町・久慈市・野田村・普代村・田野畑村・岩泉町・宮古市・山田町・大槌町・釜石市・大船渡市・陸前高田市
　③ 宮城県内の市町村（15）
　　　気仙沼市・南三陸町・女川町・石巻市・東松島市・利府町・松島町・塩

竈市・七ヶ浜町・多賀城市・仙台市・名取市・岩沼市・亘理町・山元町
　④　福島県内の市町村（10）
　　　新地町・相馬市・南相馬市・浪江町・双葉町・大熊町・富岡町・楢葉町・広野町・いわき市

（4）調査期間

2014年2月27日から4月11日

なお、調査日程詳細は、次のとおりである。

　2014年2月18日　　首長あての依頼状の送付
　2014年2月27日　　対象者への依頼状・調査票の送付
　2014年3月12日　　未返送者への調査票返送依頼はがきの送付
　2014年3月20日　　調査票に記載した調査票投函期限
　2014年4月11日　　調査票回収完了時期

（5）回収数（回収率）

　調査対象数　　1,325名（3県と沿岸部37市町村の合計）
　有効回収数　　1,018票（有効回収率　76.8％）
　不能数　　　　307票

　（不能内訳）

　　白票　　　　　　　　　　　　　　　　10票
　　同一課職員による重複回答による無効　 1票
　　調査票未返送　　　　　　　　　　　　296票

（6）回収内訳

	調査対象課数	回収票数・割合		郵送返送（内数）		WEB回答（内数）	
県庁	379	313	82.6%	279	73.6%	34	9.0%
市町村	946	705	74.5%	601	63.5%	104	11.0%
合計	1,325	1,018	76.8%	880	66.4%	138	10.4%

（7）調査項目

調査項目は、県、市町村ともに以下のとおりとなる。各項目では、各設問

に、単一価値法、複数回答法、順位法、自由回答法により、回答を求めた。調査票は、巻末の補章に所収している。なお、本アンケート調査の質問文の作成にあたっては、阪神・淡路大震災後に神戸大学のチームが行った「震災と行政システムに関する調査研究」のアンケート調査票（依田2000：162-175）を参照させていただいた。

また、調査結果の概要については、巻末の補章「質問回答一覧」に掲載している（概要の作成は、池田峻（東京大学大学院）が担当した）。

Q1　震災後の1ヵ月を振り返って下さい。あなたの仕事の内容は、どのようなものでしたか。（○は1つ）
Q2　災害関連の仕事は、自分の所属する部局に関連する仕事でしたか。（○は1つ）
Q3　関連しない仕事の中身を具体的にお教え下さい。（自由記入）
Q4　その仕事を行うようになった理由は何ですか。（複数回答可）
Q5　おおむねいつ頃から、震災以前の仕事の状態に戻りましたか。（○は1つ）
Q5SQ　まだ戻っていない理由は何ですか。（複数回答可）
Q6　震災以前のあなたの仕事は、住民と直接接触する機会の多いものでしたか。（○は1つ）
Q7　震災後の3年間を振り返って下さい。震災に関わる事柄で、住民からの直接の問い合わせ、依頼、あるいは要求をどの程度受けましたか。（○は1つ）
Q8　住民からの直接の問い合わせ、依頼・要求の内容は、普段の場合と比べてどうでしたか。（○は1つ）
Q9　想定できない内容とはどのようなものでしたか。具体的に記入して下さい。（自由記入）
Q10　あなたは住民から具体的に出された要求にどの程度応えることができましたか。（○は1つ）
Q11　住民の要求に十分応えられなかったとしたら、その主な理由はなんだっ

たのでしょうか。(複数回答可)

Q12　混乱した状況の中で住民の依頼・要求により良く応えるために改善すべき点があるとするなら、それはどのような点ですか。具体的にお書き下さい。(自由記入)

Q13　震災後の1ヵ月を振り返って下さい。仕事の実施に際して、関係機関・組織とどれくらい連絡をとりましたか。当てはまる番号に○をおつけ下さい。(○はそれぞれ1つずつ)

Q14　震災後の3年を振り返って下さい。仕事の実施に際して、関係機関・組織とどれくらい連絡をとりましたか。当てはまる番号に○をおつけ下さい。(○はそれぞれ1つずつ)

Q15　震災後の1ヵ月を振り返って下さい。関係機関・組織との間で意見や見解の相違を感じましたか。当てはまる番号に○をおつけ下さい。(○はそれぞれ1つずつ)

Q16　震災後の3年を振り返って下さい。関係機関・組織との間で意見や見解の相違を感じましたか。当てはまる番号に○をおつけ下さい。(○はそれぞれ1つずつ)

Q17　ご担当をされている業務での復旧・復興を進める上で、以下のそれぞれは、復旧・復興の進捗にどの程度影響があると思われますか。当てはまる番号に○をおつけ下さい。(○はそれぞれ1つずつ)

Q18　あなたは、ご自身が所属する市町村の常設の危機管理機関・組織(例えば、危機管理監、防災課・室、危機対策課・室)が、今回の東日本大震災に対して有効に機能したと思いますか。(○は1つ)

Q19　あなたは、東日本大震災に関連した業務を行うなかで、①災害対策基本法、災害救助法、被災者生活再建支援法等の災害対策に関連した法律や、それらの法律に基づく政省令、②あなたが働く自治体で災害対策基本法に基づいて策定されている「地域防災計画」、③あなたの自治体で災害時において職員がとるべき行動について定めた「災害対応マニュアル」を、どの程度参照しましたか。当てはまる番号に○をおつけ下さい。(○はそれ

それ1つずつ)

Q20 東日本大震災のような災害に自治体が対応するうえで、以下の(1)から(10)のそれぞれは、どの程度大切だと思われますか。あなた自身の経験を踏まえ、最も大切だと思うものを「1」として、1から10まで順番に番号をおつけ下さい。(□に1から10まで数字を記入)

Q21 あなたの職場で、災害時に求められる業務が事情により十分に遂行できない事態が発生したとき、それを補うための人員とはどのような人でしょうか。(○は1つ)

Q22 災害時に職場の業務が滞らないための措置として、今後どのようなものが有効であるとお考えですか。以下に自由にご記入下さい。(自由記入)

Q23 災害救助や復興への関わり方で、あなたが自治体職員であることは、どのような意味を持ったと思いますか。(複数回答可)

Q24 あなたは、発災直後、地震・津波の被害などに関する情報をどこから得ていましたか。(複数回答可)

Q25 今回の震災では多くの職員の方自身が大変大きく被災されましたが、あなたの場合はいかがでしたか。(複数回答可)

3 | 本書各章の概要

以下、本書各章の概要を掲載する。

まず、第1章「自治体の危機管理体制は有効に機能したか」(大谷論文)では、自治体の危機管理組織や地域防災計画、災害対応マニュアルといった危機管理体制が有効に機能したのか、もし有効に機能していなかったとすればその要因は何かを探っている。アンケート調査結果によれば、危機管理組織の有効性については、概ね肯定的に評価されている。また、法令、計画、マニュアルについても、一定程度の活用が認められた。ただし、想定外の原発事故が発生した福島県内の自治体では、いずれも他の2県より評価が低い。これらを踏まえると、東日本大震災は事前の想定を大きく超えるものであっ

たが、少なくとも想定内の事象に対しては、予め整備された危機管理体制が機能したことがうかがえる。

　問題は、想定外の事象への対応である。大規模災害時において、100％想定内ということは考えにくい。被災自治体の対応を検証したところ、想定外の事態においても、事前の備えを基礎とし、それを臨機応変に活用することで、効率的な対応が可能となることが示唆された。

　次に、第2章「復興過程のなかでの住民意識と行政対応」（松井論文）では、住民からの要求への行政の対応について見ている。復旧・復興過程においては、住民からの多種多様な要求等を行政は受ける。アンケート調査結果によると、7割程度の市町村職員が住民からの要求等を多く（「非常に多く」または「かなり多く」）受けたと認識している。この要求等に対して5.5割の市町村職員は何らかの対応ができたと答えているが、これは他方で、半数近くが対応ができなかったと答えていることを意味する。

　では、自治体が対応できたか否かを分けるものは何か。同章では、組織規模、職員の経験、スキル等がどのように影響を及ぼした可能性があるのかという観点からその要因を考察している。

　第3章「震災に直面した職員に求められる対応と今後の備え」（本田論文）では、自治体職員自身による振り返りと今後の対応策に関する自由記述（Q3、9、12、22）を手がかりに分析を行った。アンケート調査の取りまとめでは通常は自由記述欄の集計が行われることは少ないが、本アンケート調査の結果からは極めて有益な示唆の得られる回答が多く見られたことから、自由記述欄の集計を行ったものである。

　震災時に以前の仕事と関連しない仕事を引き受けた場合の内容（Q3）や、住民からの依頼・要求について想定できない内容（Q9）について聞いたところ、避難所や支援物資に関するものに加え、原子力発電所事故に起因するものが多く挙げられていた。

　住民からの依頼・要求により良く応えるための改善点（Q12）に関しては、情報収集、共有、伝達に関するものが多く挙げられていた。災害時に業務が

滞らないための措置（Q22）としては、人員の確保に加え、BCP（業務継続計画）の策定や職員一人ひとりが備えることの必要性に関するものが多く挙げられていた。自由記述欄に書かれている内容は、今後の備えに有効な示唆となるものと考えられる。

第4章「被災地自治体と他機関・自治体との連携」（稲継論文）では、被災自治体自らが人的資源（職員）や物理的資源（庁舎等）の被害を多く受けている状況下で、どのような支援を必要としているのかを検討した。

まず、被災自治体と組織外の機関・団体との接触頻度についてみたところ、震災後1ヵ月時点では消防、警察、自衛隊とは頻繁な連絡をとっており、また、県とも頻繁な連絡をとっていたが、国の災害対策本部や各省との連絡頻度は低かった。不足する資源（財源、権限[義務付け、規制、許可]、人員、情報）については国よりもまず県に相談することが多かったことを示している。3年経過時点では、市町村が直接国と接触する機会も多くなっており、接触ルートが複線化している様子が分かった。

次に、被災自治体と他機関との意見や見解の相違の有無について分析を行ったところ、接触頻度の高い機関・団体に関して、相違が多いという傾向が見られることが分かった。

この章の分析では、県の役割について県内市町村の連絡調整機能が発揮されている様子が明らかにされている。

第5章「災害関連業務と自治体職員—どのように『非常時』から『平時』へ認識が戻るのか—」（河合論文）では、「非常時」の行政活動から「平時」の行政活動への変化を被災自治体職員の認識の視点から捉え、それを変化させる要因について考察している。

タイミングに関して、「非常時」の災害関連業務から「平時」の通常業務に戻ったと職員が認識するのは、どのような要因が影響を及ぼしているのか。同章では三つの仮説（自治体権限仮説、組織資源仮説、ネットワーク仮説）に基づいて統計的に分析した。その結果、元々の一般行政職員数や災害後の職員不足数といった職員の充足状況、ならびに国の出先機関や県との接触頻

度が関係していることが明らかになり、組織資源仮説とネットワーク仮説が支持された。他方で、行政区分に基づく自治体の権限の違いが認識変化に及ぼす影響は確認できず、自治体権限仮説は支持されなかった。

分析結果から、被災自治体の職員を充足するための人的支援の仕組みが、復旧・復興活動の実態にだけでなく、被災自治体職員の認識にも効果をもたらすものであることを明らかにしている。

第6章「市町村規模、市町村合併と震災復興に関する職員意識」（中村論文）では、市町村規模や合併の経験が災害対応・復興・今後の災害への備えに関する職員意識に影響を与えたかを検討している。具体的には、被災後の外部アクターとの接触頻度、現在の復興において重視するリソース、今後の災害対応に関しての意向という三点に焦点を当てて分析している。結果として、自治体の規模はすべてに影響を与えており、小規模な自治体では首長を中心とした地域の人の力によって災害に対応してきたということが職員意識からも確認できた。他方で、市町村合併の経験は実際の災害対応においてはあまり大きな意識の違いを生んでいないが、今後の災害への備えに関しては非合併自治体との意向の違いが存在することを確認している。

第7章「農水産系職員が関わった復旧・復興業務—農業普及指導員とネットワーク—」（竹内論文）では、国、市町村、住民団体、関係団体との連絡が極めて密接という特徴を持つ農水産分野の職員のアンケートの回答に着目して分析を進めている。アンケート調査結果から、これら農水産系部署では、国と意見の対立が大きい反面、市町村や関係団体とは対立が小さいことが分かった。また、復興への重要要因として、財源や職員を重視する一方、首長の政治的リーダーシップを重視せず、農業者とのネットワークや自らの意欲を重視している。同じ農水産系部署のなかでも、企画系と事業系との違いが大きく、上述の特徴は事業系においてより顕著なことも判明した。

同章では、このような特徴が、普及指導員という独特な資格及び彼らを中心とする農業関係者の制度的、心理的なネットワークから来ているということを明らかにしたうえで、統一的な理解を試みている。

【参考文献】

依田博編著(2000)『阪神・淡路大震災——行政の証言、そして市民』くんぷる

第1章
自治体の危機管理体制は有効に機能したか

大谷基道

1 | はじめに

　東日本大震災以前から、各地方自治体は災害時の対応を円滑に行うべく、危機管理組織の設置・見直しや、災害対応にあたる職員の行動を規定する計画・マニュアル等の策定を進めてきた。

　どの自治体にも災害対策業務を所掌する組織（例：「消防防災課」など）が置かれ、近年では国民保護法をはじめとする有事法制関連法の制定を契機に危機管理に特化した管理職ポスト（例：「危機管理監」など）や組織（例：「危機管理室」など）を別に置く自治体も少なくない。また、災害発生時の対応は、災害対策基本法などの災害関係法令、各自治体の地域防災計画や災害対応マニュアルなどによって予め定められ、大規模災害を想定した訓練も多くの自治体で実施されてきた。

　これら危機管理体制の整備は、言うまでもなく有事における自治体の活動の円滑化・効率化を図るためのものであるが、東日本大震災の被災自治体ではどの程度有効に機能したのだろうか。また、もし有効に機能していなかったとすればその要因は何か。本章の問いはこの二点である。

　この点に関し、被災自治体の課長級職員を対象とする本アンケート調査では、「常設の危機管理組織が東日本大震災に対してどの程度有効に機能したか」（Q18）、「東日本大震災に関連した業務を行うなかで、法令、地域防災計画、災害対応マニュアルをどの程度参照したか」（Q19）の2問を尋ねている。

本章においては、まず本アンケート調査の結果から、危機管理組織や法令・計画・マニュアルがどの程度有効に機能したかを概観する。さらに、これら危機管理体制の発災当時の設置・整備状況を示すとともに、それらが有効性を欠いたとすればその要因は何なのか、それに対してどのような対策が考えられるのかを探る。

　結論を先取りすれば、次のとおりとなる。危機管理組織の有効性については、概ね肯定的に評価されている。否定的な評価については、災害対策本部による連絡調整が円滑に行われなかったことが、その事務局を担う危機管理組織の不手際によるものと認識された可能性が考えられる。そのような問題を解消するためには、庁内での危機管理組織の地位を引き上げるなど、全庁的な統制を取りやすくすることが有効である。

　法令、計画、マニュアルについては、何らかの形でそれなりに活用された。これらは事前の想定を前提にしており、東日本大震災のような想定外の事態においては、100％そのとおりに進まないのはやむを得ない。問題は、そのとおりにいかなかった部分について、臨機応変にどう対応するかである。そのような場合においても、そのとおりには使えなかった計画やマニュアルを基礎として応用していくことで効率的な対応が可能となる。

2 ｜ 危機管理組織は有効に機能したか

2.1　アンケート調査結果から見た職員の評価の概要

　危機管理組織に対する職員の評価は図表1−1のとおりである[1]。県の場合は、「非常に有効」と「ある程度有効」を合わせて67.7％と、回答者の約3分の2が肯定的に評価しているのに対し、市町村の場合はこの両選択肢を合わせて57.4％と、10ポイント程度下回っている。市町村は県に比べて現場対応が多く、少ない人員で膨大な業務に対応せざるを得なかった。また、庁

1）設問は次のとおりである。
　　Q18　あなたは、ご自身が所属する県庁／市町村の常設の危機管理機関・組織（例えば、危機管理監、防災課・室、危機対策課・室）が、今回の東日本大震災に対して有効に機能したと思いますか。

舎が壊滅的被害を受けた市町村も少なくなかった。そのようなことから、県より市町村の方がやや低い数字になったものと思われる。

図表1-1　自治体常設の危機管理機関・組織が有効に機能したか

	非常に有効	ある程度有効	どちらともいえない	あまり有効ではなかった	全く有効ではなかった	無回答	合計 %	N
県	13.1	54.6	17.6	10.5	3.2	1.0	100.0	313
市町村	10.4	47.0	21.0	15.7	5.1	0.9	100.0	705

次に、回答者の所属課別に「非常に有効」「ある程度有効」の肯定的回答の合計割合を見てみよう（図表1-2、1-3）。

図表1-2　所属課の業務内容 と 自治体常設の危機管理機関・組織が有効に機能したか のクロス表【県】

	非常に有効	ある程度有効	どちらともいえない	あまり有効ではなかった	全く有効ではなかった	無回答	合計 %	N
総務系	14.6	53.7	17.1	14.6	―	―	100.0	41
企画系	9.5	61.9	23.8	―	4.8	―	100.0	21
環境系	―	61.5	15.4	15.4	7.7	―	100.0	26
福祉保健系	13.8	44.8	27.6	10.3	―	3.4	100.0	29
商工観光系	19.0	57.1	9.5	9.5	4.8	―	100.0	21
農水産系	17.1	41.5	24.4	7.3	9.8	―	100.0	41
都市整備系	5.0	55.0	12.5	20.0	2.5	5.0	100.0	40
公営企業系	20.0	50.0	10.0	20.0	―	―	100.0	10
出先機関	15.0	60.0	17.5	5.0	2.5	―	100.0	40
教育系	21.7	60.9	8.7	8.7	―	―	100.0	23
議会系	25.0	25.0	50.0	―	―	―	100.0	4
復興系	11.8	70.6	11.8	5.9	―	―	100.0	17
合計	13.1	54.6	17.6	10.5	3.2	1.0	100.0	313

図表1－3　所属課の業務内容 と 自治体常設の危機管理機関・組織が有効に機能したか のクロス表【市町村】

	非常に有効	ある程度有効	どちらともいえない	あまり有効ではなかった	全く有効ではなかった	無回答	合計 %	N
総務系	11.0	53.6	15.5	12.7	6.1	1.1	100.0	181
企画系	16.7	40.0	23.3	13.3	3.3	3.3	100.0	30
環境系	―	48.1	22.2	22.2	7.4	―	100.0	27
福祉保健系	12.2	37.8	25.6	18.3	4.9	1.2	100.0	82
商工観光系	13.5	32.4	29.7	21.6	2.7	―	100.0	37
農水産系	6.1	42.4	36.4	9.1	3.0	3.0	100.0	33
都市整備系	9.4	55.2	16.7	14.6	4.2	―	100.0	96
公営企業系	16.1	51.8	17.9	10.7	1.8	1.8	100.0	56
教育系	10.4	41.8	28.4	14.9	4.5	―	100.0	67
議会系	6.7	36.7	26.7	23.3	6.7	―	100.0	30
復興系	6.1	47.0	15.2	22.7	9.1	―	100.0	66
合計	10.4	47.0	21.0	15.7	5.1	0.9	100.0	705

　県では教育系（82.6%）、復興系（82.4%）が高く、市町村では公営企業系（67.9%）、総務系及び都市整備系（いずれも64.6%）が高い。逆に、「あまり有効ではなかった」と「全く有効ではなかった」の否定的回答の合計割合が高いのは、県では環境系（23.1%）、都市整備系（22.5%）、公営企業系（20.0%）、市町村では復興系（31.8%）、議会系（30.0%）、環境系（29.6%）、商工観光系（24.3%）などである。これらは一般に危機管理組織が中心となって行う初動対応的な業務とは異なる業務を所掌しており、危機管理組織の活動に直接触れる機会が少ないため、それが回答に影響している可能性が考えられる。

　同じく所在別に見ると、県・市町村いずれの場合も、福島県の方が岩手、宮城の両県に比べて肯定的回答が少なく、否定的回答が多い傾向がうかがえる（図表1－4、1－5）。既存組織では今般の原発事故に十分に対応できなかったことを示すものであろう。

図表1－4　所在県 と 自治体常設の危機管理機関・組織が有効に機能したか のクロス表【県】

	非常に有効	ある程度有効	どちらともいえない	あまり有効ではなかった	全く有効ではなかった	無回答	合計 %	N
岩手県	25.3	55.4	13.3	2.4	1.2	2.4	100.0	83
宮城県	15.4	66.3	10.6	7.7	—	—	100.0	104
福島県	3.2	44.4	26.2	18.3	7.1	0.8	100.0	126
合計	13.1	54.6	17.6	10.5	3.2	1.0	100.0	313

図表1－5　所在県 と 自治体常設の危機管理機関・組織が有効に機能したか のクロス表【市町村】

	非常に有効	ある程度有効	どちらともいえない	あまり有効ではなかった	全く有効ではなかった	無回答	合計 %	N
岩手県内市町村	12.3	49.7	24.6	9.1	3.7	0.5	100.0	187
宮城県内市町村	12.1	48.8	19.6	14.2	4.0	1.3	100.0	373
福島県内市町村	3.4	38.6	20.0	28.3	9.7	—	100.0	145
合計	10.4	47.0	21.0	15.7	5.1	0.9	100.0	705

2.2　発災時における危機管理組織の設置状況

　東日本大震災の発災当時、被災自治体に危機管理組織はどのような形で設置されていたのか。

　まず、全国的な傾向を見てみよう。消防庁の検討会が2006年10月1日現在で実施したアンケート調査（消防庁2007：22-51）によると、調査対象とした47都道府県、政令指定都市及び県庁所在市の計49市のすべてが、危機管理を専門とする危機管理担当部署を単独で、または防災部署に含める形で設置しており、その専任職員数の平均は都道府県で約26人、上記49市で約10人であった。

　また、「危機管理に関して、情報を一元管理し、首長等の迅速・的確な意思決定を補佐するとともに、関係部局の総合調整を行う」ため、47都道府県のうち42団体、政令指定都市及び県庁所在市の計49市のうち29市が危機管理専門の幹部職員（例：危機管理局長、危機管理監など）[2]を配置していた。

2）消防庁アンケート調査では、部（局）次長級以上を幹部職員としている。

また、別の調査結果によれば、2010年時点で「危機管理監」あるいはそれに類似する専門管理職ポストを設置している都道府県は35団体に上り、残る12団体の多くも危機管理専門の部局を置くなどの対応を取っていたという（永田ほか2012：98）。

　政令指定都市及び県庁所在市以外の市町村について上記のようなデータは見当たらないが、国立印刷局編（2010）を用いて全国各市の組織を概観すると[3]、有事の際には総務課等が中心となって対応するなど、危機管理を専門とする部署を設けていない団体も少なくない。小さな市や町村では、職員が複数の業務を兼務することが恒常的となっており、危機管理専門の部署を設けることは困難なのであろう。また、危機管理専門の幹部職員についても、小規模団体では配置されていない団体が少なくない。

　次に、被災自治体の状況を見てみよう。まず、県レベルについて、地方行財政調査会が2010年4月1日現在で実施した調査結果によれば、岩手県、宮城県、福島県の危機管理組織の設置状況は図表1-6のとおりであり、震災当時、危機管理専門の部署や幹部ポストを設置していたのは、宮城県だけであった。

図表1-6　被災3県における危機管理組織（2010年4月1日現在）

県名	危機管理組織名		職員数
	部長級／部次長級ポスト	担当課室	
岩手県	－	総務部総合防災室	21
宮城県	危機管理監	総務部危機対策課	18
福島県	－	生活環境部県民安全総室	41

出典：地方行財政調査会（2010）をもとに筆者作成

　岩手県の場合、危機管理全般の調整、対応等を担わせるべく、2001年に消防防災課を総合防災室に再編するとともに、同室に危機管理監のポストを新たに設けている。翌年度には、防災や危機管理分野の専門的な能力やノウハ

3）課レベルの組織まで掲載されているのは都道府県と市だけであり、町村の詳細な組織は掲載されていない。

ウを持つ自衛隊ＯＢを防災指導監として採用し、さらに2006年度からは防災危機管理監に職名を変更し、危機管理全般の企画立案にあたらせている（岩手県2013b：57-59）。東日本大震災が発生した2010年度時点では、総務部内に総合防災室を置き、同室内に課長級の防災危機管理監と、防災対策、危機管理、防災力強化、総務・消防・通信、保安、防災航空の六つのグループを置く体制となっていた。

　宮城県の場合、2010年度時点では、総務部に部次長級の危機管理監を置くとともに、危機対策課を置き、危機管理業務にあたらせていた。同課には、課長のほか、課長級の危機対策企画専門監と、危機管理班、防災推進班、防災対策班の３班が置かれていた。宮城県は被災３県の中で唯一、危機管理専門の部署を設置しており、消防については別に消防課を置いていた。

　福島県の場合、2010年度時点では、生活環境部に県民安全総室を置き、さらにその中に消防保安課、災害対策課、原子力安全対策課を置いていた。また、危機管理専門の幹部職員については、少なくとも課長級以上では確認できなかった。なお、福島県の職員数が多いのは、組織の大括り化によるものであるため[4]、他の２県と単純比較はできないことに留意されたい。

　続いて市レベルについて見てみよう。被災３県内の各市における危機管理組織の設置状況を、国立印刷局編（2010）に掲載された情報をもとに整理したものが図表１－７である[5]。

　これを見ると、危機管理を専門とする組織の設置がさほど進んでいなかったことがわかる。ただし、そもそも自治体の規模があまり大きくないことから、独立した専門組織を置くことが難しいのではないかとも考えられる。

---

4) 福島県では2003年度から組織の大括り化がなされており、複数の課を総室と称する組織にまとめている。
5) 国立印刷局編（2010）には町村組織の詳細までは掲載されていないため、市のみを対象とした。また、同書には担当課室の職員数を把握できるほどの情報も掲載されていないので、職員数については割愛した。

図表1-7 被災市の危機管理組織（2010年6月1日現在）

市名		危機管理組織名	
		部長級／部次長級ポスト	担当課室
岩手県	宮古市	危機管理監	危機管理課
	大船渡市	－	防災管理室
	久慈市	－	消防防災課
	陸前高田市	－	防災対策室
	釜石市	－	防災課長
宮城県	仙台市	危機管理監	危機管理室
	石巻市	－	防災対策課
	塩竈市	危機管理監（総務部長兼務）	防災安全課
	気仙沼市	危機管理監（総務部長兼務）	危機管理課
	名取市	－	防災安全課
	多賀城市	－	交通防災課
	岩沼市	－	防災課
	東松島市	－	防災交通課
福島県	いわき市	危機管理監（行政経営部長兼務）	危機管理課
	相馬市	－	地域防災対策室
	南相馬市	－	危機管理室

出典：国立印刷局編（2010）をもとに筆者作成

2.3 危機管理組織と災害対策本部

　今回のアンケートで尋ねたのは、「危機管理監、防災課（室）、危機対策課（室）のような常設の危機管理機関・組織が有効に機能したかどうか」であった。ところで、大規模災害が発生した場合は、このような常設の危機管理組織だけでは対応しきれないため、災害対策本部を立ち上げて全庁的に災害対策にあたることとなる。

　例えば、岩手県では、発災直後に知事を本部長とする災害対策本部を設置した。岩手県災害対策本部規程第23条では、本部における各部の総合調整、防災関係機関との連絡調整等を行い、本部長を補佐し、本部の機能を円滑にするため、本部支援室を置き、本部支援室長には総合防災室長をもって充てることとされていた（図表1-8）。

図表1－8　岩手県災害対策本部と本部支援室との関係（東日本大震災発災直後）

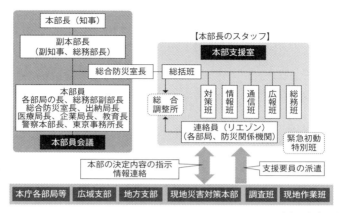

出典：岩手県（2013a：62）

　本部支援室は、他県でいえば災害対策本部の事務局に相当する（越野2012：54）。発災時における同室の業務は図表1－9のとおりであり、本部全体の連絡調整役として大きな役割を担っていたことがわかる。総合防災室長が本部支援室の舵取り役、総合防災室員が本部支援室の中核メンバーとなり、本部支援室のその他のメンバーは大半が総務部職員である。

　対策本部及び本部支援室の役割はあくまで全体の調整役であった。具体的な事案の処理については、対策本部からの指示を受けた各部局がそれぞれの所管事務について対応する体制にあったため、本部支援室の統制が十分に効かなかった。

　発災時に防災危機管理監を務め、総合防災室長を支えて本部支援室を実質的に指揮・統括した越野修三氏によれば、発災当初は情報が不足していたこともあって各部局は本部支援室の指示に従って動いていたが、情報が入ってくるようになると各部局がそれぞれ自分の所掌事務の範囲で独自に対応するようになり、タテ割り行政の弊害が表れ始めたという。例えば、被災者への支援物資についても、農産物は農林水産部、日用品は環境生活部といった具合に各部バラバラに進められ、効率が極めて悪くなる恐れが出てきたり、所

図表1-9　岩手県災害対策本部支援室の構成及び主な担当業務

班名	主な担当業務
総括班	本部支援室全体の統括に関すること。 本部員会議の運営に関する補佐に関すること。 本部長の方針に基づく各部及び本部支援室各班への具体的な指示に関すること。 指定地方行政機関等との連絡調整等を行う総合調整所の設置及び運営に関すること。 本部の組織編成に関すること。 災害救助法の適用に関すること。 市町村からの問合せに関すること。 通信回線、通信機器の確保及び設置運用に関すること。 Web会議システムの設置及び運用に関すること。 ヘリコプターテレビ映像の受信、配信、記録及び整理に関すること。 防災関係機関や応援部隊との通信環境の整備に関すること。 その他本部支援室長が特に命ずること。
対策班	応急対応に係る行動計画の策定に関すること。 防災関係機関との連絡調整に関すること。 自衛隊の災害派遣その他の応援に関すること（部の主管に属するものを除く）。 ヘリコプター等の運用統制及び調整に関すること。 消防応援活動調整本部の運営に関すること。 活動状況図の作成に関すること。
情報班	情報収集及び整理に関すること。 情報の評価分析に関すること。 災害状況図の作成に関すること。 総合クロノロジーの作成及び管理に関すること。 国への被害報告に関すること。 政府調査団、大臣等の視察における災害状況資料の作成に関すること。 本部員会議資料の作成に関すること。
広報班	災害広報の実施に関すること。 報道機関等からの問合せに関すること。 放送事業者及び新聞事業者に対する放送要請及び報道要請に関すること。 政府調査団、大臣等の視察における要望書の作成に関すること。 活動記録に関すること。
総務班	本部員会議の開催に係る事務及び記録に関すること。 政府調査団等の視察の統括に関すること。 緊急通行車両証明書の発行手続きに関すること。 災害派遣等従事車両証明書の発行手続きに関すること。 その他本部支援室運営に係る事務に関すること。

出典：岩手県災害対策本部規程別表第7

管が明確でない業務を「うちの業務ではない」といって引き受けない部署が出てきたりと、調整が円滑に進まない状況が生じてきた（越野2012：62-67）。

　危機管理組織は、一旦大きな災害が起きると、災害対策本部の事務局としての役割にほぼ専念することになる。もちろんそれは危機管理組織本来の役割と大きく異なることはない。岩手県の場合、危機管理組織である総合防災室は危機管理に関する全庁的な調整・対応等の役割を担うべく設置されており、災害対策本部の円滑な運営を図るという本部支援室の設置目的と同様である。

　そのため、災害時における危機管理組織の有効性は、災害対策本部あるい

はその事務局の有効性と同一視されがちである。今回のアンケートでも多くの回答者が無意識のうちにそう解釈した可能性がある。

しかし、災害対策本部が有効に機能しない場合、その原因は事務局たる危機管理組織ではなく対策本部自体のタテ割り体制である可能性があることは、岩手県の例で示したとおりである。本来、その点は分けて考えるべきであろう。

2.4 危機管理組織の課題と見直しの方向性

ところで、これまで危機管理体制を整備すると効果があるのが当然であるかのように話を進めてきたが、それは本当なのか。そもそも危機管理組織や危機管理専門の管理職を置くとどのような効果が期待されるのか。それをここで改めて整理しておきたい。

阪神・淡路大震災の被災地である兵庫県は、その時の反省から災害対応力の強化に努め、試行錯誤を経ながら、現在では最も先進的な防災体制を整えている自治体といわれている。同県では、防災に関する専門性・継続性・総合性の向上を図るため、震災翌年の1996年に全国初の防災専門職ポスト「防災監」を部長より上の特別職として設置した（砂原・小林2017：204、斎藤2015：88-94）。

この場合の専門性・継続性とは、特定の職を設けることで専門的・継続的な業務遂行が可能となることを指す。また、総合性とは、各部長より上位にあって危機管理事案に関して県庁全組織を指揮する権限が与えられていることを指す。このようなポストの設置は、各部局への指揮命令や総合調整の円滑化に資すると評されている（砂原・小林2017：204、永田ほか2012：100）。

危機管理専門の管理職が機能するためには、専門的な組織による支援が必要となる。兵庫県の場合は、企画立案機能を担う防災企画局と、実施機能を担う災害対策局を設けている。これが機能することで、防災監が専門性・継続性・総合性をより発揮できるようになる（砂原・小林2017：206-210）。

さて、防災危機管理監を設け、総合防災室という専門組織も整備していた岩手県であったが、既に述べたとおり、庁内各部を十分に統制できないなど

災害対策本部の円滑な運営にはまだまだ不十分であった。平時とは異なり、大災害の発生時には強力なリーダーシップのもとトップダウンで物事を進めないと対応が遅れると判断した岩手県は、その状況を打開するため、発災から2週間後の3月25日に本部支援室の組織体制を強化した（越野2012：62-67）。

　これは、兵庫県に見られるような総合性を発揮できるよう、本部支援室の室長には総合防災室長から格上げして副知事を充てるとともに、その下には、従来から存在していた連絡調整のための総括班に加え、緊急性を要する業務を遂行するための部局横断的なチーム（部隊運用班、応急対策班、復旧対策班）を設置するものであった（図表1－10）。つまり、本部支援室は連絡調整役に専念して具体的な事案は庁内各部が処理する体制であったのを、本部支援室が緊急を要する事案の処理まで担うように強化された[6]。

図表1－10　岩手県における災害対策本部支援室の強化（2011年3月25日改正後）

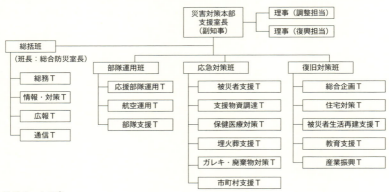

注）Tはチームの略。

出典：越野（2012：64）

[6] 本アンケート調査の自由記述欄にも、「災害対策本部と既存組織との連携の強化が必要」との意見が見られた。岩手県の場合は、さらに一歩進んで、緊急性を要する事業の実施部門を既存組織から災害対策本部の中に取り込んだと解することができる。
　なお、同じく自由記述欄において、「災害対策本部に負荷が集中し、機能不全に陥る場合があったため、災対本部の役割を指令塔役に絞っておく方が良い」との意見も見られた。これは災害対策本部の調整機能がパンクしてしまうことを指しているものと思われるが、岩手県の場合は、トップダウンによる統制を利かせるため実施部隊を副知事の指揮命令下に置いたものであり、調整機能への負荷を増大させるものではないと考えられる。

このように、危機管理専門の管理職ポストや危機管理組織は、災害対策本部の事務局とほぼイコールの関係になる。その際に災害対策本部の事務局機能を有効に発揮させ、災害対策本部を円滑に運営するためには、危機管理専門の管理職ポストに全庁的な調整が可能なだけの地位と権限が付与されていることが必要なのである。

　もちろん岩手県のように災害対策本部の体制の方を見直すという選択肢もあり得る。しかし、岩手県の例でいえば、副知事の下に各部局の横断チームを置くようにしたものの、副知事が実務を取り仕切るとは考えにくく、実務を担う総合防災室長が形式上も事務局のトップに座る方が判断も迅速で実効性も高い。そのためには、危機管理専門の管理職ポスト自体の地位を上げる方がベターであろう。

　全庁的な調整が可能な地位と権限を有する危機管理専門の管理職ポストが置かれているかどうかという視点で被災3県の状況を見ると、県では岩手県はもちろん、宮城県、福島県いずれもそこまでの地位と権限を有する管理職ポストは発災当時見当たらなかった。市の場合も、筆頭部長である総務部長が危機管理監を兼ねている場合は全庁的な調整が可能な地位と権限を備えていたかもしれないが、それ以外はそこまでの地位と権限を有する管理職ポストは見当たらなかった。今回のアンケートで「あまり有効ではなかった」「全く有効ではなかった」が選択されたのは、そのような組織的な事情が影響した可能性がある。逆にいえば、そのような条件下であっても「非常に有効」「ある程度有効」といった肯定的な意見が県で7割、市町村で6割近くあったというのは、危機管理組織が大いに奮闘した結果であると解することも可能であろう。

3 ｜ 法令、計画、マニュアルは参照されたか

3.1　アンケート調査結果から見た職員の評価の概要

　法令、地域防災計画及び災害対応マニュアルに対する職員の評価は図表

1-11のとおりである[7]。

　県の場合、「まったく参照しなかった」はいずれも3割未満であり、逆にいえば少なくとも7割以上は何らかの形で活用していることがうかがえる。中でも災害対応マニュアルの参照度合いが高く、「頻繁に参照」「時々参照」の合計が57.8%に達し、法令（39.3%）、地域防災計画（36.8%）に比べて20ポイント前後も上回っている。

　市町村の場合もほぼ同様の傾向を示しているが、地域防災計画の「頻繁に参照」「時々参照」の合計（50.8%）が県より14%も高い点がやや目立つ。

図表1-11　震災関連業務での参照頻度

		頻繁に参照した	時々参照した	少なくとも一度は参照した	まったく参照しなかった	無回答	合計 %	合計 N
県	法律や政省令	12.5	26.8	32.6	27.5	0.6	100.0	313
	地域防災計画	6.4	30.4	38.7	23.6	1.0	100.0	313
	災害対応マニュアル	15.0	42.8	29.1	12.1	1.0	100.0	313
市町村	法律や政省令	12.8	32.2	26.2	27.8	1.0	100.0	705
	地域防災計画	12.1	38.7	29.4	19.0	0.9	100.0	705
	災害対応マニュアル	16.9	40.9	21.8	18.7	1.7	100.0	705

　「頻繁に参照」「時々参照」の合計割合を回答者の所属課別に見てみると、法令については県、市町村とも都市整備系（県57.5%、市町村55.2%）、復興系（県52.9%、市町村62.1%）が高いほか、県では総務系（51.3%）、市町村では環境系（59.3%）が高いのが目立つ（図表1-12、1-13）。

---

[7] 設問は次のとおりである。
　Q19　あなたは、東日本大震災に関連した業務を行うなかで、①災害対策基本法、災害救助法、被災者生活再建支援法等の災害対策に関連した法律や、それらの法律に基づく政省令、②あなたが働く自治体で災害対策基本法に基づいて策定されている「地域防災計画」、③あなたの自治体で災害時において職員がとるべき行動について定めた「災害対応マニュアル」を、どの程度参照しましたか。

図表1−12　所属課の業務内容と震災関連業務での参照頻度（法律や政省令）のクロス表【県】

	頻繁に参照した	時々参照した	少なくとも一度は参照した	まったく参照しなかった	無回答	合計 %	N
総務系	22.0	29.3	22.0	26.8	—	100.0	41
企画系	—	14.3	47.6	38.1	—	100.0	21
環境系	23.1	15.4	30.8	30.8	—	100.0	26
福祉保健系	10.3	34.5	37.9	17.2	—	100.0	29
商工観光系	4.8	33.3	28.6	33.3	—	100.0	21
農水産系	9.8	17.1	41.5	31.7	—	100.0	41
都市整備系	22.5	35.0	27.5	12.5	2.5	100.0	40
公営企業系	—	20.0	40.0	40.0	—	100.0	10
出先機関	7.5	25.0	30.0	37.5	—	100.0	40
教育系	4.3	34.8	26.1	34.8	—	100.0	23
議会系	—	25.0	50.0	25.0	—	100.0	4
復興系	17.6	35.3	35.3	5.9	5.9	100.0	17
合計	12.5	26.8	32.6	27.5	0.6	100.0	313

図表1−13　所属課の業務内容と震災関連業務での参照頻度（法律や政省令）のクロス表【市町村】

	頻繁に参照した	時々参照した	少なくとも一度は参照した	まったく参照しなかった	無回答	合計 %	N
総務系	11.6	30.4	25.4	31.5	1.1	100.0	181
企画系	10.0	36.7	33.3	20.0	—	100.0	30
環境系	3.7	55.6	29.6	11.1	—	100.0	27
福祉保健系	14.6	29.3	28.0	25.6	2.4	100.0	82
商工観光系	10.8	21.6	40.5	27.0	—	100.0	37
農水産系	3.0	18.2	27.3	48.5	3.0	100.0	33
都市整備系	13.5	41.7	18.8	24.0	2.1	100.0	96
公営企業系	16.1	16.1	23.2	44.6	—	100.0	56
教育系	13.4	31.3	31.3	23.9	—	100.0	67
議会系	13.3	33.3	20.0	33.3	—	100.0	30
復興系	19.7	42.4	24.2	13.6	—	100.0	66
合計	12.8	32.2	26.2	27.8	1.0	100.0	705

　地域防災計画については県と市町村とで傾向が異なる。「頻繁に参照」「時々参照」の合計割合について、県は都市整備系（50.0%）を筆頭に、教育系（47.8%）、総務系（46.4%）、環境系（46.1%）が続くのに対し、市町村は企画系（73.3%）を筆頭に、議会系（63.3%）、環境系（63.0%）と続く（図表1−14、1−15）。

図表1-14 所属課の業務内容と震災関連業務での参照頻度（地域防災計画）のクロス表【県】

	頻繁に参照した	時々参照した	少なくとも一度は参照した	まったく参照しなかった	無回答	合計 %	N
総務系	9.8	36.6	29.3	22.0	2.4	100.0	41
企画系	9.5	23.8	42.9	23.8	—	100.0	21
環境系	11.5	34.6	42.3	11.5	—	100.0	26
福祉保健系	3.4	24.1	55.2	17.2	—	100.0	29
商工観光系	4.8	33.3	38.1	23.8	—	100.0	21
農水産系	4.9	14.6	46.3	34.1	—	100.0	41
都市整備系	10.0	40.0	32.5	15.0	2.5	100.0	40
公営企業系	—	40.0	40.0	20.0	—	100.0	10
出先機関	—	27.5	32.5	40.0	—	100.0	40
教育系	8.7	39.1	21.7	30.4	—	100.0	23
議会系	—	25.0	75.0	—	—	100.0	4
復興系	5.9	29.4	47.1	11.8	5.9	100.0	17
合計	6.4	30.4	38.7	23.6	1.0	100.0	313

図表1-15 所属課の業務内容と震災関連業務での参照頻度（地域防災計画）のクロス表【市町村】

	頻繁に参照した	時々参照した	少なくとも一度は参照した	まったく参照しなかった	無回答	合計 %	N
総務系	14.4	34.8	31.5	18.8	0.6	100.0	181
企画系	20.0	53.3	20.0	6.7	—	100.0	30
環境系	11.1	51.9	25.9	11.1	—	100.0	27
福祉保健系	9.8	41.5	31.7	14.6	2.4	100.0	82
商工観光系	16.2	24.3	37.8	21.6	—	100.0	37
農水産系	—	24.2	54.5	18.2	3.0	100.0	33
都市整備系	6.3	43.8	28.1	20.8	1.0	100.0	96
公営企業系	12.5	26.8	28.6	32.1	—	100.0	56
教育系	19.4	41.8	22.4	16.4	—	100.0	67
議会系	23.3	40.0	16.7	16.7	3.3	100.0	30
復興系	4.5	48.5	24.2	22.7	—	100.0	66
合計	12.1	38.7	29.4	19.0	0.9	100.0	705

災害対応マニュアルについても県と市町村とで傾向が異なる。同じく「頻繁に参照」「時々参照」の合計割合を見てみると、県は福祉保健系（72.4%）を筆頭に、総務系（61.0%）、都市整備系（60.0%）、環境系（57.7%）と続く（度数が極端に少ない議会系を除く）。これに対し、市町村は公営企業系（75.0%）

を筆頭に、企画系（66.7%）、教育系（64.2%）、議会系（63.3%）、環境系（62.9%）、福祉保健系（62.2%）と続く（図表1－16、1－17）。

図表1－16　所属課の業務内容と震災関連業務での参照頻度（災害対応マニュアル）のクロス表【県】

	頻繁に参照した	時々参照した	少なくとも一度は参照した	まったく参照しなかった	無回答	合計 %	N
総務系	12.2	48.8	26.8	9.8	2.4	100.0	41
企画系	19.0	33.3	28.6	19.0	—	100.0	21
環境系	11.5	46.2	38.5	3.8	—	100.0	26
福祉保健系	20.7	51.7	24.1	3.4	—	100.0	29
商工観光系	9.5	47.6	28.6	14.3	—	100.0	21
農水産系	14.6	41.5	29.3	14.6	—	100.0	41
都市整備系	25.0	35.0	27.5	10.0	2.5	100.0	40
公営企業系	10.0	40.0	40.0	10.0	—	100.0	10
出先機関	15.0	35.0	27.5	22.5	—	100.0	40
教育系	17.4	34.8	34.8	13.0	—	100.0	23
議会系	—	100.0	—	—	—	100.0	4
復興系	—	52.9	29.4	11.8	5.9	100.0	17
合計	15.0	42.8	29.1	12.1	1.0	100.0	313

図表1－17　所属課の業務内容と震災関連業務での参照頻度（災害対応マニュアル）のクロス表【市町村】

	頻繁に参照した	時々参照した	少なくとも一度は参照した	まったく参照しなかった	無回答	合計 %	N
総務系	17.7	35.4	24.9	21.0	1.1	100.0	181
企画系	16.7	50.0	13.3	16.7	3.3	100.0	30
環境系	14.8	48.1	18.5	18.5	—	100.0	27
福祉保健系	12.2	50.0	24.4	11.0	2.4	100.0	82
商工観光系	18.9	29.7	21.6	29.7	—	100.0	37
農水産系	6.1	24.2	42.4	24.2	3.0	100.0	33
都市整備系	9.4	49.0	22.9	15.6	3.1	100.0	96
公営企業系	32.1	42.9	17.9	7.1	—	100.0	56
教育系	23.9	40.3	13.4	20.9	1.5	100.0	67
議会系	30.0	33.3	13.3	16.7	6.7	100.0	30
復興系	10.6	42.4	19.7	27.3	—	100.0	66
合計	16.9	40.9	21.8	18.7	1.7	100.0	705

災害救助法に基づく救助やインフラ復旧など発災前から想定される業務については、地域防災計画や災害対応マニュアルに網羅されていることが多く、それらを参照する頻度も上がる。逆に、都市整備系、復興系など事前に想定しにくい業務については、法令を参照しながらその都度判断していくことになる。全体的に見れば、概ねこのような傾向がアンケート結果にも表れているように思われる。また、県と市町村の結果の違いについては、所掌する震災関連業務分野の相違によるものと解釈できそうである。

　なお、災害対応の初期段階では、所属以外の業務の応援に回ることも多々あるため、所属別に見た参照度合いは必ずしもその実態を正確に反映しているとは限らない可能性があることを指摘しておきたい。

　最後にこれを所在県別に見てみよう（図表1－18、1－19）。福島県内の市町村では地域防災計画と災害対応マニュアルの参照度合いが他の2県内の市町村より低い。県レベルでも福島県の地域防災計画の参照度合いは他の2県に比べてやや低目である。これは危機管理組織と同じように、従前の法令、地域防災計画、マニュアルでは今般の原発事故に十分に対応できなかったことを示すものと考えられよう。

図表1－18　所在県と震災関連業務での参照頻度のクロス表【県】

		頻繁に参照した	時々参照した	少なくとも一度は参照した	まったく参照しなかった	無回答	合計 %	合計 N
法律や政省令	岩手県	4.8	24.1	38.6	31.3	1.2	100.0	83
	宮城県	17.3	33.7	21.2	26.9	1.0	100.0	104
	福島県	13.5	23.0	38.1	25.4	－	100.0	126
	合計	12.5	26.8	32.6	27.5	0.6	100.0	313
地域防災計画	岩手県	2.4	34.9	42.2	19.3	1.2	100.0	83
	宮城県	6.7	36.5	26.9	27.9	1.9	100.0	104
	福島県	8.7	22.2	46.0	23.0	－	100.0	126
	合計	6.4	30.4	38.7	23.6	1.0	100.0	313
災害対応マニュアル	岩手県	12.0	38.6	36.1	12.0	1.2	100.0	83
	宮城県	15.4	51.0	17.3	14.4	1.9	100.0	104
	福島県	16.7	38.9	34.1	10.3	－	100.0	126
	合計	15.0	42.8	29.1	12.1	1.0	100.0	313

図表1－19　所在県と震災関連業務での参照頻度のクロス表【市町村】

		頻繁に参照した	時々参照した	少なくとも一度は参照した	まったく参照しなかった	無回答	合計 %	N
法律や政省令	岩手県内市町村	11.2	29.9	23.0	33.2	2.7	100.0	187
	宮城県内市町村	14.7	32.7	27.9	24.4	0.3	100.0	373
	福島県内市町村	9.7	33.8	26.2	29.7	0.7	100.0	145
	合計	12.8	32.2	26.2	27.8	1.0	100.0	705
地域防災計画	岩手県内市町村	14.4	38.5	25.1	19.8	2.1	100.0	187
	宮城県内市町村	11.5	41.0	30.6	16.6	0.3	100.0	373
	福島県内市町村	10.3	33.1	31.7	24.1	0.7	100.0	145
	合計	12.1	38.7	29.4	19.0	0.9	100.0	705
災害対応マニュアル	岩手県内市町村	15.0	38.5	19.3	23.5	3.7	100.0	187
	宮城県内市町村	20.1	43.4	23.3	12.6	0.5	100.0	373
	福島県内市町村	11.0	37.2	21.4	28.3	2.1	100.0	145
	合計	16.9	40.9	21.8	18.7	1.7	100.0	705

3.2　発災時における地域防災計画の策定状況

　地域防災計画は、災害対策基本法の規定[8]により、国が作成する防災基本計画に基づいて都道府県及び市町村に作成が義務付けられた計画である。そのため、ほとんどすべての都道府県、市町村で作成され、計画担当者もほぼ例外なく配置されている（永松2008：201）。

　このように、地域防災計画はその地域の災害対策の基本となる計画であり、マニュアル等もその内容を踏まえて作成される。本来、本章では、法令、計画、マニュアルのすべてについて論じるべきところであるが、紙幅の関係もあり、これ以降は地域防災計画に焦点をあてて論じていくこととする。

　さて、地域防災計画の策定体制はどの自治体でもほぼ整っているとされるが、

---

[8]　第40条第1項　都道府県防災会議は、防災基本計画に基づき、当該都道府県の地域に係る都道府県地域防災計画を作成し、及び毎年都道府県地域防災計画に検討を加え、必要があると認めるときは、これを修正しなければならない。この場合において、当該都道府県地域防災計画は、防災業務計画に抵触するものであつてはならない。
　　第42条第1項　市町村防災会議……は、防災基本計画に基づき、当該市町村の地域に係る市町村地域防災計画を作成し、及び毎年市町村地域防災計画に検討を加え、必要があると認めるときは、これを修正しなければならない。この場合において、当該市町村地域防災計画は、防災業務計画又は当該市町村を包括する都道府県の都道府県地域防災計画に抵触するものであつてはならない。

問題なのはその内容である。地域防災計画は、当該都道府県または市町村におけるあらゆる災害が対象であり、その予防、応急対策、復旧・復興まで含む総合的な計画である。その中で、地震・津波災害はどの程度重視されていたのか。

2010年4月1日現在の消防庁の調査(消防庁2011a、同2011b)によると、地域防災計画の中で地震災害を一般災害と区別し、「震災対策編」を設けて震災対策に関する事項を規定しているのは、全市町村のうち75%程度である(図表1－20)[9]。中でも驚くべきは122もの市町村が「震災対策については特に記載していない」ことである。岩手、宮城、福島の3県に絞って見てみると、「震災対策については特に記載していない」市町村はいずれもゼロであるものの、福島県内の市町村においては、震災対策編を別に設けていない割合が高いなど、震災対策をあまり重要視していなかったようにも見える。

また、同じ消防庁の調査において、海岸線を有する市町村のうち、どのく

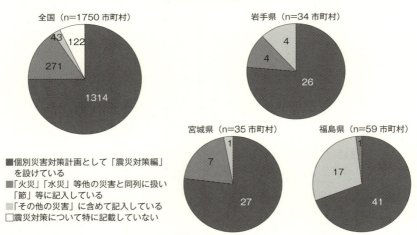

図表1－20　地域防災計画（震災対策編）の策定状況（市町村、2010年4月1日現在）

■個別災害対策計画として「震災対策編」を設けている
■「火災」「水災」等他の災害と同列に扱い「節」等に記入している
■「その他の災害」に含めて記入している
□震災対策について特に記載していない

出典：消防庁「地域防災計画における地震・津波対策の充実・強化に関する検討会」第1回資料（資料4）

9）なお、都道府県は100％である。

らいの市町村が地域防災計画に津波対策を記載していたかについてのデータがある。これによれば、地域防災計画に津波対策の記載があるのは6割程度に過ぎず、福島県に至っては2割しかない（図表1－21）。明治・昭和の三陸津波による被害を経験した岩手、宮城の両県とは異なり、福島県内の市町村においては、津波の来襲は想定になかったのか、津波対策はあまり重視されていなかったようである[10]。

図表1－21　地域防災計画における津波対策の記載状況（海岸線を有する市町村、2010年4月1日現在）

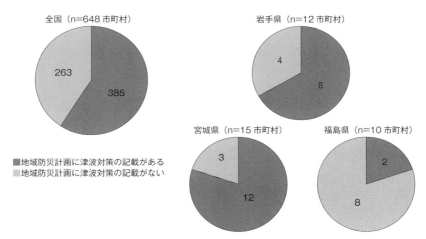

出典：消防庁「地域防災計画における地震・津波対策の充実・強化に関する検討会」第1回資料（資料4）

3.3　地域防災計画の性質

地域防災計画の根拠法である災害対策基本法は、それまで統一性のなかった災害対応を計画化・総合化し調整するために制定された（永松2008：212）[11]。そのため、地域防災計画は、国の作成する防災基本計画に基づいて

---

10) 明治の三陸津波、昭和の三陸津波とも、特に大きな被害をもたらしたのは青森、岩手、宮城の3県である。
11) 永松（2008）によれば、災害対策基本法制定の直接のきっかけとなった1959年の伊勢湾台風の頃までの災害対応は、各出先機関の間で舟艇の争奪が行われるほど統一性が見られなかったという。

作成されなければならず、また、指定行政機関等が作成する防災業務計画に抵触しないようにもしなければならない。さらに、市町村においては、当該市町村を包括する都道府県の地域防災計画にも抵触しないようにする必要がある（図表1-22）。

図表1-22　災害対策基本法における防災計画の体系

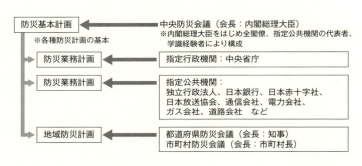

出典：内閣府「防災基本計画の在り方に関する検討会」第1回会議資料（資料2）

地域防災計画には、災害予防と災害対応の両方の計画が含まれる。災害対応に関する計画においては、関係機関との役割分担を明確化し、業務をプログラム化することで迅速に対応できるようにすることが最も重要視される（永松2008：213）。

このように地域防災計画によって対応の統一性は確保されるものの、自治体単位での作成のため、その範囲は当該自治体の区域内にとどまる。自治体の境界を超える広域災害については、一部の例外を除いて対処可能な防災計画はない。ただし、市町村の区域を超える災害については珍しい話ではなく、これまでも当該市町村を包含する都道府県の調整によって対応がなされてきた。都道府県の区域を超える災害の例は少ないが、そのような場合は国による調整が期待されている（永松2008：213）[12]。とはいえ、国や都道府県によ

---

12) 災害対策基本法第3条第2項に「国による総合調整」に関する規定がある。

る広域的な調整は、予め計画等の形で決まっているわけではない。発災後の混乱の中、極めて短い時間で関係者間の調整を図り、地域防災計画のように関係機関との役割分担を明確化し、業務をプログラム化することで迅速に対応することを可能にするには、かなりの困難が伴うことは想像に難くない。

3.4　地域防災計画の課題と見直しの方向性

　地域防災計画については、実際の災害対応時や広域災害にはほとんど役に立たないとかねてより指摘されてきた（伊藤・川島2014：28-29）。東日本大震災の時も有効でなかったとすれば、その原因は何が考えられるだろうか。

　今回のアンケートには自由記述欄も設けられていた[13]。そこには、「想定外」「想定をはるかに超えた」「過去に例を見ない」「不測の事態」といった言葉が頻繁に登場する。確かに、被害の大きさも被害地域の広さも我が国がこれまでに経験したことのないレベルであった。

　計画やマニュアルは、ある程度の状況を予め想定し、それに対してどのように対応するかを示すものである。それは、大半の地域防災計画に被害想定に関する事項が記載されていることからも明らかである。東日本大震災は、その想定を超えたものであった。前提が崩れてしまったのであるから、役に立たない部分があるのは当然である。

　阪神・淡路大震災から約半年後に、兵庫県内の被災自治体（兵庫県及び同県内の20市町）の課長相当職を対象にしたアンケートが実施されている（依田2000）。そこでも「所属自治体の防災計画は、阪神・淡路大震災規模の自然災害に対して有効であったと思うか」を尋ねている。その結果は、図表1－23のとおり、否定的な回答がかなりの割合を占めている。

　では、何が問題だったのか。図表1－24を見れば答えは明らかである。計画が有効でないと回答した職員の多くが、「想定外」、つまり計画の想定を超えていたと考えている。

13）自由記述の詳細については、第3章の本田論文を参照されたい。

図表1-23 防災計画の有効性（阪神・淡路大震災に係る自治体職員アンケート）

	非常に有効	ある程度有効	どちらともいえない	あまり有効ではない	全く有効でない	無回答	合計 %	合計 N
県	1.5	27.7	24.1	35.8	9.5	1.5	100.0	137
神戸市	0.8	23.1	19.9	43.0	12.6	0.5	100.0	372
一般市	1.4	30.4	19.8	35.0	11.9	1.5	100.0	718
町	4.1	30.8	26.7	28.8	8.2	1.4	100.0	146
合計	1.5	28.2	21.0	36.6	11.5	1.2	100.0	1,374

出典：依田（2000：182）をもとに筆者一部修正

図表1-24 防災計画の問題点（阪神・淡路大震災に係る自治体職員アンケート）

	想定外の震災	計画機構が不適切	職員自身の被災	未習熟など	その他	合計 %	合計 N
県	54.8	21.0	4.8	16.1	3.2	100.0	62
神戸市	79.0	14.4	2.0	3.0	1.5	100.0	201
一般市	70.0	19.3	3.3	4.5	3.0	100.0	237
町	59.6	21.9	−	12.8	6.4	100.0	47
合計	70.6	18.1	2.8	5.7	2.8	100.0	647

注）本設問は防災計画が「あまり有効でない」「全く有効でない」と回答した者が対象。

出典：依田（2000：182）をもとに筆者一部修正

　今回の東日本大震災の被災自治体職員アンケートの設問は、阪神・淡路大震災の被災自治体職員アンケートと比べ、設問自体は異なるものの、地域防災計画が役に立ったかどうかを尋ねる趣旨は同じである。

　もう一度、図表1-11を見てみよう。役に立たなければ何度も参照することはないと仮定すれば、「頻繁に参照した」「時々参照した」は役に立った証拠ではないか。そう考えれば、両者を合わせた数字と、阪神・淡路大震災時の「非常に有効」と「ある程度有効」を合わせた数字が比較可能と考えることも可能であろう。実際に地域防災計画に対する評価を比較してみると、阪神・淡路大震災時は「非常に有効」と「ある程度有効」の合計が29.7％であるのに対し、東日本大震災時は「頻繁に参照した」と「時々参照した」の合計が県で36.8％、市町村で50.8％となっており、計画の有効性が上昇したように理解できる。

　これには二つの原因が考えられる。一つは阪神・淡路大震災後に地域防

計画の見直しが進められたこと、もう一つは同じく阪神・淡路大震災を契機に地震災害に対する意識が高まり、以前よりも防災訓練が行われるようになったことである。

　想定外の災害が起きれば、事前に立てた計画に役に立たない部分が生じるのはやむを得ない。しかし、計画のすべてが役に立たなくなってしまうわけではない。例えば、こなすべき業務量が計画よりはるかに増大したとしても、計画に定められた実施スキーム自体はそのまま役立つことも少なくないだろう。あるいは、実施スキームの一部を見直せば使えるようになるかもしれない。

　非常時にそのような冷静な判断を下すには、普段から計画やマニュアルなどを熟読し、非常時にはどのような理由でどのような行動を取ることになっているかを正確に理解しておくことが不可欠である。時にはシミュレーションを行い、頭の体操をしておくことも重要であろう。

　今回のアンケート調査の自由記述欄にも「事前にシミュレーションをしておけば良かった」という記述があった。また、被災自治体職員の証言集にも、「計画を策定したから、体制を整備したから、と安心することなく、次の災害への準備を怠らず日々の生活をすることが非常時に生かされることとなることを学びました」「想定外をいかに想定するか、困難なことですが、常に意識をもって考え、行動すること、常に気持ちの準備と物品などの準備を欠かすことができないかを、再認識させられました」といったコメントが見られる（伊藤2014：69）。

　発災時に岩手県の防災危機管理監を務めていた前出の越野修三氏は、自衛隊のOBである。自衛隊では、有事への即応は訓練なくしてはできないというのが常識であるという。そのため、就任後は従来のマンネリ訓練から脱却し、特に他機関との連絡調整に重点を置く実践的な訓練を徹底した。また、組織的な行動に不慣れな個人や組織を対象に、地域防災計画やマニュアルなどの検証や、状況の予測や判断、活動方針の決定などの意思決定能力の向上を図るには図上訓練[14]が効果的だと考え、就任以来、県内の様々な場所で

14）図上訓練とは、実際の災害時に近い場面を想定し、訓練者がそれぞれの立場で災害を模擬体験しながら、災害状況を収集・分析・判断するとともに、それに基づいて対策方針を検討するなどの活動を図上で行うものである。

何度も実施した（越野2012：127-133）。

　計画やマニュアルどおりの災害ばかりとは限らない。そのような想定外の状況に直面した時に、いかに計画やマニュアルを応用できるか。それには臨機応変な対応を可能とする判断力が必要であり、そのような判断力の涵養には日頃からの訓練が不可欠なのである。

4 | おわりに

　東日本大震災への対応に際し、既存の組織、計画等はまったく役に立たなかったとの批判も耳にするが、前述のとおり、現場の職員は一定の評価を与えていることが見てとれる。どれだけ有効であったかは、被災時の状況や業務内容によっても異なる。福島第一原発事故のような事前の想定をはるかに超える災害については有効性を発揮することがやや難しかったとしても、少なくとも予想の範囲内にある事象については一定程度の有効性を保っていたといえるのではないだろうか。

　他方、多数ではないが、有効性を欠いたとする評価も見られた。東日本大震災のような想定外の災害においては、事前に定められた組織体制や計画、マニュアル等がそのままでは役に立たない場合も出てくる。すべての事態を想定内に収めることは不可能であり、想定外の事態に対応しきれないというのは、ある程度やむを得ない。

　災害対応は、組織体制や計画・マニュアルなどに予め定められた手順や基準に従って進められる。つまり、状況の不確実性、予測の困難性を所与としたうえで、予め状況を標準化し、単純化された対応を定めておくということであり、それが基盤にあるがゆえに、予想外の事態に対してもそれを参考に、あるいは応用して効率的な対応が可能となるのである（久米2000：48）。

　予想外の事態に、事前に定められた組織体制や計画・マニュアル等を応用して対応するには、臨機応変な判断力とそれを支える知識と経験が必要である。もちろん危機管理体制の改善も大切であるが、想定の範囲内の災害ばか

りとは限らないわけであるから、それだけでは非常時に十分に対応できない。それを用いる職員自身の能力向上や意識改革も、また同時に不可欠なのである。

【参考文献】

伊藤潤・川島佑介（2014）「自治体間連携からみる地域防災計画」名古屋大学法政論集259号、27-54頁

伊藤尚生（2014）「そなえよつねに 想定外を想定する」自治労連・岩手自治労連編『3．11岩手自治体職員の証言と記録』大月書店、64-70頁

岩手県（2013a）『岩手県東日本大震災津波の記録』

岩手県（2013b）『平成24年防災消防年報』

久米郁男（2000）「震災と行政組織管理」依田博編著『阪神・淡路大震災──行政の証言、そして市民』くんぷる、45-64頁

国立印刷局編（2010）『職員録（平成23年版）下巻』国立印刷局

越野修三（2012）『東日本大震災津波 岩手県防災危機管理監の150日』ぎょうせい

齋藤富雄（2015）「防災最前線の充実──自治体の防災力強化──」『阪神・淡路大震災20年 翔べフェニックスⅡ 防災・減災社会の構築』ひょうご震災記念21世紀研究機構、67-108頁

消防庁（2007）「地方公共団体における総合的な危機管理体制の整備に関する検討会 平成18年度報告書（中間報告書）」

消防庁（2011a）「地方防災行政の現況（平成21年度及び平成22年4月1日現在における状況）」

消防庁（2011b）「地域防災計画における地震・津波対策の充実・強化に関する検討会報告書」

砂原庸介・小林悠太（2017）「災害対応をめぐる行政組織の編成──内閣府と兵庫県の人事データから」五百旗頭真監修・大西裕編著『災害に立ち向かう自治体間連携──東日本大震災にみる協力的ガバナンスの実態』ミネルヴァ書房、193-213頁

地方行財政調査会（2010）「都道府県の行政組織・所掌事務および職員数調べ（平成22年4月1日現在）」

永田尚三・奥見文・坂本真理・佐々木健人・寅屋敷哲也・根来方子（2012）「地方公共団体の防災・危機管理体制の標準化についての研究」社会安全学研究2号、89-107頁

永松伸吾（2008）『減災政策論入門――巨大災害リスクのガバナンスと市場経済』弘文堂

依田博編著（2000）『阪神・淡路大震災――行政の証言、そして市民』くんぷる

第2章
復興過程のなかでの住民意識と行政対応

松井望

1 ｜ はじめに

　非日常から日常へと移行する環境のもとで自治体が復旧・復興を行うなかで、自治体では住民から多種多様な要求等を受けている。本アンケート調査では7割程度の市町村が、かなり多くの住民からの要求等を受けたと認識している。そして、5.5割の市町村は何らかの対応ができたと答えた。しかし、この結果は、半数近くは対応がしきれないという回答があったことにもなる。それでは、自治体では、これらの多種多様な要求等にどのような対応をしたのだろうか。本章では、組織規模、職員の経験、スキル等の点からその要因を考察していく。

2 ｜ 本章の問い：なぜ、住民からの要求等には対応がしきれないのか？

　住民に最も身近な基礎的自治体では、住民への対応がその業務の中核を占めてきた。つまり、基礎的自治体は、住民からの要求等を直接受ける緩衝材となることで、住民からの問い合わせや依頼、要求（以下、「要求等」とする）を解消し、さらには潜在的な要求等をもつ住民にも対応すべく地域全体で事業化を図ってきたのである。しかしながら、住民からの要求等に直面する個々の職員は、機械化されたような苦情対処機関ではないことは、第一線職員研

究が明らかにしてきた。

　第一線職員の研究に基づけば、職員たちは単純作業を繰り返すだけでは決してなく、対象者と直接向き合いながら業務を行うなかで、個々の判断には裁量を伴う職として理解されてきた。そして、管理職等の上司からの指揮監督のもとでも一定の自律的な判断が行われている。第一線職員研究では、このような行動を捉えて政策の立案者として第一線職員の活動を分析してきたのである（平田2017：29）。

　しかし、第一線職員のすべての判断や行動に自由な裁量があるわけではない。財政力・組織規模等の資源の乏しさや、業務や相対するクライアントの多様性から、自ずとその活動には制約があることも同研究から得られた知見であった。つまり、第一線職員は、裁量的判断の幅と資源制約下での行政活動の範囲の制約との間でのディレンマを感じつつ、業務を実施している。そのため、すべての業務課題は対応することにならない。マイケル・リプスキーは、このような行動を「ふるいわけ（screening）」と呼んでいる（リプスキー1986：183）。

　本書のテーマである復旧・復興過程の行政活動では、被災により人的、物的な行政資源は制約されてきた。特に緊急性を伴う復旧対応には、時間も制約されていた。このような非日常から日常へと移行する環境のもとで復旧・復興が行われるなかで（天川2015：46）、本書の第3章で本田が明らかにするように、自治体は住民からの多種多様な要求等を受けてきたのである。それでは、自治体では、これらの多種多様な要求等にどのような対応をしたのだろうか。

　仙台市の住民への意識調査に基づく研究では、国よりも住民に身近な自治体（県・市）の「仕事ぶり」への評価が高いことを明らかにした（河村2014：103）（県・市への「満足」と「どちらかといえば満足」の合計が39.0％、国は20.4％）。この「仕事ぶり」の内容は回答者の捉え方次第ではあるが、住民対応もこれらに含まれていると考えれば、要求等には対応されたと推察される。他方で、同研究を行った河村和徳は、復旧の現場での観察を

踏まえて、次のような指摘をする。

> 東日本大震災の被災地では、被災によって自治体の窓口に訪れる者の多く、また管掌する窓口が分かりにくいこともあり、平時以上の「たらいまわし」が発生した（河村2014：184）

　つまり、復旧・復興過程では、要求等に様々な対応がなされたなかで、これらに対して「ふるいわけ」や「たらい回し」が発生していたようである。両者は、第一線職員の研究から捉え直せば、各部署が直接自らの組織では対応はしないものの、他組織に対応を委ねることで、自治体としての行政の応答性（荒見2014：137）と連続した対応の一つと考えられる。
　それでは、どのような要因がこのような「ふるいわけ」や「たらい回し」のような要求等への選別行為を発生させたのであろうか。本章では、この問いを本アンケート調査から考察する。

3｜「ふるいわけ（screening）」の実際

　本アンケート調査では、震災後3年間で沿岸37市町村では、どの程度、住民からの要求等があり、対応したかを尋ねた。この結果をもとに、全体的な傾向をまずは捉えてみると、37市町村では要求等を「非常に多く受けた」（29.1％）、「かなり多く受けた」（40.7％）と回答があった（図表2－1）。つまり、7割の市町村では、住民からの何らかの要求等を受けていたことが分かる。
　それでは、これらの37市町村は、住民からの要求等にどの程度対応ができたのだろうか。本アンケート調査では、要求等への対応の程度も尋ねている。その結果からは、「十分に応えられた」（3.6％）、「かなり応えられた」（52.6％）と5.5割の市町村は何らかの対応ができたと答える。
　つまり、7割近くの市町村では日常よりも多くの要求等を受け、市町村の5.5

割は対応ができたことになる。他方で、この結果は、住民からの要求等のすべてに市町村自治体が対応できたというわけではないことも表している。もちろん、日常からは想定ができない要求等があったり、市町村の所管を越えた要求等があったことも考えられる。そのため、市町村では要求等に対して何らかの選別（ふるいわけ）が行われた様子を想定できる。

図表2－1　要求等の状況（上段）と対応の状況（下段）

	非常に多く受けた	かなり多く受けた	あまり受けなかった	全く受けなかった	無回答	計 %	N
合計	29.1	40.7	23.8	6.0	0.4	100.0	705

	十分に応えられた	かなり応えられた	あまり応えられなかった	全く応えられなかった	無回答	計 %	N
合計	3.6	52.6	39.2	1.8	2.7	100.0	660

注）（上段）Q7　震災後の3年間を振り返って下さい。震災に関わる事柄で、住民からの直接の問い合わせ、依頼、あるいは要求をどの程度受けましたか。（○は1つ）
　　（下段）Q10　あなたは住民から具体的に出された要求にどの程度応えることができましたか。（○は1つ）

それでは、どういうときに対応できたのか、あるいはできなかったのだろうか。そして、その事情はどうであったのだろうか。「対応」の程度を、本アンケート調査では、複数回答でその理由を尋ねた。その結果、図表2－2に見るように、所管に関わらない事柄だったこと、または、所管に関わりながらも現場の混乱で人手や手段がなかったこと、さらには制度上応えられる内容ではなかったことが、それぞれ約3割であった。また、関係部局もしくは機関との間の調整に手間取ったことを理由とする回答が約2割あった。つ

図表2－2　要求等に十分に対応できなかった理由

所管に関わらない事柄だったため	所管に関わる事柄だったが、上司との連絡調整に手間取った	所管に関わる事柄だったが、関係部局・機関との調整に手間取った	所管に関わる事柄だったが、現場の混乱で、人手や手段がなかった	所管に関わる事柄だったが、制度上応えられる内容ではなかった	その他	無回答	計 %	N
31	1.8	21.8	39.9	39.9	25.1	0.0	100.0	271

注）Q11　住民の要求に十分応えられなかったとしたら、その主な理由はなんだったのでしょうか。（複数回答可）

まり、所管外の要求等に直面する状況にあったこと、資源不足、対処不可能な複雑な要求等を踏まえて、「ふるいわけ」が行われたようである。

　住民からの要求等への対応は、図表2-2の結果をもとにすれば、次のような手順がとられたことが推察できる（図表2-3）。

　まずは、住民の要求等を受けた各部署では、自らの所管に関わる事案であるのか否かを判断する。そして、所管に関わることと判断した場合には、上司に連絡調整を行う。その後、上司から職務として対応することを指示された場合に、所管として対応する。また、所管に関わる事案であっても他部署との連絡調整が必要な事案と判断した場合には、該当する部署と連絡調整をし、連絡調整が整えば所管として対応する。

　しかし、図表2-3が示すように、これらの連絡調整が調わない場合には対応しないことになる。また、所管に関わる事案であっても、そのすべてについて連絡調整がなされるわけではない。ある職員によれば、「すべてを上司に指示を仰ぐ暇がない場合が多い」（庄子2016：78）との回顧がある。そもそも現場の状況や要求等内容が各所管と担当する制度では対応ができない事案と判断された場合には、対応がなされないことにもなる。つまり、各対応を図るうえでは、事案の処理方法には判断が介在し、決定されていくのである。このような一連の行為が「ふるいわけ」となる。

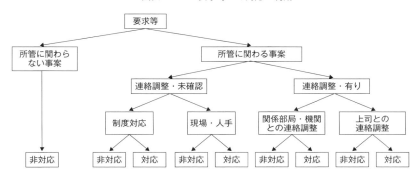

図表2-3　要求等への対応の判断

このような所管との関連や人手や手段の不足、制度外の要求等から「ふるいわけ」が行われてきた。それでは、各職員・所管組織では、どのような要因がこれらの判断を規定したのであろうか。従来これらの「ふるいわけ」には、**4**で述べるように、阪神・淡路大震災の経験によると、自治体の組織の規模が重要であるという理解があった。そこで、本章は、同仮説の検証からまずははじめ、住民からの要求等への対応の「ふるいわけ」に至る要因を考察していく。

4 ｜組織の規模仮説

　「ふるいわけ」に至る要因について被災の状況や行財政体制（職員数）の内生的な条件から、もう少し丁寧に観察してみる必要がある。特に、自治体の規模である。市と町村との間では職員数が異なり、これらの差異は住民対応を左右することが考えられる。

　阪神・淡路大震災後に、兵庫県と神戸市等の10市10町に対して同設問で実施した意識調査の結果では、町より市、市より県と組織規模が大きくなるほど対応の程度が高かったという認識が示されている（依田2000：191）。確かに規模が大きくなるほど対応の余裕があるとの理解は「ふるいわけ」を行っていくうえでは一定の説得力がある。

　東日本大震災ではどうであっただろうか。町村、市、県を比べれば、事務分掌に基づき組織の分化が進み、市、県では専門分化した組織によって住民からの要求等に適宜適切な対応がとられることも推測されるところである。このような理解を、自治体の組織の規模仮説と呼ぶこととする。

　同仮説を踏まえると、東日本大震災においても市であれば住民からの要求等への対応の割合は高く、町村では対応の程度は低いことが考えられそうである。他方で、町村では組織の分化は市に比べると大括りの組織編成となる。これにより、職員一人ひとりが多くの分野の業務を担当することとなりやすい。このことからむしろ住民からの要求等に対応を取りやすいのではないかとも考えられなくもない。しかし、図表2－2でも見たように要求等の量が

多いなかでは、一人では対応しきれない状況にあったことが考えられる。あるいは別のことが関係しているかもしれない。

以上の仮説を検証するためには、沿岸37市町村の組織の分化状況の全体像を把握しておく必要があるだろう。市と町村の職員数と組織の課数を確認するため、図表２－４では市、図表２－５では町村の職員数（2010年度）と課数の関係を示した。なお、仙台市は、他の36市町村に比べても職員数の規模が多く、行政区の設置等により組織構成が他の市町村とは異なるため、図表２－４からは除いている。

図表２－４、図表２－５から見ても分かるように、市と町村では、人口規模に応じて課数が異なる。職員数が増加するに伴い課数は増加している。つまり、上記のとおり、市では町村に比べれば、事務分掌に基づく組織の分化が進められているようである。そのため、組織の規模仮説のように、市と町村間では、要求等への対応が異なることが考えられそうではある。なお、職員数の増加に伴い組織は必ず分化されるとまでは断定できない。図表２－４の市ではこのことは観察できるが、図表２－５の町村では職員数は各町村で異なってはいても、約14課前後を配置していることも分かる。このことから、町村の組織は、市に比べれば、やはり大括りの組織編成であることがうかがえる。

図表２－４　15市（仙台市を除く）における職員（2010年度）と課数（2014年）

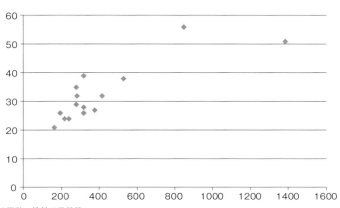

注）縦軸は課数、横軸は職員数。

図表 2－5　21 町村における職員数（2010 年度）と課数（2014 年）

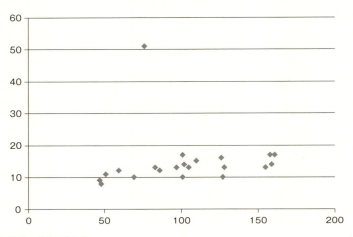

注）縦軸は課数、横軸は職員数。

　それでは、実際にはどうだったのだろうか（図表 2－6）。図表 2－6 からは、市と町村との間では住民からの要求等への対応の程度には、大きな差異を見ることができなかった。つまり、市町村の規模に基づく組織の分化は、要求等の選別（ふるいわけ）には影響を及ぼしていないように考えられる。ただし、ここでは、「市」と「町村」を比較しているだけであるので、組織の規模仮説を否定するわけにもいかない。

図表 2－6　市町村別の対応状況

	十分に応えられた	かなり応えられた	あまり応えられなかった	全く応えられなかった	非該当	無回答	計 %	N
市	3.5	48.0	36.7	1.3	7.9	2.5	100.0	479
町村	3.3	51.6	35.7	3.3	3.3	2.8	100.0	213

注）Q10　あなたは住民から具体的に出された要求にどの程度応えることができましたか。（○は 1 つ）

5 | 経験仮説

　上記の回答からは、本アンケート調査の結果では、市と町村の間では住民からの要求等への対応の程度に大きな差はないと推測できるのではないか。そこで、新たに対応に差異が生じた要因を考察する必要がある。組織規模という中規模レベルの考察から職員レベルというよりミクロレベルの考察へと進めてみる。職員レベルを考察した場合、一つには、市町村の内生的な条件として職員の能力あるいはスキルが考えられる。

　第一線職員研究で示されてきたとおり、日常時、職員は限られた資源のもとで自らの能力と判断で仕事の割り振りを行う。これは、復旧・復興過程という非日常時においても、個々の職員のスキル（能力や判断力）が発揮されたと考えられないであろうか。このような職員のスキルを認識する適切な指標として、①住民対応への経験の有無、②職場での職務経験があると思われる。つまり、それぞれの経験が高ければ高いほど対応能力は高く、震災時の職務経験の関連がある場合にも判断力があると考えてみたい。

　まずは、一つめの住民対応の経験の有無を見てみる。冒頭で述べたように、基礎的自治体では、住民対応は中核的な業務である。しかしながら、すべての部署の職員が日常から住民との接触をするわけではない。そのため、住民と日頃から接触することに慣れている職員であれば非常時でも十分な対応が取れることが想定できる。他方で、日頃から慣れていない職員は、震災時という非日常では十分な対応をとることは難しいのではないか、とも考えられる。

　それでは、実際にはどうだったのか（図表2－7）。図表2－7では、震災以前の仕事での住民との接触機会の頻度と、住民からの要求等への対応程度をもとにクロス表を作成した。全体的な傾向では、接触頻度が「多い」または「ある程度多い」仕事を経験していた場合には、半数以上の職員が要望に「十分」または「かなり」応えていたとしている。他方で、直接接触する機会が「少ない」または「ほとんどない」職員の場合には、「十分」または「かなり」応えたという回答は、半数を割っている。震災前に住民と接触する機

会が「少ない」と回答した者は「あまり応えられなかった」（46.3％）と関連していることからも、震災前の直接接触の経験の頻度は、震災後の住民からの要求等への対応を果たすことに影響を及ぼしていると考えられる。

図表2－7　災害前の業務と要求等への対応

| | | Q10 住民からの具体的な要求に応えることができたか | | | | | | 計 | |
		十分に応えられた	かなり応えられた	あまり応えられなかった	全く応えられなかった	非該当	無回答	％	N
Q6 直接接触する機会が多かったか	多い	3.5	52.3	35.2	2.0	3.0	4.0	100.0	199
	ある程度多い	1.9	62.8	30.9	1.4	1.4	1.4	100.0	207
	少ない	3.9	41.0	46.3	1.5	5.4	2.0	100.0	205
	ほとんどない	5.4	31.2	31.2	2.2	26.9	3.2	100.0	93
	無回答	0.0	0.0	100.0	0.0	0.0	0.0	100.0	1
	合計	3.4	49.2	36.7	1.7	6.4	2.6	100.0	705

注）「Q6　震災以前のあなたの仕事は、住民と直接接触する機会の多いものでしたか。（○は1つ）」と、「Q10　あなたは住民から具体的に出された要求にどの程度応えることができましたか。（○は1つ）」のクロス表

6 ｜ スキル仮説

　もう一つは、職員の判断力である。図表2－3で整理したように、まずは要求等が住民から述べられたときに、所管に関わる事案か否かの判断がなされたことが推察できる。つまり、要求等の内容と所管業務を照らし合わせ、自らの所管として受け入れることができれば、少なくとも「ふるいわけ」の手順は次の段階に進み、対応がなされる可能性が高まる。

　上記の経験仮説に基づき調査結果を整理した場合、データでは、震災前での住民対応の経験は、震災後の住民からの要求等への対応にも影響を及ぼしている。しかし、住民対応の経験とともに、所管との関連が判断基準であるとすれば、その経験を活用できる職場であるかどうかが対応の差異にも影響があるのではないだろうか、と考えられる。

　具体的には、震災後、「従来の業務との関連が多い要求」等であれば、所

管を越えた要求等としても一旦引き受けて、連絡調整の手順に移していくことができるだろう。しかし、要求等が所管業務とは「関連がない」あるいは「少ない」ものであれば、住民からの要求等への対応は取りにくいという判断をすることが考えられる。

　要求等に対して、職場の所管業務に関連するものと判断し対応したのかを明らかにするために、災害関連の業務とその対応状況を見ていくこととする。まずは、各部署での住民の「要求等」の帯グラフを作った（図表2−8）。図表2−8は、住民からの要求等を、各部署が「非常に多く受けた」「かなり多く受けた」「あまり受けなかった」「全く受けなかった」の回答に関わるグラフである。各部署で、要求等に対して「十分に応えられた」が一番下の

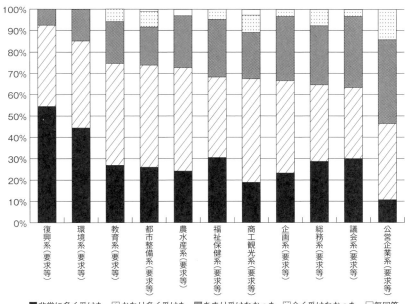

図表2−8　部署別の要求等の状況

注）各「○○系」は、部署ごとの回答の割合を示している。「Q7　震災後の3年間を振り返って下さい。震災に関わる事柄で、住民からの直接の問い合わせ、依頼、あるいは要求をどの程度受けましたか。（○は1つ）」
（所属課ごとのグラフ）

部分、「かなり応えられた」「あまり応えられなかった」「全く応えられなかった」の順で上に行き、全体で100％になる。本図の表記に際しては、「要求等」を、「非常に多く受けた」「かなり多く受けた」の集計結果を合算し、この二つの回答が最も多い部署を一番左側に置いた。具体的には、「復興系（要求等）」である（「非常に多く受けた」54.5％、「かなり多く受けた」37.9％）。次いで、「環境系（要求等）」（それぞれ44.4％、40.7％）、「教育系（要求等）」（それぞれ26.9％、47.8％）の順で記載している。

　図表2－9の「対応」も同じである。「要求等」に「十分に応えられた」「かなり応えられた」の回答結果を合算して、その合計が、多い順に、左から右へ並べた。

　各部署の「要求等」と「対応」の比較は次のとおりである。図表2－8の「要求等」を「非常に多く受けた」「かなり多く受けた」の回答を合算した結果は、復興系（92.4％）が最も多く、以下、環境系（85.1％）、教育系（74.7％）、都市整備系（73.9％）、農水産系（72.7％）、福祉保健系（68.3％）、商工観光系（67.5％）、企画系（66.6％）、総務系（64.6％）、議会系（63.3％）、公営企業系（46.4％）の順となる。復興を専門とする復興系に最も多く要求等が集まり、そして、個別事業部系、次いで、官房系・議会系等に対して住民の要求等が示されていたことが分かる。

　他方で、各部署での「対応」の結果を図表2－9で見てみる。都市整備系が69.3％で最も対応している。次いで環境系（66.7％）、公営企業系（64.6％）、議会系（58.6％）、総務系（54.5％）、福祉保健系（52.5％）、教育系（52.4％）、企画系（51.7％）、農水産系（50.0％）、商工観光系（48.5％）、そして、復興系（48.4％）の順となる。

　つまり、上記の要求等の多さに対して対応の割合は相関していない。特に、復興系は要求等がその部署が復旧・復興という名称から集まりやすいものの、実際に復興系の部署が自らそれらの要求等に対応することは限定的であった様子もうかがえる。このことからは、図表2－1のように、自らは未対応としつつも、他部署への「ふるいわけ」を行っていることが推察できる。

図表2−9　部署別の要求等への対応状況

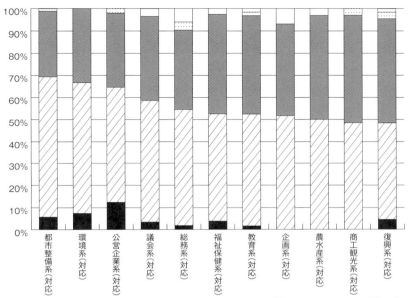

注）各「○○系」は、部署ごとの回答の割合を示している。「Q10　あなたは住民から具体的に出された要求にどの程度応えることができましたか。（○は1つ）」（所属課ごとのグラフ）

　次いで、災害関連の仕事が所属部局に関連する仕事とする回答と住民からの要求等への対応程度をもとにクロス表を作成した（図表2−10）。図表2−10からは、関連する仕事の割合が低くなるにつれて、「あまり応えられなかった」「全く応えられなかった」者の割合が相対的に高い結果になっている。このことは、各部署で災害関連業務を担当していれば、何らかの対応に結びつくことが分かる。他方で、担当していない場合には、所管に関わらないと判断し、対応がなされなかったことがうかがえる。

図表2-10　所属組織の災害関連業務の程度と要求等への対応

		Q10 住民からの具体的な要求に応えることができたか						計	
		十分に応えられた	かなり応えられた	あまり応えられなかった	全く応えられなかった	非該当	無回答	%	N
Q2 災害関連の仕事は、所属部局に関連する仕事か	すべて関連する仕事	7.1	53.2	29.8	1.4	6.4	2.1	100.0	141
	大半が関連する仕事	3.0	54.0	32.7	0.5	7.9	2.0	100.0	202
	一部関連する仕事	1.2	48.8	40.9	3.0	4.3	1.8	100.0	164
	すべて関連しない仕事	2.9	41.2	46.3	1.5	5.1	2.9	100.0	136
	非該当	3.4	44.8	34.5	3.4	10.3	3.4	100.0	58
	無回答	0.0	25.0	25.0	0.0	0.0	50.0	100.0	4

注）市町村　「Q2　災害関連の仕事は、自分の所属する部局に関連する仕事でしたか。（○は1つ）」と、「Q10　あなたは住民から具体的に出された要求にどの程度応えることができましたか。（○は1つ）」のクロス表

7｜まとめ

　本章は、7割の市町村で多くの要求等を住民から受けたなかで、十分に対応できたと回答した市町村が5.5割であった事情を説明しようとした。

　まずは、既存研究をもとに、組織の規模から考えてみた。本調査の結果からは、組織の規模による対応の差異は見られなかった。そのため、ここでは規模は必ずしも要因ではないとの結論に至った。そこで、分析の焦点をよりミクロなレベルに移すこととした。具体的には、次のステップとして、職員の能力と判断力から考えた。その結果、これらの要因には、ある程度の説得力が感じられた。つまり、住民からの要求等への対応には、個々の職に至るまでの経験とその経験を生かす職場の体制が大きく左右しているのではないか、と考えられる。

　復旧・復興過程における行政では、住民等からの要求等に耳を傾け、可能

な限り対応を図ることが望ましい。しかしながら、本章冒頭でも述べたように、日常でさえ人材、財政等の資源制約のもとで、業務の「ふるいわけ」を行わざるを得ないことを考えれば、非日常である復興過程では、「ふるいわけ」は不可避な行動であった。しかし、闇雲に「ふるいわけ」をすることはない。できたはずのことを見落とすような過誤は回避することが望ましい。適切な判断ができるような職員の経験蓄積と職場の体制が必要であることは本章から得られた知見の一つである。

　しかし、より大切なことは、災害時の医療救護における「トリアージ」のような運用である。例えば災害時の医療においては、予め傷病の段階別に対応（最優先治療、非緊急治療、軽処置、そして不処置）を定めておき、実際の災害発生時にはそれに従って傷病者への処置を判断する。医療分野では、その重要性からこうした段階別対応が早くから発展してきたが、要求等への対応についてもその考え方を援用できるのではないだろうか。経験がある職員だけが業務の「ふるいわけ」を行うわけではないことに鑑みると、災害発生時の要求等に対する重要度の認識と「ふるいわけ」について、可能な限りマニュアル化した方が良いかもしれない。そして「ふるいわけ」のマニュアルが作れるのであれば、その内容を多くの職員が会得していることが望ましい。復旧・復興過程では、平等性、公正性からの対応は当然必要である。しかしながら、資源の希少性と緊急性から優先性の判断をすることも不可避である（武智2016：23）。

【参考文献】

天川晃（2015）「自治行政の『非常時』と『平時』」小原隆治・稲継裕昭編『震災後の自治体ガバナンス』東洋経済新報社、23-48頁

荒見玲子（2014）「政策実施に関わるアクターの応答性の規定要因とそのメカニズム―福井県の要介護認定調査の分析から―」社会科学研究65巻1号、135-178頁

河村和徳（2014）『東日本大震災と地方自治―復旧・復興における人々の意

識と行政の課題』ぎょうせい

庄子まゆみ（2016）「分断自治体のリアル」今井照・自治体政策研究会編著『福島インサイドストーリー』公人の友社、59-92頁

武智秀之（2016）「公共政策の文脈的理解」法学新報123巻1・2号、1-48頁

平田彩子（2017）『自治体現場の法適用　あいまいな法はいかに実施されるか』東京大学出版会

依田博編著（2000）『阪神・淡路大震災――行政の証言、そして市民』くんぷる

M．リプスキー（田尾雅夫・北大路信郷訳）（1986）『行政サービスのディレンマ―ストリート・レベルの官僚制―』木鐸社

第3章

震災に直面した職員に求められる対応と今後の備え

■ 本田哲也

1 | はじめに

　近年相次ぐ自然災害は、非常時に備えておくこと、日常生活から減災に取り組むことの重要性と必要性を改めて私たちに思い起こさせる。震災にあって、自治体の果たす役割は非常に大きく、その中核となるのが自治体職員である。そして、その自治体職員も被災者であることを忘れてはならない。一方で、「被災地の自治体職員の取り組みを取り扱った」記事や学術論文は少ないという（中川2014：15）。加えて、本アンケート調査のように課長級を対象とした質問紙調査による震災と自治体職員に関する研究は多くはない。本章では、震災に直面した職員の経験をもとに、震災時に求められる職員の対応の選択肢と今後の備えについて分析を行う。自治体職員自身による振り返りと今後の対応策に関する自由記述を手掛かりに、次なる震災への備えのために有意な知見を整理し、導き出すことを目的とする。

　東日本大震災の被災3県及び37市町村を対象とした「東日本大震災学術調査に係る被災自治体職員アンケート調査」では、次の四つの設問について自由記述により回答を求めた。第一に、震災後の1ヵ月を振り返り、震災以前の仕事に災害関連の仕事が加わった、もしくは震災以前の仕事から災害関連の仕事へ変わった場合において、所属部局とは関連しない仕事の具体的な仕事の中身について尋ねた（Q3）。第二に、震災後の3年間を振り返り、震災に係る事柄で、住民からの直接の問い合わせ、依頼、要求について、想定

できない内容があった場合に、その具体的な内容について尋ねた（Q９）。第三に、混乱した状況の中で住民の依頼・要求により良く応えるために改善すべき点がある場合に、具体的な内容について尋ねた（Q12）。第四に、災害時に職場の業務が滞らないための措置として、今後どのようなものが有効であると考えるか、具体的な内容について尋ねた（Q22）。最初の二つの設問から震災時に求められる職員の対応の選択肢について分析を行い、残りの二つの設問から今後の備えについて分析を行う。

　まず、質問紙調査によって得られた自由記述回答数の全体的な傾向を確認する。図表３－１では、自由記述回答総数とその内訳を整理した。質問紙調査全体の有効回答数は、県が313件、市町村が705件であった。まず、県は、Q12（233件）、Q22（220件）への回答数が多く、有効回答のうち約70％の職員が回答している。県別ではＱ３の福島県の回答が突出して多い（50件）。次に市町村も、Q12（541件）が約80％、Q22（471件）が約70％と回答数が多い。また、Ｑ３（303件）も、約40％の職員が回答している。対象37市町村を県ごとに集約した県内市町村別では、第一に、宮城県内市町村の回答数が多いこと（Ｑ３・147件、Q12・287件、Q22・255件）、第二に、Ｑ９については、宮城県内市町村（69件）、福島県内市町村（61件）の回答が多い。

図表３－１　自由記述回答数の内訳（件数）

	Q3	Q9	Q12	Q22	有効回答数（件数）
県（全体）	85	74	233	220	313
岩手県	14	20	69	64	83
宮城県	21	19	67	67	104
福島県	50	35	97	89	126
市町村（全体）	303	155	541	471	705
岩手県内市町村	68	25	133	110	187
宮城県内市町村	147	69	287	255	373
福島県内市町村	88	61	121	106	145
合計	388	229	774	691	1,018

以下、本章の構成を述べる。**2**では、震災時に職員が担う所属部局とは「関連しない仕事」の中身について検討する。**3**では、震災時に職員が直面した住民からの依頼・要求のうち、「想定できない内容」の中身について検討する。**4**では、住民の依頼・要求により良く応えるためにどのような改善が考えられるのかについて検討する。**5**では、災害時に業務が滞らないための措置について検討する。**2**から**5**の各節では、次の二つの方法により分析を行う。第一に、節ごとに設定したカテゴリに基づき自由記述を分類し、各カテゴリへの言及割合という数量的なデータを用いて自治体間の比較を行う。第二に、各カテゴリで特徴的な自由記述を紹介し、そこから得られた教訓についてまとめる。最後に、これまでの知見をまとめて整理する。

2｜震災時に職員が担う「関連しない仕事」の中身

　本節では、震災時に災害関連の仕事が加わったないしは災害関連の仕事へ変わった場合、具体的に担った所属部局とは関連しない仕事の中身について整理し、分析を行う。

　以下の分析では、県と市町村を分けてその記述内容を、「避難所・物資」、「医療・安否」、「ライフライン」、「住宅関連」、「災害対策本部」、「原子力」、「その他」の七つのカテゴリに分類した。

　まず、カテゴリの説明を行う。「避難所・物資」とは、避難所に関する業務や全国各地からの支援物資や救援物資について言及する記述を中心としたカテゴリである。具体的には、避難所の運営に関することや、支援物資の仕分けや避難所への配分に関するものが挙げられている。「医療・安否」とは、医療に関する業務や、安否確認に関する業務について言及する記述を中心としたカテゴリである。具体的には、医療機関との連携・協力や、病人の移送、行方不明者の安否確認や遺体の身元確認、埋葬に関するものが挙げられている。「ライフライン」とは、水道、ガス、電気の復旧に関する業務について言及する記述を中心としたカテゴリである。「住宅関連」とは、被災者

の住宅の確保や建物の被害判定の業務について言及する記述を中心としたカテゴリである。具体的には、仮設住宅への入居や罹災証明に関するものが挙げられている。「災害対策本部」とは、災害対策本部での業務について言及する記述を中心としたカテゴリである。具体的には、災害対策本部員として従事した業務や災害対策本部との連絡要員として従事した業務が挙げられている。「原子力」とは、原子力発電所事故に伴い発生した業務について言及する記述を中心としたカテゴリである。具体的には、放射能汚染に関する対応に関するものが挙げられている。

次に、本節の構成を述べる。2.1では、自由記述における七つのカテゴリの言及割合を整理する。また、自治体間で言及割合に違いがあるかも検討する。2.2では、各カテゴリの具体的な自由記述について言及割合が多い順番に紹介する。

2.1 カテゴリ別の言及割合

前述のカテゴリに従い、図表3－2では、カテゴリ別の言及割合について整理した。本章で用いる言及割合は、依田（2000）を参考として以下の手順で算出した。まず、各回答者の記述内容から最大4カテゴリまで取り上げた。そのため、同じ回答者の自由記述が複数カテゴリに分類されている場合もある。そして、各カテゴリの回答数を回答者数で除した値を言及割合とした。

まず、県と市町村の全体（合計）の傾向を把握する。避難所・物資（66.8%）、医療・安否（14.1%）、ライフライン（12.6%）、住宅関連（11.9%）、災害対策本部（9.8%）、原子力（4.9%）の順番で言及割合が多い。以下では、県と市町村の比較、県間の比較、県内市町村間の比較の順に述べる。

2.1.1 県と市町村の比較

まず県と市町村の比較を行う。県（全体）では、言及割合が多い順に、避難所・物資（62.4%）、災害対策本部（21.2%）、医療・安否（15.3%）、原子力（14.1%）、ライフライン（5.9%）、住宅関連（5.9%）の順番となる。市町村（全体）では、避難所・物資（68.0%）、ライフライン（14.5%）、医療・安否（13.9%）、

住宅関連（13.5%）、災害対策本部（6.6%）、原子力（2.3%）の順番となる。

　県と市町村の共通点として、どちらも1番目に避難所・物資への言及割合が多い。このことから、震災以前の仕事に関連しない仕事として、多くの職員が避難所や支援物資に関わる業務に従事していることが分かる。

　一方で、県と市町村の異なる点として、2番目以下の順位の違いがある。県では2番目に災害対策本部への言及割合が多いのに対して、市町村では、ライフラインへの言及割合が多い。県では4番目に原子力への言及割合が多いのに対して、市町村では、住宅関連への言及割合が多い。

2.1.2　県間比較

　次に3県の比較を行う。3県の共通点は、1番目に避難所・物資への言及割合が多いことだが、それ以降は、県により傾向が異なる。岩手県では2番目に医療・安否（28.6%）、3番目にライフライン（21.4%）への言及割合が多い。また、原子力や住宅関連への言及はなかった。他県と比較して、ライフラインの言及割合が多い。宮城県では、2番目に医療・安否（33.3%）、3番目に住宅関連（14.3%）への言及割合が多い。また、ライフラインへの言及はなかった。他県と比較して、医療・安否、住宅関連の言及割合が最も多い。福島県では、2番目に災害対策本部（30.0%）、3番目に原子力（22.0%）への言及割合が多い。他県と比較して、災害対策本部、原子力への言及割合が最も多い。

2.1.3　県内市町村間比較

　最後に、市町村に目を移し、3県の県内市町村間の比較を行う。3県内市町村の共通点として、1番目に避難所・物資への言及割合が多い。一方で、それ以降は、県内市町村により傾向が異なる。岩手県内市町村では、2番目に医療・安否（16.2%）、3番目にライフライン（13.2%）への言及割合が多い。また、原子力への言及はなかった。宮城県内市町村では、2番目にライフライン（18.4%）、3番目に住宅関連（15.0%）への言及割合が多い。他県と比較して、ライフラインへの言及割合が最も多い。福島県内市町村では、2番目に住宅関連（14.8%）、3番目に医療・安否（13.6%）への言及割合が多い。他県と比較すると、原子力（8.0%）への言及割合が最も多い。

図表3－2　カテゴリ別の言及割合（関連しない仕事）

(%)

	避難所・物資	医療・安否	ライフライン	住宅関連	災害対策本部	原子力	その他	回答者数
県（全体）	62.4	15.3	5.9	5.9	21.2	14.1	14.1	85
岩手県	71.4	28.6	21.4	0	14.3	0	21.4	14
宮城県	71.4	33.3	0	14.3	4.8	4.8	14.3	21
福島県	56.0	4.0	4.0	4.0	30.0	22.0	12.0	50
市町村（全体）	68.0	13.9	14.5	13.5	6.6	2.3	8.3	303
岩手県内市町村	63.2	16.2	13.2	8.8	5.9	0	14.7	68
宮城県内市町村	66.0	12.9	18.4	15.0	8.8	0	5.4	147
福島県内市町村	75.0	13.6	9.1	14.8	3.4	8.0	8.0	88
合計	66.8	14.1	12.6	11.9	9.8	4.9	9.5	388

2.2　具体的な記述の紹介[1]

2.2.1　避難所・物資に関すること

　避難所については、M市のように、「避難所指定されていなかった」庁舎を、避難所として運用せざるを得なくなり、その対応にあたった職員もいた。県職員も避難所の運営に携わるが、C県のように期間を区切った応援である場合が多い。一方で、市町村職員は専従で避難所の運営にあたっている。支援物資の配分について避難所同士の調整や、避難所間での偏り等様々な問題があったことが推察されるが、AB市のように、「住民の理解と協力」を得て業務に従事したことも分かる。

- ●物資の調達支援（食料、飲料等の生活関連物資）について、全国知事会を通じて、各都道府県からの物資の受け入れ等の業務に従事した。（B県）
- ●避難所応援（2泊3日程度）の手配、物資の輸送関連業務、放射線量

1）本章の自由記述の紹介においては、自由記述を読みやすくするために、筆者が一部変更を加えている。また、自由記述の内容についても、本アンケート調査が匿名化を条件とした公表のため、匿名化のため一部変更を加えた。

測定（製品の表面の放射線量測定）業務のローテーションの手配、避難所運営（被災者の受け入れ）等（C県）
● 庁舎は避難所指定されていなかったが、避難者が多数在留したため、炊出し、庁舎清掃、食料品等確保、避難者の確認等を行った。（M市）
● 避難所への物資の搬送、仕分け、管理等、搬出補助員の事務分担等避難所との物資に関する協議、要望取りまとめ、自衛隊との調整等。物資配給に関し、人数の多い避難所から搬入されたため、その他の避難所への搬入が遅れたり、品数が不足したり、迷惑をかけたが、住民の理解と協力で乗り切ることができた。（AB市）

2.2.2　医療・安否に関すること

　医療については、「地元医師会との連携・協力」（X町）や、「病弱者の移送」（A県）に関する業務があったことが分かる。次に、安否確認については、広範な業務を担っていることが分かった。まず、避難所の避難者も含めた「安否の問い合わせ」（B県）や「行方不明者の所在照会対応」（B県）があり、他部署が担当であったが引き受けたという自治体（AG市）もあった。次に、「遺体収容・遺体安置」（R町）がある。そして、「火葬の手続き」（Q町）もある。市町村では、遺体収容に加えて、火葬に関する業務も発生しており、平時の担当を超えて職員が対応したことが分かる。

● 避難所から高齢者また病弱者を内陸に移送する業務（A県）
● 県内各地の避難所に避難された方々に関するデータベース（氏名、年齢、性別、住所等）を作成し、県民等からの安否の問い合わせに対応する「避難者情報ダイヤル」を設置、運営した。（B県）
● 遺体の管理、火葬等の手続き（Q町）
● 被災直後の当課の業務は、自衛隊、警察及び地元消防団との連携のもと、犠牲になられた方々の「遺体収容・遺体安置」であった。（R町）
● 安否情報作成。本来ならば他部署が担当であったが対応できないため。

(AG市)
- 災害派遣医療チームであるJMAT（Japan Medical Association Team）、DMAT（Disaster Medical Assistance Team)との連絡調整・県担当課との連絡・地元医師会との連絡会議・日本医師会への支援要請（X町）

2.2.3　ライフラインに関すること

　職員はライフラインの復旧に関しても広範な業務を担ったことが分かる。C県では、水道の全面復旧に時間を要したことから、「水を運ぶ業務」を担った。S市では、「ガソリン、灯油、軽油、重油」といった「燃料確保業務」を担った。Z市では、ガスの「一部開栓作業」を担った。ライフラインの復旧は、被災者の生活復旧に関わるために、より直接的な関与を行っている。

- 水道が1ヵ月ほど全面復旧に時間がかかったため、水道局と連携し、主に病院関係に水を運ぶ業務を県として実施した。（C県）
- 本来人事課の業務のほか、公用車運行のため等の燃料確保業務（ガソリン、避難所暖房のための灯油、軽油、重油）を行った。（S市）
- ガス供給停止となった後の一部開栓作業（Z市）

2.2.4　住宅関連に関すること

　住宅の確保や被災家屋に関して従事した業務は、次の三つに分けることができる。第一に、U町のように、家屋の被害調査と罹災証明書の発行業務である。第二に、ＡＡ市やＡＮ市のように、仮設住宅の提供や管理に関する業務である。第三に、Ｚ市のように被災家屋解体に関する業務である。

- 応急仮設住宅への入居事務及び施設維持・管理業務（ＡＡ市）
- 被災者を対象とした一時提供住宅（仮設住宅・借り上げ住宅）の確保及び斡旋（ＡＮ市）

- ●被災家屋解体に係るシステム構築（Z市）
- ●罹災証明の発行業務、物資搬入。家屋の被害調査（全壊、大規模半壊、半壊、一部損壊）（U町）

2.2.5 災害対策本部に関すること

災害対策本部での具体的な業務については、総括班で他機関との連絡調整にあたったこと（C県）や、「職員通勤用バスの添乗員」（AN市）、広報担当として報道機関の担当にあたったこと（AD町）等が挙げられている。

- ●災害対策本部総括班に張り付き、県警本部や自衛隊、災害対策本部各班等との調整、どの班にも関係しない業務（自動車等の寄付申込）等に従事した。（C県）
- ●震災直後、災害対策本部に所属部要員として勤務（問い合わせ等対応、炊出し品搬出等）。震災約1週間後、ガソリン不足により職員が通勤できない状況となり、職員の通勤用バス（朝当番、夜当番）の添乗員として勤務。併せて災害対策本部勤務（AN市）
- ●災害対策本部員として報道機関との対応が主な内容であった。また、生活関連情報や町等からの情報を取りまとめ、被災者への情報提供を行っていた。（AD町）

2.2.6 原子力に関すること

原子力発電所事故に伴い発生した業務は多岐にわたる。県職員の場合には、1年から2年の間、「原子力災害被災市町村」に派遣され、派遣先で業務に従事することがあった。他にも、オフサイトセンターに派遣され業務に従事することがあった。市町村職員の中には、全町避難に伴い、避難先での支援業務に従事することもあった。

- ●県災害対策本部の指示に基づき原子力災害被災市町村に派遣され、住

民の避難対応、復興計画策定等の支援に従事した。(C県)
- オフサイトセンターでの連絡業務 (C県)
- 市外からの避難所勤務となり、避難者の生活全般について対応する。避難者の多くは、原発避難者であった。(AF市)
- 大震災及び原子力放射能の大災害により全町民避難による町民の避難先での誘導、お世話をする仕事に変わった。職員を班体制としガソリン、灯油の不足により職務は、燃料班の班長としての業務となった。(AM町)

3 ｜ 住民からの依頼・要求のうち想定できない内容の中身

　本節では、住民からの依頼・要求のうち想定できない内容に関する自由記述について整理し、分析を行う。以下の分析では、県と市町村を分けてその記述内容を「原子力」、「避難所・物資」、「復旧作業」、「被害状況調査」、「住民対応」、「甚大な被害」、「政府間関係」、「その他」の八つのカテゴリに分類した。

　まず、カテゴリの説明を行う。「原子力」とは、原子力発電所事故に関連した依頼・要求について言及する記述を中心としたカテゴリである。「避難所・物資」とは、避難所や物資に関連した依頼・要求について言及する記述を中心としたカテゴリである。「復旧作業」とは、復旧作業について言及する記述を中心としたカテゴリである。「被害状況調査」とは、被害状況調査について言及する記述を中心としたカテゴリである。「住民対応」とは、住民からの問い合わせについて言及する記述を中心としたカテゴリである。「甚大な被害」とは、東日本大震災の規模が甚大であったため、住民からどのような依頼・要求が生ずるのか想定しておくことがそもそも不可能であることについて言及する記述を中心としたカテゴリである。「政府間関係」とは、国・自治体間関係について言及する記述を中心としたカテゴリである。

　次に、本節の構成を述べる。3.1では、自由記述における八つのカテゴ

リの言及割合を整理する。また、自治体間で言及割合に違いがあるかも検討する。3.2では、各カテゴリの具体的な自由記述について言及割合が多い順番に紹介する。

3.1　カテゴリ別の言及割合

前述のカテゴリに従い、図表3－3では、カテゴリ別の言及割合について整理した。まず、県と市町村の全体（合計）の傾向を把握する。原子力（35.4％）、避難所・物資（21.0％）、復旧作業（17.0％）、被害状況調査（13.1％）、住民対応（11.4％）、甚大な被害（11.4％）、政府間関係（6.1％）の順番で言及割合が多い。以下では、県と市町村の比較、県間の比較、県内市町村間の比較の順に述べる。

図表3－3　カテゴリ別の言及割合（想定できない内容）

(％)

	原子力	避難所・物資	復旧作業	被害状況調査	住民対応	甚大な被害	政府間関係	その他	回答者数
県（全体）	52.7	13.5	10.8	6.8	12.2	6.8	12.2	12.2	74
岩手県	20.0	35.0	10.0	0	10.0	5.0	20.0	10.0	20
宮城県	42.1	5.3	21.1	15.8	5.3	21.1	0	26.3	19
福島県	77.1	5.7	5.7	5.7	17.1	0	14.3	5.7	35
市町村（全体）	27.1	24.5	20.0	16.1	11.0	13.5	3.2	11.0	155
岩手県内市町村	4.0	20.0	24.0	20.0	12.0	28.0	0	8.0	25
宮城県内市町村	4.3	31.9	23.2	21.7	13.0	14.5	4.3	15.9	69
福島県内市町村	62.3	18.0	14.8	8.2	8.2	6.6	3.3	6.6	61
合計	35.4	21.0	17.0	13.1	11.4	11.4	6.1	11.4	229

3.1.1　県と市町村の比較

まず県と市町村の比較を行う。県（全体）では、言及割合の多い順に、原子力（52.7％）、避難所・物資（13.5％）、住民対応（12.2％）、政府間関係（12.2％）、復旧作業（10.8％）、被害状況調査（6.8％）、甚大な被害（6.8％）の順番となる。市町村（全体）では、原子力（27.1％）、避難所・物資（24.5％）、復旧作

業（20.0%）、被害状況調査（16.1%）、甚大な被害（13.5%）、住民対応（11.0%）、政府間関係（3.2%）の順番となる。

　県と市町村の共通点として、原子力への言及割合が最も多い。自治体職員の立場からは、原子力発電所事故に起因する依頼・要求が想定できなかったようである。また、2番目に言及割合が多い避難所・支援物資も、長期にわたる避難所での生活や、支援物資の配分の仕方等について想定できない内容があったことが推察される。

　一方で、県と市町村の異なる点は、3番目以下の順番の違いである。県は住民対応、政府間関係への言及割合が多いが、市町村では復旧作業、被害状況調査への言及割合が多い。県には、市町村を超えた住民からの問い合わせや、様々な要請や要望が国、市町村から行われたことが背景にあるのではないか。市町村は、住民により近い立場から、住民が関心を抱く復旧作業や被害状況調査において、様々な依頼や要求が寄せられたのではないかと考えられる。

3.1.2　県間比較

　次に3県の比較を行う。岩手県では、1番目に避難所・物資（35.0%）、次に原子力（20.0%）と政府間関係（20.0%）への言及割合が多い。また、被害状況調査への言及はなかった。他県と比較して、避難所・物資、政府間関係への言及割合が最も多く、とりわけ、避難所・物資への言及割合は非常に多い。宮城県では、1番目に原子力（42.1%）、次に復旧作業（21.1%）、甚大な被害（21.1%）への言及割合が多い。また、政府間関係への言及はなかった。他県と比較して、復旧作業、甚大な被害、被害状況調査（15.8%）への言及割合が最も多い。福島県では、1番目に原子力（77.1%）、次に住民対応（17.1%）への言及割合が多い。また、甚大な被害への言及はなかった。他県と比較して、原子力の言及割合が最も多い。

3.1.3　県内市町村間比較

　最後に、市町村に目を移し、3県の県内市町村間の比較を行う。県内市町村により傾向が異なる。岩手県内市町村では、1番目に甚大な被害（28.0%）

への言及割合が多く、復旧作業（24.0％）、避難所・物資（20.0％）、被害状況調査（20.0％）と続く。政府間関係への言及はなかった。他の県内市町村と比較して、甚大な被害への言及割合が多い。宮城県内市町村では、1番目に避難所・物資（31.9％）への言及割合が多く、復旧作業（23.2％）、被害状況調査（21.7％）と続く。他の県内市町村と比較して、避難所・物資への言及割合が最も多い。福島県内市町村では、1番目に原子力（62.3％）への言及割合が多く、避難所・物資（18.0％）、復旧作業（14.8％）と続く。他の県内市町村と比較して、原子力への言及割合が最も多い。

3.2　具体的な記述の紹介
3.2.1　原子力に関すること

　原子力発電所事故に起因する住民からの依頼・要求については、問い合わせの内容、対応方針、対処方法について手探りの中で回答せざるを得なかったこと（A県、C県、AG市）が分かる。

- 内陸部は放射性物質汚染関連が多く、既に明らかな知見、国等からの情報・指示も少なく、住民からの安全性、見通し、対応方法等の問い合わせの内容を事前に検討する材料が少なすぎた。（A県）
- 放射能に関係すること。人への影響。牛肉・牛乳が人に与える影響。検査数値公表の要求と、不満。汚染イナワラ・牧草・たい肥を販売できなくなったことへの不満。生活できなくなったことへの対応の要求。卵、豚肉の検査要求。食して大丈夫か等（B県）
- 放射性物質、放射線の健康影響が、県民にとっても初めて直面するものであるといって良かったもので、問い合わせ相談される内容が、医学的な知識、日常生活の注意、教育活動における注意、自主避難すべきかどうか、食品の安全性、賠償問題、風評被害など、非常に幅広い分野にわたるものだった。（C県）
- 原発災害については想定していなかったので、除染、放射線に関する

ことはすべて想定できない内容だった。具体的には、除染を早く進めてほしいといった要望、現在の線量で健康に影響はないのか、年間1mSv以下にいつになるのか、除染の効果はどのくらいあるのか、除染の範囲を広げてほしい等（AG市）

3.2.2 避難所・物資に関すること

　避難所や物資に関する住民からの依頼・要求について、自治体職員が想定できなかったとするポイントは次の二点である。第一に、住民のニーズの把握である。L町の記述からは、避難所で提供する物資が「役場で取り扱っていないもの」であったことが分かるほか、A県やM市の記述からは、避難所での生活が長引くにつれて、自治体職員が住民のニーズの把握に苦慮したことが分かる。第二に、避難所の被災者と避難所外の被災者に生じた支援の差である。A県やAC町の記述から分かるように、「家が流されていない」ために、自宅が「避難所」として機能していたこともあり、支援物資の配給を行政に求めざるを得ない状況が生じた。今後、避難所内外の支援物資の格差については対応が求められよう。

- 避難所の共同風呂でガレキ薪を焚いて運営し続けてほしい（半年間）。震災直後は、ある避難所の周囲の住民から食料や長ぐつなど生活物資の供給を依頼された（避難所（に居る人はほとんどが家を流された人）と周囲の住民（家は流されていないが親類縁者を引き受けて普段よりも2〜3倍多い人を養っていた。ガソリンもなく買いものに行けず支援物資も届かなかった（行政は避難所のみ支援））には溝が出来ていた）。（A県）
- ガソリン、食料、すべてこれまでの役場で扱っていないものだった。（L町）
- はじめの1〜2日は、水や食糧、ミルク、酸素ボンベなどの支援物資を求めるもの。すぐ支援物資が来るようになり、その後、入浴できな

いことが課題になる。1週間たったところでガソリン不足の問題。その後遺体を火葬場が少なく土葬にするか（実際、土葬は実施せず）、避難所など（学校や市の施設利用をスタートするため）の移動など。支援物資が在宅被災者に配布できないこと（M市）
- 今日は毛布、次の日は食糧、次の日になると暖房といったように、被災者からの要望が目まぐるしく変化し、その対応に苦慮した。避難所以外に避難した被災者からは不公平だと苦情がたえなかった。（AC町）

3.2.3　復旧作業に関すること

　ライフラインやガレキの除去など復旧作業については、自治体職員自身も分からないことが多くあったに違いない。B県やP市の記述から分かるように、どの自治体においても、大量に発生したガレキの処理は懸案事項であっただろう。また、水道や電気等のライフラインの復旧の目途に関する問い合わせも、想定できなかったに違いない。

- 震災により、被災したインフラの復旧や、節電などの問い合わせ対応に追われた。（B県）
- 被災した道路等構造物の補修やガレキ撤去の依頼、海中のガレキ除去の依頼（B県）
- ガレキの撤去、沈下した地盤の嵩上げ、不明となった境界の復元（P市）
- 津波被害によるライフラインの寸断、長期に渡る断水、通行不能箇所の発生、長期に渡る停電（U町）

3.2.4　被害状況調査に関すること

　被害状況調査については、B県のように「遺体捜索」や、AC町のように遺体安置所で身元確認を行うための送迎を担当した職員もいたことが分かる。また、S市のように、被害家屋調査に従事したが、調査結果の判定により、支援の程度が異なるために、「市民の理解を得られな」いような事態も生じ

たようである。

- 遺体捜索、車両の引き上げ（B県）
- 被害家屋調査を行い、被害の程度を判定したが、程度によって支援が大きく違うため、市民の理解を得られなかった（判定も二転三転し混乱があった）。（S市）
- 震災による津波で、亡くなった住民が、遺体安置所で安置される中、身元を確認する遺族の方々が、自家用車等を失ったため、町のバスで送迎するにあたり、運航の手配を行う業務。自衛隊が設置してくれた仮設浴場の場所の交渉と送迎バスの手配等（AC町）

3.2.5　住民対応に関すること

　住民対応については、C県やW市のように、想定しづらい内容がある一方で、A県のように、問い合わせ内容が不明であり、対応すること自体が不適当だと考えられる内容も寄せられていることが分かった。

- 復興支援の物販イベントをするから、被災地の人が交通費自費で商品を運びこんで販売してほしい（遠隔地）。復興支援のチャリティーイベントをするので、公共施設を無料で貸してほしい（イベントの中身、経理が不明瞭）。（A県）
- 原発建屋爆発時に外で仕事をしていて雨にあたったが、被ばくしていないのか。窓を開けたままにしていても大丈夫か。孫に会いに行こうとしたら、放射線がうつるから来るなと言われたが、どうすれば良いか。メルトダウンしているのでは、国は情報を伏せているのではないか。本当の状況を教えて欲しい。（C県）
- 発災後、住民からの問い合わせの対応に追われたが、その多くが「住居の壁や基礎に亀裂が入っている。大丈夫かどうか見てほしい」「崖地に亀裂が入っていて、崩れそうだ」あるいは「崩れてきた」などの

問い合わせがあり、中には「土地所有者に対応するように市から言ってほしい」などの内容もかなりあった。（W市）

3．2．6　甚大な被害に関すること
　震災による甚大な被害から、どのような問い合わせが生ずるのかを想定することすら困難であったということが分かる。

- ●過去に例を見ない大規模災害であったことから、事例や法令等の整備も追いつかなかったため、判断に困る内容が多岐にわたった。（B県）
- ●被災が甚大、想定外の被害に通常業務では考えられない事項ばかり。（O市）
- ●想定をはるかに超える死者、行方不明者、建物の全壊、流出、食料、燃料不足（T市）
- ●市民がパニック状態にあり、筆舌に尽くしがたい。（AG市）

この他にも、わずかではあるが、政府間関係に言及する自由記述があった。

4｜依頼・要求に応えるための改善の中身

　本節では、住民の依頼・要求に応えるために改善すべき点に関する自由記述について整理し、分析する。以下の分析では、県と市町村を分けてその記述内容を「情報」、「準備」、「組織」、「裁量」、「人員」、「優先順位」、「財源」、「リーダーシップ」、「その他」の九つのカテゴリに分類した。

　まず、カテゴリの説明を行う。「情報」とは、情報の収集、共有、伝達について言及する記述を中心としたカテゴリである。具体的には、組織内での情報の収集、共有や伝達の必要性、対住民からの情報収集や住民への情報伝達の方法の工夫を求めるものが挙げられている。「準備」とは、住民の要求に応えるための準備を平時から行っておくことや、自らの職務に求められる

知識や理解を深めておくことについて言及する記述を中心としたカテゴリである。具体的には、窓口での対応の訓練や、備蓄の必要性、通信手段を確保しておくことが挙げられている。「組織」とは、組織の在り方について言及する記述を中心としたカテゴリである。具体的には、窓口の一元化や、組織内の連携や協力の在り方が挙げられている。「裁量」とは、要求に応えるために裁量が必要であることについて言及する記述を中心としたカテゴリである。具体的には、現場への権限委譲を求めることや制度の柔軟な運用が挙げられている。「人員」とは、人員の必要性について言及する記述を中心としたカテゴリである。「優先順位」とは、住民の要求の中でも応えられるものとそうではないものに分けて対応すること、応えるべき課題に優先順位をつけることについて言及する記述を中心としたカテゴリである。具体的には、要求の中にも応えられるものとそうではないものがあることを住民に説明することや、明確な基準を示すことが挙げられている。「財源」とは、要求に応えるためには財源が必要であることについて言及する記述を中心としたカテゴリである。「リーダーシップ」とは、リーダーシップの必要性について言及する記述を中心としたカテゴリである。

次に、本節の構成を述べる。4.1では、自由記述における九つのカテゴリの言及割合を整理する。また、自治体間で言及割合に違いがあるかも検討する。4.2では、各カテゴリの具体的な自由記述について言及割合が多い順番に紹介する。

4.1　カテゴリ別の言及割合

前述のカテゴリに従い、図表3－4では、カテゴリ別の言及割合について整理した。まず、県と市町村の全体（合計）の傾向を把握する。情報（36.2%）、準備（23.9%）、組織（22.7%）、裁量（9.8%）、人員（8.4%）、優先順位（7.2%）、財源（4.0%）、リーダーシップ（1.9%）の順番で言及割合が多い。以下では、県と市町村の比較、県間の比較、県内市町村間の比較の順に述べる。

4.1.1　県と市町村の比較

　まず県と市町村の比較を行う。県（全体）では、言及割合が多い順に、情報（39.1%）、組織（27.9%）、準備（15.9%）、裁量（13.3%）、優先順位（10.3%）、財源（7.7%）、人員（5.6%）、リーダーシップ（3.9%）の順番となる。市町村（全体）では、情報（34.9%）、準備（27.4%）、組織（20.5%）、人員（9.6%）、裁量（8.3%）、優先順位（5.9%）、財源（2.4%）、リーダーシップ（1.1%）の順番となる。

　県と市町村の共通点は、次の二つである。第一に、情報への言及割合が最も多い。つまり、組織内での情報共有や対住民からの情報収集、住民に対しての情報伝達の在り方について、県も市町村も共通して改善すべき点があると考えている。第二に、ヒトやカネといった資源ではなく、組織内の連携・協力の在り方や職員一人ひとりの意識や準備といった側面に言及する記述が多い。

　一方で、県と市町村の異なる点は、2番目以下の順番の違いである。県は、2番目に組織への言及割合が多いが、市町村では、準備への言及割合が多い。また、県では人員は7番目だが、市町村では4番目のため言及割合の多さに違いがある。県と市町村の人員削減の程度の違いがこのような意識の違いに結びつくのか、さらなる検証が必要である。

4.1.2　県間比較

　次に3県の比較を行う。3県の共通点として、1番目に情報、2番目に組織の言及割合が多い。一方で、3番目以下は、県により傾向が異なる。岩手県では、3番目に優先順位（15.9%）、4番目に準備（14.5%）への言及割合が多い。宮城県では、3番目に準備（19.4%）、4番目に裁量（14.9%）と優先順位（14.9%）への言及割合が多い。福島県では、3番目に裁量（15.5%）、4番目に準備（14.4%）への言及割合が多い。他県と比較して、財源（12.4%）への言及割合が多く、優先順位（3.1%）よりも人員（7.2%）への言及割合が多い。

4.1.3 県内市町村間比較

最後に、市町村に目を移し、3県の県内市町村間の比較を行う。3県内市町村の共通点は、1番目に情報への言及割合が多いことだが、それ以降は県内市町村により傾向が異なる。岩手県内市町村では、2番目に組織（27.8%）、3番目に準備（25.6%）への言及割合が多い。人員（6.0%）や裁量（5.3%）よりも優先順位（8.3%）への言及割合が多い。他の県内市町村と比較して、組織への言及割合が多い。宮城県内市町村、福島県内市町村は、市町村（全体）の傾向と一致する。

図表3－4　カテゴリ別の言及割合（依頼・要求に応えるための改善）

(%)

	情報	準備	組織	裁量	人員	優先順位	財源	リーダーシップ	その他	回答者数
県（全体）	39.1	15.9	27.9	13.3	5.6	10.3	7.7	3.9	3.4	233
岩手県	39.1	14.5	30.4	8.7	8.7	15.9	8.7	4.3	1.4	69
宮城県	35.8	19.4	26.9	14.9	0	14.9	0	1.5	9.0	67
福島県	41.2	14.4	26.8	15.5	7.2	3.1	12.4	5.2	1.0	97
市町村（全体）	34.9	27.4	20.5	8.3	9.6	5.9	2.4	1.1	7.9	541
岩手県内市町村	32.3	25.6	27.8	5.3	6.0	8.3	3.0	0	8.3	133
宮城県内市町村	35.9	29.6	16.7	9.8	11.1	4.9	2.1	1.7	7.0	287
福島県内市町村	35.5	24.0	21.5	8.3	9.9	5.8	2.5	0.8	9.9	121
合計	36.2	23.9	22.7	9.8	8.4	7.2	4.0	1.9	6.6	774

4.2 具体的な記述の紹介

4.2.1 情報に関すること

情報収集、共有、伝達に関して次の視点から改善を求める自由記述がある。まず、組織内に関するものから述べる。情報収集については、他自治体でどのような対応を行っているのか、他の震災経験自治体ではどう対応したのかについて情報収集したことの指摘があった（A県）。情報の共有については、ライフライン、通信手段の遮断から顔をあわせての情報共有が必要であることについて言及があった。非常時において1日3回の定期的な会合というの

は、職員にとっても負担が感じられたが、そこで職員が共通認識を持てたことによって、住民への対応でも良い効果が見られたとのことである（T市）。

次に住民からの情報収集では、直接聞き取ることへの言及が多かった。例えば、C県のように「現場を直接見る」といった指摘もあれば、県ではなく住民に最も近い「市町や関係団体」が現場で情報収集することについて指摘があった。情報共有については、「問い合わせ一覧のデータベース」の提案や、データベースにて情報を集約するだけではなくその達成状況を細かくチェックすることの必要性について指摘があった（A県）。このような提案は市町村からも行われており、イントラネット上に依頼、要求内容や対応方法について「共通認識」として情報を蓄積することが挙げられているが、その目的は異なるようである。Q町では、職員により住民からの依頼や要求への対応策が異なったため、住民の「不信」を招くことになったとのことである。このことは、組織における情報共有の重要性を認識させるエピソードである。

- とにかく参考となる事例がないか情報収集をしたため、大規模災害時の対応事例の集積（A県）
- 問い合わせ一覧のデータベース化を行うことはもちろんであるが、処理日数を明確にし、定期的に組織をあげて、処理状況を確認する仕組みを作ること（A県）
- 一番住民の事情が分かっている市町、関係団体が、集落に入って聞き取る。市町は、人員不足なので、それぞれの分野に精通するNPO法人、コンサルに委託する。その情報を分類して県が復旧の規模、査定スケジュールを作成する。普通市町から災害状況報告を受けスケジュールを組むことになるが、今回の震災ボリュームが大きすぎるので、災害査定の年末までの査定額締切の制約を撤廃すべき。制度を変えるか特例として期間を延長するか。大震災に対応した査定の運用を考えるべき。（B県）
- 発災時に、男女共同参画、青少年育成、NPO法人、安全・安心まち

づくりなどを所管していたが、国、県、民間を含め様々な被災地支援スキームが立ち上がったが、その情報が初期には十分共有されていなかった。支援策を立案、実施するだけでなく、いかにその手段の存在を広めていくかが重要。（B県）
- 現場を知ること。直接見て体験しないと対応できない。（C県）
- 被災者に対面方式で接することが求められる。その場合は、個室やブースで仕切るなどの配慮が必要。（H村）
- 住民の依頼や要求に関し、全庁的にその内容や対応策（あるいは実際の対応経過）について、共通認識とし、イントラ上にQ&A（適宜更新）を共有して、全職員が活用すれば所管によって対応が異なり住民の不信を招くことにならなかった。（Q町）
- ライフラインが10日間ほど遮断された影響（長い地域では1ヵ月以上に及ぶ）で、震災後毎日3回関係機関による災害本部員会議を開催し、情報の共有化に努めた。この場にてライフライン情報を収集し、住民にフィードバックした。当初は3回（朝・昼・夜）という数に重荷を感じたが、定着するにつれ、意味のあるものと痛感した。確実かつ信頼できる情報を持っていることによって、住民への不安を打ち消すことができた。また、市職員への従来からの信頼感が安心感へと発展し、パニックが起きかねない状況を防止できたと感じている。（T市）
- （自分では意識し対応していたが）多くの部署で忙しさのあまり、住民の依頼等を十分理解しないまま、他部署に転送する行為（いわゆる「たらい回し」）が頻発し、これにより混乱にさらに拍車をかける結果となった。このようなことから初期対応部署で一旦内容を整理してから担当部署に引き継ぐなどの配慮が必要と考える。（Z市）

4.2.2 準備に関すること

準備については、職員一人ひとりの意識や能力の向上に言及するもの、発災直後の状況で平時から備蓄等を含めて備えておくことの重要性について言

及がある。ここでは、職員の意識や訓練の必要性に言及しているものを取り上げる。まず、職員一人ひとりの意識について言及するものである。A県の記述のように、非常時であるがゆえに、「柔軟に対応」しようとする職員と、対応を控える職員の意識の違いが大きかったという。この他にも、C県の記述のように、「できない理由」ではなく、「どうしたら良いか」を考えるように、意識改革をすべきだという指摘もあった。

次に、平時から訓練をしておくことで効果的な対応を行うことができたという記述もあった。I町の記述は、訓練により、具体的な依頼・要求を想定すること、それを実現するためには、どのような点を改善すべきかを事前に検討しておくことで、実際に非常時に直面した場合に、役立てることができたとしている。一方で、P市やZ市のように事前のシミュレーションやマニュアルの整備の必要性を指摘する記述もあった。このことから、「備える」ということの必要性は十分に理解されるだろう。

- 職員の意識の問題が大きいと思う。非常時だからと柔軟に対応する職員と規則や国の指導を盾に対応しない職員の違いが鮮明だった。このことは国の省庁も同じだった。（A県）
- 庁舎が被災し、仮事務所も再三場所が変わった。地域事務所として一ヶ所に再集結したのは約半年後であった。庁舎が被災することも想定に加え、対応を考えねばならない。（B県）
- 放射性物質の降下があったことから、春の農作業時期を控え、どうしたら良いかとの相談を受けることが多かったが、自分自身がネット等から情報収集して回答することや、近々方針が出るのでそれまで作業を見合せてくださいと回答することが多かった。原子力発電への安全神話の中で、事故発生時の検討など万が一を想定した準備がなされていなかったことが悔やまれる。（C県）
- できない理由を探すのではなく、できるためには既存制度の変更も含めてどうしたら良いかと積極的に対応しようとする職員の意識改革の

徹底（C県）
- 毎年訓練を行い、その後に反省点を出し合っていたので、大方住民の要望に応えられたと思う。住民側の不安を少しでも解消するためにも、話を聞く体制が初動段階で必要と感じた。声を上げる住民より、じっと耐えている住民に目を向けるべき。（Ｉ町）
- 想定していた震災でなかったものであることから、対応が後手後手となり、住民に応えるために相当の時間を要したことから、事前に「地域防災計画や災害対応マニュアル」の策定をしておくべきであった。災害の規模によるそれぞれのマニュアルと考えた方が良い。（Ｐ市）
- 事前のシミュレーションにより、各所属における災害対応業務の項目を洗い出し、マニュアル等を整備しておき、それを日頃から職員が意識しておく必要があると思う。また、発災直後は、ライフライン、特に停電により通信機器やPCが使用できなくなるので、手書き等ができるシートや、予めチェックシート等を作成しておくとスムーズな対応ができたと思う。（Ｚ市）
- まずは住民の防災意識を高める必要があると考える。また、「自分の身は自分で守る」等災害の備えを実施してもらい、どうしても対応できない災害弱者への対応や住民では対応できないことに行政が対応していけるよう体制を整えておく必要がある。（ＡＮ市）

4.2.3　組織に関すること

　まず、具体的な組織の改善方策について、住民からの依頼・要求を受け付ける窓口の設置が挙げられた。発災当初から窓口の一元化に取り組んだ自治体もあれば、依頼・要求の内容により窓口を分けた自治体もあった。結果的には、内容ごとの窓口を設けた自治体も、一元化が好ましかったという回答を寄せている（Ｄ町）。また、一元化による総合窓口を設けることは、組織内での依頼・要求の「たらい回し」を防止するという点においても必要であると考えられる。このことを指摘しているのは、Ｃ県の記述である。

次に、セクショナリズムに関する指摘もあった。セクショナリズムとは、「各部局がつねに自分のところの所掌事務を中心に物事を考え、他部門との調整・協調に努めようとしない、『部局の哲学』というべきものを発達させること」（西尾2001：235）とされる。西尾はセクショナリズムが、「縄張り主義」に発展し、「縄張り主義」には、「閉鎖主義」と「膨張主義」の両面があるとする。このうち、「閉鎖主義」は、「面倒で厄介な、おもしろみのない業務はできるだけ自分のところの所掌事務ではないと解釈して、その責任を回避しようとする態度」（西尾2001：235）につながる。この概念に照らせば、「閉鎖主義」と呼ばれる対応が見られた。具体的には、C県の記述に見られるように、震災時には所管の業務だけではなく、災害対策本部の仕事も加わり、場合によっては、人手が不足する中で、新たに発生する業務をどの部署も積極的に引き受けたがらない事態が生ずる。その結果として、「ウチではない」（C県）という事態が生ずると解せられる。このような事態をどのように回避すべきか、今後の検討課題である。

　他にもZ市の記述に見られるように、市役所にも区役所にも災害対策本部が設置される場合に両方の災害対策本部に根拠となるデータや実態を報告しなければならない事態も生じた。自治体組織をどのように改善するのかについては、まだまだ検討課題が多いといえよう。

- 発災直後、住民から「寄付をしたいがどこに何を送ればいいか教えて欲しい」という問い合わせが多数あった。しかし、他に多くの業務を抱えており要望に応えられないことも多かったし、当時は、それくらいは自分で調べてほしいと感じた。今になり考えればそういう要望は当然あるものと考えられるので、今後は受付機関を予め想定しておくべきと考えている。（B県）
- 私は震災直後、農地や農業用施設上の震災がれき撤去に係る業務を担当したが、県庁内の担当部局間調整がうまくいかず、一部迅速な対応ができなかったとの反省から、大規模災害の場合、省庁ごとの災害復

旧事業を一括して調整する仕組みづくりが重要であり必要と考えている。（B県）
- 総合相談窓口（電話）を設置すべき。あえて設けなかったために、「たらい回し」が続出した。「経営総合相談窓口」の電話を設けたが「総合」が入った唯一の窓口だったこともあり、ありとあらゆる相談が集中し、十分な対応ができなかった教訓がある。（C県）
- 常に状況変化に即応できる自由度のある特別組織を予め議論しておくことが重要。混乱の中で、いつもの「それはウチではない」を言う組織は役に立たなかった。場合によりジャマになった。（C県）
- 窓口の一本化。住民からの要求別に各担当が対応するよりは、震災対応窓口を一本化して対応した方がうまくいったように感じた。（D町）
- 市の災害対策本部がありその下部に区の災害対策本部があったが、どちらも数値等による現状把握をしようとしているのか資料の提出ばかりを求められ災害対応費用、人員の確保、作業場所の確保、物品の調達等、住民対応すべき作業環境の調整・確保は現場の担当課と本庁の担当課どうしで行った。区の災害対策本部の存在感がなかった。区の災害対策本部がもっと災害対応費を動かすことができ対応できれば、物品の調達、作業環境の充実が図られ住民の依頼・要求等にスピーディーに応えられたと思う。（Z市）
- 震災の規模により初動体制を定め、今回の大震災クラスでは、法に時間制限がある業務以外はすべて中断し、市民の生命確保、避難所確保などの業務を優先させ、時間経過とともに変化するニーズに組織的に対応できる柔軟な体制づくりが改善すべき点であると思う。（AN市）

4．2．4　裁量に関すること

　裁量については、柔軟な制度の運用や現場での決裁、現場への権限移譲に関する言及がある。この背景として、平時を想定して設計された既存枠組みでは、非常時に住民からの依頼・要求に対して十分な対応ができないことが

ある。例えば、Ｂ県の記述は、ルールにとらわれない住民目線での対応を行うために、裁量の必要性を指摘する。この他にも、「緊急時の例外的な措置」（Ｃ県）を求める指摘があった。また、権限移譲についても、Ｌ町やＺ市のように、市町村の立場からは、「迅速な意思決定」や現場での「判断」のために、権限移譲を望む記述も見受けられた。

- 発災から一定期間（例えば数日～１週間）は非常事態令のようなものを施行し、通常の法制度で認められないことでも超法規的に行うことができる（それに要した費用は国等で負担）仕組みを整える。（Ａ県）
- 従来の規則やルールにとらわれない、住民側に立った考えに基づき、裁量を責任者に与えること。また、条例等の改正を行い対応すること（Ｂ県）
- 法制に緊急時、非平常時を想定した仕組みが組み込まれていない。緊急時の例外的措置等を予め組み込んでおく。政令等を迅速、果敢に発出するなどして、住民の不安に応えることが必要ではないか。例えば医療費減免の手続き、各種規制の例外的手続きなど（自治体や職員の裁量でできないことに対する依頼・要求に時間やエネルギーを費消させられた）。（Ｃ県）
- 依頼や要求は、すぐに答えが必要な場合が多く、そうした場合上司の迅速な意思決定が求められるが、そうした時にある程度現場サイドに権限を与えた方が、よりスムーズに物事が捗ると思われる。（Ｌ町）
- 現場に近い市町村の判断で物事が進められるよう、権限を委譲して欲しい。（Ｚ市）

4.2.5 人員に関すること

　人員確保の必要性は、Ａ県、Ｖ町、ＡＮ市の記述から分かり、いずれも職員削減による人員不足を確認できる。また、Ｚ市の記述からは、専門的知識を持つ職員をいかに確保するかという課題があることも分かる。

- 何より人手が足りていなかったと思う。震災が起きた時点で通常の人事異動を行わず沿岸部に手厚く配置することをやった方が良かったと思う。実際災害にあわなかった職員も、内陸部において5人で処理していた事務を3人でがんばっても良い覚悟はできていた。(A県)
- どこの自治体においても行政改革プログラムで職員削減を図ってきたこともあり、マンパワー不足を強く感じた。住民要求に応えるにはある程度の職員数と災害対応マニュアルが必要(単に職員を増やすとのことでなく平時から災害時における対応などの訓練を行うこと)。(V町)
- 想定外の災害で、専門的内容を必要とする場合が多かったことから、大学や専門技術団体との日頃からの連携が必要。OB職員の確保、活用も重要。(Z市)
- 未曾有の災害に対応するには、行政に携わる人間のマンパワーが必要であるが、公務員改革で職員が大きく減少しており、地方自治体間相互の助けが必要である。(AN市)

4.2.6 優先順位に関すること

　優先順位については、すべての要求には応えることができないため、住民の依頼・要求について優先順位をつけて対応せざるを得ないという認識が前提にある。一方で、被災者である住民からの依頼・要求には緊急性や状況が逼迫しているものもあり、依頼・要求を受けた自治体職員は、何とか応えたいと思うであろう。しかし、「期待を持たせるような対応はしない」(B県)という記述からも分かるとおり、期待を持たせる対応にも関わらず、十分な対応ができなかった場合、当該自治体への不満が生ずる。住民の間に渦巻く不満は、行政への不信へと転化し、自治体の復旧・復興作業にとって良い影響をもたらさないという判断があるのではないか。このことに加えて、一部の職員には、住民からの依頼・要求が「わがまま」(J市)に思えることもあったという。このようなことも、優先順位をつけて対応せざるを得ないと職員

に思わせる一つの要因になったことが推論される。

　そのため、職員の考える対応策は、次の二点である。第一に、「できるもの、できないもの」を明示することである（B県）。前述したとおりに、無制限に、無定量に、住民からの依頼・要求に応えようとすることは、行政への信頼ではなく、かえって不信を招く結果になるかもしれない。これを回避するためには、明確な基準により線引きを行うことである。そして、職員には、その線引きがいかなる正当性を持つのか説明を尽くすことが求められる。

　第二に、時間軸を分けて対応方針を策定することである。緊急に対応する必要があるもの、短期的には対応は難しいが、長期的には実現可能であるものといったように時間軸を導入して対応策を考えるのである。B県のように、「直ぐにできるもの」、「時間がかかるもの」といった考え方がそれにあたる。いずれにせよ、住民との丁寧な意思疎通が必要なことは改めて指摘するまでもない。

- 混乱した中にあっても、制度が変更されないうちは住民の要求に安易に迎合すべきではない。生命に関わるものでなければ、その方が結果的に住民のためになるのではないか。（A県）
- 現状を正しく認識し、住民からの要求等に際しては、できるもの、できないものについて、はっきりと伝えること（要望は聴き、上部組織に伝えるが、相手に対し期待を持たせるような対応はしない）。（B県）
- 現状説明をしっかり行うこと。直ぐにできるもの、時間がかかるもの、対応が困難なものなどに仕分けし、その理由を説明すること。所管外の事項においても関係する機関へ書面等で情報をつなぐこと（B県）
- 混乱時の中で、行政として対応が可能な要求なのか、その時点では対応が困難な要求なのかを正しく住民に伝える必要がある。（S市）
- ガソリンは、消防関係、遺体搬送など震災関係の車にしか提供できないので一般の方からガソリンがほしいと要望された時は大変困った。公正、平等の点から断る勇気が必要。（T市）

- 依頼、要求事項を大きくカテゴライズしたうえでどの程度対応できるのか（またはできないのか）を広く住民に周知する仕組みづくり（AJ町）
- 混乱している中で、住民の依頼、要求等は自己主張が強く、言うなれば「わがまま」な言動が多く感じた。いちいち要望を聞くことは業務の妨げになるし、公平性を保てないので断ることがあった。住民に対する対応は確立されていると認識しているので自治体として改善すべき点はないと思う。（J市）

この他にも、わずかではあるが、財源（財政支援を含む）やリーダーシップに言及する自由記述があった。

5｜業務が滞らないための措置の中身

本節では、災害時に業務が滞らないための措置に関する自由記述について整理し、分析する。以下の分析では、県と市町村を分けてその記述内容を、「人員」、「準備」、「BCP」、「環境確保」、「組織」、「情報」、「リーダーシップ」、「その他」の八つのカテゴリに分類した。

まず、カテゴリの説明を行う。「人員」とは、人員の確保の必要性について言及する記述を中心としたカテゴリである。具体的には、他自治体からの応援職員の確保やそれに伴う、自治体間の相互支援体制について言及したもの、相次ぐ定員削減により、不足している人員の増員を求めるものが挙げられる。「準備」とは、平時から震災に備えた訓練を行うこと、備えておくことについて言及する記述を中心としたカテゴリである。具体的には、防災マニュアルの整備や、過去の震災経験を風化させず、語り継ぐことやそれらを基に研修を行うといったものが挙げられる。「BCP」とは、業務継続計画（Business Continuity Plan）の略称であり、災害の規模に応じて、所属課の業務をどれだけ継続するのかを予め定めたものである。このBCPの策定を求めるものやBCPをもとに継続する業務の選別を図ること、優先度の低い

業務の遂行を中止・凍結せざるを得ないとする記述を中心としたカテゴリである。「環境確保」とは、執務環境の確保について言及する記述を中心としたカテゴリである。具体的には、電源、燃料、通信の確保や、庁舎が被災した自治体からは、執務場所の確保を求めるものが挙げられる。「組織」とは、組織体制の整備について言及する記述を中心としたカテゴリである。具体的には、震災時の自治体組織の指揮命令系統や組織間のコミュニケーションといったものが挙げられる。「情報」とは、情報収集、共有について言及する記述を中心としたカテゴリである。「リーダーシップ」とは、首長や職員（多くの場合、上司）がリーダーシップを発揮することを期待することについて言及する記述を中心としたカテゴリである。

次に、本節の構成を述べる。5.1では、自由記述における八つのカテゴリの言及割合を整理する。また、自治体間で言及割合に違いがあるかも検討する。5.2では、各カテゴリの具体的な自由記述について言及割合が多い順番に紹介する。

5.1 カテゴリ別の言及割合

前述のカテゴリに従い、図表3−5では、カテゴリ別の言及割合について整理した。まず、県と市町村の全体（合計）の傾向を把握する。人員（33.7%）、準備（24.3%）、BCP（20.0%）、環境確保（16.1%）、組織（14.0%）、情報（9.8%）、リーダーシップ（3.0%）の順番で言及割合が多い。以下では、県と市町村の比較、県間の比較、県内市町村間の比較の順に述べる。

5.1.1 県と市町村の比較

まず県と市町村の比較を行う。県（全体）では、言及割合が多い順に、人員（30.0%）、BCP（28.2%）、準備（22.7%）、環境確保（17.3%）、組織（16.8%）、情報（15.0%）、リーダーシップ（5.9%）の順番となる。市町村（全体）では、人員（35.5%）、準備（25.1%）、BCP（16.1%）、環境確保（15.5%）、組織（12.7%）、情報（7.4%）、リーダーシップ（1.7%）の順番となる。

県と市町村の共通点は、人員への言及割合が最も多いことだが、2番目は、

県はBCP（28.2%）への言及割合が多く、市町村は準備（25.1%）の言及割合が多いという違いがある。

5.1.2 県間比較

次に3県の比較を行う。岩手県では、人員（29.7%）よりもBCP（32.8%）への言及割合が多く、他県と比較してリーダーシップ（9.4%）への言及割合も多い。宮城県では、人員（34.3%）への言及割合が最も多い。福島県では、岩手県と同様にBCP（29.2%）への言及割合が最も多く、他県と比較して、環境確保（21.3%）への言及割合が多い。

5.1.3 県内市町村間比較

最後に、市町村に目を移し、3県の県内市町村間の比較を行う。県内市町村の共通点として、1番目に人員への言及割合が多い。それ以降は、県内市町村により傾向が異なる。岩手県内市町村では、2番目に環境確保（21.8%）への言及割合が多い。他の県内市町村と比較して、環境確保、組織（15.5%）への言及割合が多い。宮城県内市町村は、市町村（全体）の傾向と一致する。他の県内市町村と比較して、準備（27.8%）への言及割合が多い。福島県内市町村も、市町村（全体）の傾向とほとんど一致する。他の県内市町村と比較して、人員（42.5%）への言及割合が最も多い。

図表3－5 カテゴリ別の言及割合（業務が滞らないための措置）

(%)

	人員	準備	BCP	環境確保	組織	情報	リーダーシップ	その他	回答者数
県（全体）	30.0	22.7	28.2	17.3	16.8	15.0	5.9	4.1	220
岩手県	29.7	25.0	32.8	14.1	17.2	17.2	9.4	3.1	64
宮城県	34.3	23.9	22.4	14.9	16.4	9.0	6.0	7.5	67
福島県	27.0	20.2	29.2	21.3	16.9	18.0	3.4	2.2	89
市町村（全体）	35.5	25.1	16.1	15.5	12.7	7.4	1.7	8.3	471
岩手県内市町村	31.8	20.0	12.7	21.8	15.5	10.9	1.8	10.0	110
宮城県内市町村	34.1	27.8	17.3	15.3	12.9	5.9	2.2	8.2	255
福島県内市町村	42.5	23.6	17.0	9.4	9.4	7.5	0.9	6.6	106
合計	33.7	24.3	20.0	16.1	14.0	9.8	3.0	6.9	691

5.2 具体的な記述の紹介

5.2.1 人員に関すること

　人員の確保については、様々な方策が指摘されている。大きくは、次の三つである。第一に、他自治体からの応援派遣職員である。R町の記述はその典型例である。そのためには、自治体間で相互支援体制を構築することや、緊急時には国がマッチング制度を構築し、迅速に派遣がなされるようにすべきであるという意見もあった。その一方で、応援派遣職員には派遣期間があるため、比較的短期間の派遣となると「蓄積された知識、ノウハウが振り出し」（AN市）になることや、応援派遣職員が交代するたびに業務の引継ぎを被災職員が担うことが負担になるという指摘もあった。そこで期待されるのが、第二に、自治体OB・OGである。L町のように、事前の登録制度を整備することを提案するものもあった。職員は、緊急時だからこそ、自治体職員の「文法」に精通していることが不可欠であると考えるのであろう。また、C県のように、技術系の職場では、「行政経験者」が必要とされるという指摘もある。第三に、民間人である。A県の記述のように、業界団体・関連機関との災害協定を構築することによって、職員の派遣を受けることを提案するものもあった。

- 関係機関・団体が迅速に対応可能となるような災害協定の締結は非常に有効。（A県）
- 技術系の職場においては、行政経験者が、特に必要とされる。民間と行政とでは仕事の進め方が、異なっているため、民間人が、有効に機能しない場合が多い。特に任期付職員は効果的ではない。それよりも、定年を延長して（再任用ではなく）有能で、意欲を持った職員を確保すべきと考える。（C県）
- 自治体OB・OGの登録制度の導入を検討してみてはどうか。（L町）
- 震災初期にあっては、NPO、ボランティアの活動は有難い存在だったが、その後の復興期の課題は、何よりも公的な事務処理を兼ね備え

たマンパワーが不足している状況。平時からできるだけ多くの自治体と職員派遣に係る相互応援協定を締結しておくことが重要と考える。（R町）
- 同時被災の恐れが少ないある程度離れた市町村と協定するなどして、災害時には半自動的に相互応援し合う体制を構築し、定期的に訓練を行う方法。私自身は、宮城県沖地震時の経験が役立った。神戸や新潟へ災害応援に行ったことのある本市職員の経験も活かされた。それら都市からの応援は立ち上りも早く、内容的にも必要を満たすものであった。（Z市）
- 実施計画、設計に係る人間としては、派遣の場合1年程度で交代し、蓄積された知識、ノウハウが振り出しとなってしまうことから、既存自治体職員が担当することが望ましいが、派遣職員となる場合は、2年程度の長期派遣が可能な人が望ましい。（ＡＮ市）

5.2.2　準備に関すること

　平時から震災に備えること、訓練を行うことや自治体職員の資質・能力の向上に努めることの重要性について言及するものがある。震災に備えることとして多く言及があったのは、災害対応のマニュアルであった。また、Z市のように、「リアリティのある地域防災計画の策定」への言及もあった。次に、災害対応マニュアルを踏まえた訓練を普段から行うことの必要性について指摘があった。とかくマニュアルは一度策定してしまうと、それを更新することや職員間で共有することが後回しになってしまいがちである。計画を定めてはいるものの、十分に理解し、使いこなせる状態であるかということを確認し、執行上の課題があれば修正をし、更新していくことが求められる。そのために、シミュレーションや定期的な訓練が必要である。このようなことを示唆するのが、ＡＤ町の記述である。また、職員一人ひとりのスキルアップや、職員間で「業務内容を共有」すること（N市）なども指摘があった。加えて、職員一人ひとりの防災意識や危機管理能力の向上への言及があるこ

と、「行動を起こさないで非難されるより、行動を起こして非難される方が良い」(B県)といった指摘もあり、職員一人ひとりの意識への言及も多かった。

- 個々の職員の専門スキルの向上。専門スキルのない一般行政職員は非常時には無力。法令・通知をいちいち確認しなくても業務を遂行できる職員が重要。(A県)
- 職員一人ひとりの意識が重要で、自分は今何をしなければならないか、自覚すること。行動を起こさないで非難されるより、行動を起こして非難される方が良い。(B県)
- 各業務を一人の担当職員に任せることなく、日頃から複数の職員で業務内容を共有化し、災害時の対応方法を予め設定しておくこと(N市)
- 東日本大震災での経験を踏まえ、リアリティのある地域防災計画の策定と、国においては関連法令の準備を進め、住民と行政が十分に連携できる仕組みを構築していくこと(Z市)
- 災害や事故など不測の事態を想定して、業務が中断しないようマニュアル等を策定し、日頃から訓練を実施し、職員に災害時対応がとれるよう意識させておくことが重要と思う。(AD町)

5.2.3 BCP(業務継続計画)に関すること

BCPについては、自治体により置かれている状況が様々であると考えられ、次の三つのタイプに分けることができる。第一に、BCPが未策定であり、震災に直面して、BCPのような発想も含め、BCPが必要であると認識したグループである。第二に、BCPを策定していたが十分に使えるものにはなっていなかったため、職員間で共有することやBCPを基にした訓練を行う必要があるというグループである。第三に、BCPを策定済であったため、業務が滞ることなく対応可能であったというグループである。

- 災害の態様、程度に応じたBCPを確立し、定期的な実践訓練が有効

であると考える。特に、自治体職員の場合は、人事異動のタイミングが、ウィークポイントであり、この時期への対応が必要と思われる。（B県）

● 土木部内の災害対応の計画立案、災害復旧に係る取りまとめ等を業務としていた。その中で、平成22年6月から土木部の業務継続計画（土木部BCP）を作成し、運用してきたところである。残念ながらBCPの想定被害よりも、東日本大震災の方がはるかに超えてしまったため、この計画が十分機能したかどうかは意見の分かれるところだとは思うが、BCPに沿った対応を取れという指示の下に行動したため、土木部としては、一定の効果はあったものと考えている。このBCPが県の組織全体で策定されていなかったことが残念だが、県組織全体での計画になることにより、職員一人ひとりの行動がより効果的に大きく変わることが想定され、災害への早い対応、復旧に大いに役立つと考える。（B県）

● 最悪の状況を具体的に想定した県業務継続計画を全職員の参加を通して策定すること。関係団体・企業等民間の業務継続計画策定を支援すること。関係団体等と非常時対応に関わる情報交換を行っておくこと。業務継続計画の周知はもちろん、演習・訓練を通して計画の徹底を図ること（C県）

● 現在担当している業務は、消防活動全般にわたる企画運営と、実災害における消防部隊の運用であるが、災害時は10人の課員で1,000人の部隊運用を行うこととなるため、課員一人ひとりの経験と知識が頼りであることから、ジョブローテーションにより経験者を増やすと共に、課内BCPを策定している。（Z市）

5.2.4 環境確保に関すること

環境確保については、様々なことが挙げられている。例えば、電源の確保が困難であった自治体や通信が遮断されたために、業務の継続が困難だった

自治体、道路が寸断され、勤務先までたどり着くことができなかったという回答もあった。他にも、燃料の確保について言及があった。加えて、Q町のように、津波被害が深刻であった自治体からは、自治体が保有する行政文書等の書類に加えて、デジタル情報の消失の危険性について言及があった。そのため、クラウドサービスを活用したデータの保管・退避が課題との指摘もあった。一方で、ハード面での執務環境の確保にとどまらず、自治体職員のヘルスケアについても言及があった。職員も被災者であることには変わりがないため、被災した職員の家族の安否等、職員本人の支援も必要であるという指摘もあった。

- ガソリン、重油などの確保のため地元燃料店との協定。緊急時の復旧体制は確立されていたが、今回はそれを上回る災害であり、復旧業者の選定には苦慮したことから、種々の復旧業者と顔の見えるお付き合いをすべきと思う。（B県）
- 職場の体制を維持するための備蓄。燃料、食料、生活用品、発電機、地図など。特に地図は必須。（C県）
- 本町は津波でデータ・書類等をすべて消失してしまった。やはり行政機能がストップすることは避けなければならないので、データはクラウド化等が必要。また、職員が業務に従事するためその場所の確保は最低限必要と思う（場所もなかった！）。（Q町）
- 施設の健全性は大事である。地震による損傷を免れることができ、電気、ガス等の供給が早期に復旧することができれば、業務が大きく滞ることはない。（Z市）
- 自宅と職場との距離がある場合は、最寄りの関係機関に勤務することにより非常時に対応する体制の整備。今回は、ガソリンの不足、道路の寸断等で勤務地に赴くことが困難な事例が多発した。（AN市）

5.2.5 組織に関すること

　震災時の自治体組織の改善について、具体的には、災害対策本部とそれ以外の部課の役割分担（B県）、人員の配置について、指揮命令系統の明確化の諸点が挙げられた。また、平時には縦割り型の組織であったとしても、震災時には組織横断的な対応、臨機応変な組み換えを行うことや「プロジェクトチーム方式」（I町、AH町）の提案もあった。

- 今回のように大規模な災害の場合、災害対策本部に負荷が集中し、機能不全に陥る場合があった。予め、平時の組織（課、室）に、災害時の役割をできるだけ多く割り振っておき、発災時の災害対策本部の役割を司令塔役に絞っておく方が良い。（B県）
- 短期間であれば、現職員数でも進められると思うが、複数年の長期間となれば、復旧・復興チームを立ち上げることが有効と考える。（I町）
- 災害時については、課にとらわれず、横断的に緊急を要する部門（プロジェクトチーム）を編制しての対応が重要と考える。（AH町）

5.2.6 情報に関すること

　情報については、情報収集と情報共有の二つの側面から指摘があった。情報収集は、「住民ニーズ」の把握（C県）を平時より行う必要性に言及があった。情報共有は、N市のように「複数の職員で業務内容を共有化」することの必要性に言及があった。

- 災害発生前に想定される住民ニーズを把握しておくことが重要。それでも、想定外のニーズがあり、職員が対応できるか確認しておく必要があると思う。（C県）
- 情報の整理…業務を執行するうえで必要となる情報が整理されていること。不要な情報が氾濫していないこと（C県）
- 各業務を一人の担当職員に任せることなく、日頃から複数の職員で業

務内容を共有化し、災害時の対応方法を予め設定しておくこと（N市）

　この他にも、わずかではあるがリーダーシップに言及する自由記述があった。

6 | まとめ

　本節では、これまでの議論を踏まえ、得られた知見をまとめる。第一に、震災時に自治体職員には日常業務からは想像してもみないことや所管とは関連しない仕事が割り当てられ、住民からは多種多様な依頼や要求が寄せられることが分かった。**2**では所属部局とは関連しない仕事として、7カテゴリによる分類を試みた。東日本大震災は、原子力発電所事故を含む複合災害であったことから、原子力発電所事故に伴い発生した新たな業務への対応に迫られた。これは原子力発電所に隣接する全自治体に突き付けられた新たな課題であり、取り組みが求められる。**3**では住民からの依頼・要求のうち、想定できない内容について、8カテゴリによる分類を試みた。住民からの想定できない依頼や要求にも原子力発電所事故に起因するものが多くあった。福島県をはじめとして、被災自治体にはいまだに解決しないたくさんの困難と問題があり、自治体職員を悩ませ続けている。この他にも、事前に想定しておくこと自体が不可能であったという回答が、特に市町村職員から多く寄せられた。

　第二に、住民からの依頼・要求により良く応えるための改善点として、次の二点が挙げられる。まず、県と市町村に共通することとしては、約4割の職員が情報収集、共有、伝達に関して改善点があると指摘した。一方で、県では組織の改善を志向し、市町村では職員一人ひとりが備えることを志向したのは対照的で興味深い。次に、依頼・要求の内容に優先順位をつける必要性を確認できた。自治体職員は、住民からどのような依頼・要求があったとしても応えたいという思いに駆られるかもしれない。しかし、優先順位カテゴリに寄せられた記述内容から、できること、できないことを住民に伝える

ことや、優先して取り組むことで実現できる依頼・要求に注力することが、自治体組織への信頼獲得につながることも確認された。このことは、各自治体において検討されて良いのではないか。

　第三に、災害時に職場の業務が滞らないための措置として、次の三点が挙げられる。まず、人員の確保である。職員応援派遣も含めて、近隣自治体だけではなく、同時被災の恐れが少ない遠隔地域との応援協定の締結を強く望むとする指摘が多かった。次に、訓練・準備に関する指摘があった。この中には、職員一人ひとりの資質向上も含まれている。BCPについては、市町村よりは、県において、その必要性が強く認識されているようである。総じて、県では計画の必要性が志向され、市町村では職員一人ひとりの意識、資質向上、訓練が志向される。ここに、県と市町村の違いが表れていると感じられる。

　本章では、質問紙調査により自治体職員から寄せられた自由記述の回答をもとに、震災時に求められる対応の選択肢とこれからの備えについて、考えてきた。明日かもしれない次なる災害の備えへの一助となれば嬉しく思う。

謝辞　本章の自由記述の分類に際して、池田峻氏（東京大学大学院）に多大なご協力を頂きました。記して感謝します。

【参考文献】

北村亘（2017）「カウンターパート方式と府県の役割」五百旗頭真監修・大西裕編著『災害に立ち向かう自治体間連携—東日本大震災にみる協力的ガバナンスの実態』ミネルヴァ書房、79-97頁

中川幾郎（2014）「被災自治体職員の使命」ガバナンス3月号（155号）、14-17頁

永松伸吾（2017）「災害対応現場における職員間調整」五百旗頭真監修・大西裕編著『災害に立ち向かう自治体間連携—東日本大震災にみる協力的ガバナンスの実態』ミネルヴァ書房、123-142頁

西尾勝（2001）『行政学［新版］』有斐閣

松井望（2015）「自治体の震災対応と職員意識」小原隆治・稲継裕昭編『震災後の自治体ガバナンス』東洋経済新報社、73-93頁

真山達志（2012）「危機管理と自治体」真山達志編『ローカル・ガバメント論』ミネルヴァ書房、87-113頁

依田博編著（2000）『阪神・淡路大震災——行政の証言、そして市民』くんぷる

第4章
被災地自治体と他機関・自治体との連携

稲継裕昭

1 | はじめに

　東日本大震災では、被災自治体の多くが自らの人的資源（職員）や物理的資源（庁舎等）の被害を多く受け、被災地域の自助、共助、公助だけでは復旧・復興へはまったく道筋すら見えない状態に陥っていた。このような大規模災害時において、被災自治体は、また、その職員は、どのような支援を必要としているのか、誰からの支援を必要としているのか。自主・自立を大原則（地方自治法第1条の2第2項）とする日本の地方自治制度下において、非常時における他機関・自治体との連携や支援はどのようになされたのか、また、なされるべきなのか。本章ではこのような観点から、職員アンケート調査の結果を分析していくこととする。

2 | 被災自治体と組織外の機関・団体との接触

2.1　被災市町村と組織外の機関・団体との接触

2.1.1　発災直後の状況

　自治体組織は平常時には組織内部における部署間の調整作業が多い。もちろん、国—県—市町村という地方自治制度をとっている日本において、市町村が県や国と接触する機会もあるし、他自治体やその他の組織と接触する機会も見られる。また、部署によっては住民団体等との接触がある。ただ、多

くの部署にとっては、組織外の機関との接触は多いとはいえず、また、窓口対応で個々の住民との接触はあるものの住民団体との接触は普段はそれほど多くはないのが現実である。

震災後という非常時においてはどうであろうか。本アンケート調査においては、震災後の復旧・復興過程において、各市町村、各県が他の政府機関、関係諸組織とどのような頻度で接触していたかを問うている。Q13では、震災後1ヵ月の時点で、Q14では、震災後3年の時点で、それぞれの機関や組織とどれくらい連絡をとっていたかを尋ねた。質問に対する選択肢としては、「ほぼ毎日」「ほぼ2～3日に1回」「ほぼ1週間に1回」「ほぼ1ヵ月に1回」「特になし」の五つが用意されており、市町村レベルで705、県レベルで313の有効回答を得た。

図表4－1　被災37市町村による他機関への接触度

		Q13 震災後1ヵ月の関係機関・組織との連絡頻度									
		ほぼ毎日	ほぼ2～3日に1回	ほぼ1週間に1回	ほぼ1ヵ月に1回	特になし	無回答	計%	計N	しばしば	ときどき
(1)	国の災害対策本部	3.0	2.0	2.0	2.3	84.7	6.1	100	705	5.0	4.3
(2)	国の各省庁	2.6	3.5	5.0	8.7	73.9	6.4	100	705	6.1	13.7
(3)	国の出先機関	4.8	6.2	6.8	7.9	67.9	6.2	100	705	11.0	14.7
(4)	消防	20.3	5.4	8.2	6.4	53.8	6.0	100	705	25.7	14.6
(5)	警察	17.4	6.0	7.9	7.1	56.3	5.2	100	705	23.4	15.0
(6)	自衛隊	24.4	5.8	7.1	2.8	55.0	4.8	100	705	30.2	9.9
(7)	県	18.9	15.3	16.2	10.1	35.3	4.3	100	705	34.2	26.3
(8)	県内の他の市町村	5.8	7.9	15.2	14.0	51.8	5.2	100	705	13.7	29.2
(9)	県外の市町村	3.3	4.8	9.4	9.5	66.8	6.2	100	705	8.1	18.9
(10)	住民組織（自治会、町内会など）	19.9	11.1	8.7	7.2	47.2	6.0	100	705	31.0	15.9
(11)	社会福祉協議会	11.5	10.5	9.5	7.0	55.5	6.1	100	705	22.0	16.5
(12)	ボランティア団体・NPO	12.5	10.8	11.2	7.0	52.8	5.8	100	705	23.3	18.2
(13)	医療機関	11.8	7.9	7.0	5.7	62.1	5.5	100	705	19.7	12.7
(14)	電力会社	6.5	7.0	8.5	7.7	64.8	5.5	100	705	13.5	16.2
(15)	通信会社	5.8	5.4	7.8	7.4	67.9	5.7	100	705	11.2	15.2
(16)	その他	11.2	3.5	2.0	0.3	42.7	40.3	100	705	14.7	2.3

図表4-1は、37市町村に対して震災後1ヵ月の状況を尋ねた結果である。
　まず、(1)国の災害対策本部、(2)国の各省庁、(3)国の出先機関についてみると、「ほぼ毎日」との答えは、それぞれ3.0％、2.6％、4.8％となっており、「ほぼ2～3日に1回」を合わせたもの（これを「しばしば」とリコードすることとする）でも、5.0％、6.1％、11.0％となっている。「ほぼ1週間に1回」との答えは、それぞれ2.0％、5.0％、6.8％となっており、「ほぼ1ヵ月に1回」を合わせたもの（これを「ときどき」とリコードすることとする）は、4.3％、13.7％、14.7％となっている。最も多いのは、「特になし」であり、国との連絡頻度は高くはないことがうかがえる。

　その中でも連絡頻度が相対的に高い「(3)国の出先機関」（「しばしば」11.0％、「ときどき」14.7％）を所属課別に見ると（図表4-2）、環境系部署が「しばしば」33.3％、「ときどき」14.8％と、国の出先機関と頻繁に連絡を取り合っていたことがうかがえる。そのほかにも、商工観光系、復興系で比較的連絡頻度の割合が高い。環境系部署については、がれき処理等の連絡・接触が、商工観光系ではグループ補助金の相談を東北経済産業局などと行っ

図表4-2　所属課の業務内容と震災後1ヵ月の国の出先機関との接触度（37市町村）

	Q13	震災後1ヵ月の関係機関・組織との連絡頻度			(3)	国の出先機関				
	ほぼ毎日	ほぼ2～3日に1回	ほぼ1週間に1回	ほぼ1ヵ月に1回	特になし	無回答	計 %	N	しばしば	ときどき
総務系	4.4	3.9	5.0	4.4	75.1	7.2	100	181	8.3	9.4
企画系	3.3	13.3	10.0	10.0	63.3	0.0	100	30	16.7	20.0
環境系	3.7	29.6	14.8	0.0	48.1	3.7	100	27	33.3	14.8
福祉保健系	3.7	1.2	3.7	6.1	79.3	6.1	100	82	4.9	9.8
商工観光系	10.8	5.4	5.4	13.5	62.2	2.7	100	37	16.2	18.9
農水産系	3.0	6.1	6.1	21.2	63.6	0.0	100	33	9.1	27.3
都市整備系	2.1	6.3	10.0	9.4	60.4	11.5	100	96	8.3	19.8
公営企業系	7.1	3.6	7.1	12.5	64.3	5.4	100	56	10.7	19.6
教育系	3.0	3.0	9.0	4.5	76.1	4.5	100	67	6.0	13.4
議会系	3.3	10.0	10.0	6.7	63.3	6.7	100	30	13.3	16.7
復興系	10.6	10.6	3.0	10.6	57.6	7.6	100	66	21.2	13.6
合計	4.8	6.2	6.8	7.9	67.9	6.2	100	705	11.1	14.8

ていたことがここに表れていると考えられる。

　図表4-1に戻って、次に、(4)消防、(5)警察、(6)自衛隊との接触についてみると、連絡頻度はかなり高い。「ほぼ毎日」との回答が、それぞれ、20.3％、17.4％、24.4％あり、「ほぼ2～3日に1回」を合わせる（「しばしば」）と、25.7％、23.4％、30.2％となっている。市町村現場において、行方不明者の捜索が継続していたこと、震災後の治安維持、避難所の運営や瓦礫の撤去などにおいてこれらの組織の力に大きく依存していた様子がうかがえる。阪神・淡路大震災の際には、自衛隊と連絡頻度が高かったのは県であり、市との連絡頻度はそれほどでもなかった。県を通じて自衛隊と連絡するという形が多く取られた[1]。これに対して、東日本大震災の大きな特徴は、自衛隊が市町村と直接連絡を取り合って、人命救助、行方不明者の捜索、避難所の運営の援助などを行っていたことが挙げられる。

　消防・警察に関しては、地元の消防局・消防団や県警だけでは人手が足りず、全国からの支援が発災後まもなく始まっていた。

　消防の広域災害対応に関しては、消防組織法第44条以下に緊急消防援助隊（緊援隊）の規定が置かれている。緊援隊は、阪神・淡路大震災の教訓を踏まえ、大規模災害等において、被災した都道府県内の消防力では対応が困難な場合に、国家的観点から人命救助活動等を効果的かつ迅速に実施し得るよう、全国の消防機関相互による援助体制の構築を目的として1995年6月に創設された。また、2003年6月に消防組織法が改正されて緊援隊が法制化されるとともに、大規模・特殊災害発生時の消防庁長官の指示権が創設された。総務大臣が計画を策定し、それに基づき、消防庁長官が部隊を登録している（2012年6月1日時点で全国の消防本部の約98％にあたる781本部から4,431隊を登録）（消防庁2013：381）。東日本大震災においても、発災直後からまず消防防災ヘリコプターが集結するとともに、陸続と全国の緊援隊が参集し、地元消防や市町村、県との連携の下、消防、救助、捜索活動に従事した。発

1）依田博・久米郁男・苅谷寿夫「資料編I『震災と行政システムに関するアンケート調査』の研究報告」依田（2000：140-178）。

災1週間後の3月18日には1,870隊（6,835人）が派遣されていた。被災市町村においても、自らの消防本部や消防団自体が被害を受けている状況で、緊援隊に多くを頼る自治体も多く、地元の消防だけでなく、緊援隊との連絡も頻繁に行われていた。緊援隊の派遣期間は、発災直後の3月11日から6月6日までの88日間に及び、8,854隊（延べ31,166隊）の部隊、30,684人（延べ109,919人）の隊員が被災地へ派遣された（同上：379-383）。

警察に関しては、広域緊急援助隊（広緊隊）が設けられていた。阪神・淡路大震災後の1995年6月に発足したもので、全国各地の機動隊員、管区機動隊員、交通機動隊員及び高速道路交通警察隊員等の中から、災害警備に対する能力、体力、気力等を備えた者約4,800人が指定されている。東日本大震災においても、全国から広緊隊員延べ約38万9,000人（2011年6月20日現在）、1日あたり最大約4,800人が派遣されている。自衛隊、市町村役場、消防等と連携を図りながら、被災者の避難誘導及び救出救助、行方不明者の捜索、緊急交通路の確保、被災地における安全・安心を確保するための諸活動等の災害警備活動にあたった。岩手、宮城、福島の3県警の警官数が計約8,000人なのに対して、その6割にあたる4,800人が全国から加わり12,800人体制となっていた（警察庁2011：3）。

発災後1ヵ月の時点では、これら全国から駆け付けた消防、警察も被災市町村で活躍しており、彼らと市町村との間で頻繁な連絡がとられていた。

さて、被災自治体と（消防・警察以外の）他の自治体との連絡頻度はどうだったのだろうか。(7)県、(8)県内の他の市町村、(9)県外の市町村、との連絡頻度を見ると、「ほぼ毎日」との回答が、それぞれ、18.9％、5.8％、3.3％となっており、「ほぼ2〜3日に1回」を合わせる（「しばしば」）と、34.2％、13.7％、8.1％となっていた。県との連絡は頻繁になされており、「ときどき」を合わせると60.5％が連絡をとっていた。県内の他の市町村との連絡も「しばしば」「ときどき」を合わせると42.9％に及び、近隣市町村との連携をとる様子がうかがえる。

これより少し率は低くなっているものの、県外の市町村との連絡頻度もあ

る程度見られる。これは東日本大震災の特徴であり、他の自治体からの物的支援や人的支援が頻繁に行われた際のやりとりがここに表れていると考えられる。

　物的支援に関しては、国の被災者生活支援特別対策本部が救援物資の調達、搬送などにあたっていたものの、その量は十分ではなかった。そこで、支援協定などに基づくもの、姉妹都市などの縁によるものなど、全国各地の自治体からの物的支援も相次いだ。例えば、仙台市が他の政令指定都市から食料、飲料水、毛布をはじめとする支援物資の提供を受け、中核市である福島県郡山市が全国の中核市から食料、飲料水、灯油などの提供を受けた。関西広域連合の対口支援方式を踏襲する形で全国知事会も緊急性の高い物資について調整を行って被災地支援を行っている（全国知事会2013：2-12）。

　人的支援に関しては、総務省・市長会のスキームによる派遣が開始するのは1ヵ月以上経過してからであるが、発災直後から、消防、警察はもちろんのこと、全国職能組織による職員派遣、災害時応援協定による職員派遣、姉妹都市などの縁による職員派遣などが陸続と行われた。水道、下水道に関しては、中央団体である日本水道協会、日本下水道協会がそれぞれ厚生労働省健康局（当時）水道課、国土交通省下水道部と連携をとりつつ全国の自治体へ人的支援の派遣要請を行い、要請を受けた自治体から職員が発災直後から派遣されていた[2]。

　仙台市は、東京都及び全国の19政令指定都市間で結ばれている「20大都市災害時相互応援に関する協定」により支援を受けた。そのうち、横浜市と仙台市はともに市長が女性であることからかねてから交流があり、その後、継続して相当数の支援を行うこととなる。3月13日に先遣隊を送るなど、5月21日までの間に366人（本部調整班57人、物資搬出入班93人、避難所運営支援班266人）を派遣している（消防庁2013：563）。

---

[2] 例えば、大阪府寝屋川市では、3月11日午後に日本水道協会大阪府支部から人的支援及び給水車支援についての調査依頼が来て、その後内部調整を行い、16日には第一陣として水道局職員4人、給水車1台、支援車1台を岩手県宮古市へ派遣し、19日には第二陣として水道局職員2人を追加派遣している（稲継2015：182）。

同じ政令指定都市でも名古屋市は陸前高田市に重点的支援を行っている。名古屋市が震災後に派遣した被災地調査チームが活動する中で、陸前高田市が最も人手不足に苦しんでおり行政的にも回っていないと判断し、集中支援（丸ごと支援）を決めている。釜石市には、緊援隊が大阪市から入った縁でその後一般職員の派遣が、また、「鉄のまち」ということで北九州市から職員派遣がなされるようになった。

　このように、各市町村に全国各地から人的支援が行われており、派遣者が派遣元自治体に帰任する際には同じ自治体から派遣されることが多かったことから、被災市町村が、県外の市町村との連絡をとることも一定程度データに表れている。

　その他の組織との連絡頻度を見ると、(10)住民組織（自治体、町内会など）、(11)社会福祉協議会、(12)ボランティア団体・NPO、(13)医療機関との連絡頻度が比較的高く、「ほぼ毎日」との回答が、それぞれ、19.9％、11.5％、12.5％、11.8％となっており、「ほぼ2〜3日に1回」を合わせると、それぞれ31.0％、22.0％、23.3％、19.7％となっていた。(14)電力会社、(15)通信会社との連絡頻度はそれらよりもやや低かった。

　市町村の社会福祉協議会は、ボランティアの受け入れ窓口になっていることが多く、市町村との連絡は比較的頻繁になされていた。

2．1．2　震災後3年経過後の状況

　以上見てきたような、発災直後の他機関との連絡頻度は、震災後3年にはどうなっているだろうか。図表4－3は1ヵ月後と3年後を比較したものである。

　(1)国の災害対策本部（復興庁）、(2)国の各省庁、(3)国の出先機関について3年後の時点では、「ほぼ毎日」「ほぼ2〜3日に1回」を合わせた「しばしば」の割合は、それぞれ3.9％、2.8％、3.7％と低いままであるが、「ほぼ1週間に1回」「ほぼ1ヵ月に1回」を合わせた「ときどき」の割合は、それぞれ24.3％、27.7％、32.5％と逆にかなり多くなっている。

　国の出先機関との連絡頻度を部署別に見ると（図表4－4）、多くの部署

図表4-3　被災37市町村による他機関への接触度：1ヵ月後と3年後

Q13 & Q14　震災後1ヵ月と震災後3年の関係機関・組織との連絡頻度

		震災後1ヵ月				震災後3年				計	
		しばしば	ときどき	特になし	無回答	しばしば	ときどき	特になし	無回答	%	N
(1)	国の災害対策本部（復興庁）	5.0	4.3	84.7	6.1	3.9	24.3	65.7	6.1	100	705
(2)	国の各省庁	6.1	13.7	73.9	6.4	2.8	27.7	63.7	5.8	100	705
(3)	国の出先機関	11.0	14.7	67.9	6.2	3.7	32.5	57.6	6.2	100	705
(4)	消防	25.7	14.6	53.8	6.0	3.6	18.1	71.6	6.5	100	705
(5)	警察	23.4	15.0	56.3	5.2	1.4	17.0	75.3	6.2	100	705
(6)	自衛隊	30.2	9.9	55.0	4.8	2.1	6.3	84.7	7.0	100	705
(7)	県	34.2	26.3	35.3	4.3	11.4	53.2	30.9	4.5	100	705
(8)	県内の他の市町村	13.7	29.2	51.8	5.2	2.7	43.9	47.9	5.5	100	705
(9)	県外の市町村	8.1	18.9	66.8	6.2	1.0	21.0	72.1	6.0	100	705
(10)	住民組織（自治会、町内会など）	31.0	15.9	47.2	6.0	5.4	33.0	55.2	6.4	100	705
(11)	社会福祉協議会	22.0	16.5	55.5	6.1	4.1	19.3	70.4	6.2	100	705
(12)	ボランティア団体・NPO	23.3	18.2	52.8	5.8	3.2	24.8	66.0	6.1	100	705
(13)	医療機関	19.7	12.7	62.1	5.5	1.7	13.2	79.1	6.0	100	705
(14)	電力会社	13.5	16.2	64.8	5.5	1.4	14.1	78.0	6.4	100	705
(15)	通信会社	11.2	15.2	67.9	5.7	1.0	10.6	81.8	6.5	100	705
(16)	その他	14.7	2.3	42.7	40.3	3.2	5.4	50.9	40.4	100	705

　で「しばしば」「ときどき」を合わせた数字がかなり増えているが、とりわけ企画系、農水産系、都市整備系での増加が目立つ。復興が本格化し、農林水産省東北農政局やその各県拠点、国土交通省東北地方整備局やその国道事務所、河川事務所、港湾事務所などとの接触が本格化している様子がうかがえる。また、復興系が著しく増加しているのは、復興庁の出先との接触が多くなっていることを示している。

　他方で、(4)消防、(5)警察、(6)自衛隊との連絡頻度は大きく低下している。復旧期における急を要する対応がひと段落し、復興計画の推進に向けて国との連絡頻度が高まっていることがわかる。

　(7)県との接触は相変わらず高いが、その頻度は「しばしば」から「ときどき」へシフトしている。非常時から徐々に平時へと移行しつつあるものの、

図表4－4　所属課の業務内容と国の出先機関との接触度（37市町村）：1ヵ月後と3年後

Q13 & Q14　震災後1ヵ月と震災後3年の関係機関・組織との連絡頻度
(3) 国の出先機関

	震災後1ヵ月				震災後3年				計	
	しばしば	ときどき	特になし	無回答	しばしば	ときどき	特になし	無回答	%	N
総務系	8.3	9.4	75.1	7.2	2.8	24.3	68.0	5.0	100	181
企画系	16.7	20.0	63.3	0.0	16.7	36.7	46.7	0.0	100	30
環境系	33.3	14.8	48.1	3.7	7.4	51.9	37.0	3.7	100	27
福祉保健系	4.9	9.8	79.3	6.1	0.0	22.0	72.0	6.1	100	82
商工観光系	16.2	18.9	62.2	2.7	5.4	35.1	54.1	5.4	100	37
農水産系	9.1	27.3	63.6	0.0	3.0	45.5	48.5	3.0	100	33
都市整備系	8.3	19.8	60.4	11.5	5.2	39.6	42.7	12.5	100	96
公営企業系	10.7	19.6	64.3	5.4	0.0	26.8	67.9	5.4	100	56
教育系	6.0	13.4	76.1	4.5	1.5	23.9	67.2	7.5	100	67
議会系	13.3	16.7	63.3	6.7	0.0	20.0	73.3	6.7	100	30
復興系	21.2	13.6	57.6	7.6	7.6	59.1	27.3	6.1	100	66
合計	11.1	14.8	67.9	6.2	3.7	32.5	57.6	6.2	100	705

震災前のレベルにまではまだ戻っておらず、県との接触はある程度継続している。(8)県内の他の市町村、(9)県外の市町村との連絡頻度も同様の傾向にある。

　なお、人的支援に関して言及すると、震災後3年時点では、中長期の派遣が中心となっており、頻繁な連絡というより、定期的な報告連絡と、派遣者の引継ぎ等に関する連絡をとるということが中心になっている。

　その他の組織や団体との連絡頻度も概ね低下傾向が見られる。

2.2　被災県と組織外の機関・団体との接触

2.2.1　発災直後の状況

　次に県職員の回答を見ていこう。図表4－5は、3県に対して震災後1ヵ月の状況を尋ねた結果である。

図表4−5　被災3県による他機関への接触度

		Q13　震災後1ヵ月の関係機関・組織との連絡頻度								しばしば	ときどき
		ほぼ毎日	ほぼ2〜3日に1回	ほぼ1週間に1回	ほぼ1ヵ月に1回	特になし	無回答	計%	N		
(1)	国の災害対策本部	6.4	2.6	1.3	3.5	80.2	6.1	100	313	9.0	4.8
(2)	国の各省庁	8.9	12.1	9.6	7.0	58.1	4.2	100	313	21.0	16.6
(3)	国の出先機関	9.9	4.8	10.9	7.0	62.3	5.1	100	313	14.7	17.9
(4)	消防	7.0	2.2	5.4	5.1	74.8	5.4	100	313	9.2	10.5
(5)	警察	9.3	3.8	6.4	7.3	68.1	5.1	100	313	13.1	13.7
(6)	自衛隊	11.8	5.1	4.5	3.2	70.6	4.8	100	313	16.9	7.7
(7)	他都道府県	6.7	8.3	11.2	11.8	57.8	4.2	100	313	15.0	23.0
(8)	県内の市町村	34.2	17.6	12.1	6.1	26.8	3.2	100	313	51.8	18.2
(9)	県外の市町村	1.9	1.9	2.6	4.8	82.7	6.1	100	313	3.8	7.4
(10)	住民組織（自治会、町内会など）	5.1	2.9	5.8	7.7	72.8	5.8	100	313	8.0	13.5
(11)	社会福祉協議会	2.6	2.6	5.4	5.8	78.0	5.8	100	313	5.2	11.2
(12)	ボランティア団体・NPO	4.2	5.8	8.6	6.7	69.6	5.1	100	313	10.0	15.3
(13)	医療機関	6.1	2.9	2.9	3.8	78.6	5.8	100	313	9.0	6.7
(14)	電力会社	2.9	3.5	5.8	5.8	77.0	5.1	100	313	6.4	11.6
(15)	通信会社	2.9	2.2	4.2	3.5	82.1	5.1	100	313	5.1	7.7
(16)	その他	17.6	7.3	3.2	1.0	42.5	28.4	100	313	24.9	4.2

　県が、(1)国の災害対策本部、(2)国の各省庁、(3)国の出先機関と「ほぼ毎日」連絡をとるのは、それぞれ、6.4％、8.9％、9.9％となっており、「ほぼ2〜3日に1回」を合わせたもの（「しばしば」）は、それぞれ9.0％、21.0％、14.7％となっている。前出の37市町村と比較した場合、国の災害対策本部と「しばしば」連絡をとる割合は約1.8倍、国の各省庁と「しばしば」連絡をとる割合は約3倍となっている。これに対して国の出先機関との連絡頻度に関しては、県と市町村との間でそれほど大きな差は見られない。ここから、県は国の各省庁と直接接触する機会の方が国の出先機関を通じて接触する機会に比べて多いのに対して、市町村は、国の出先機関とは直接接触することは多いものの、霞が関の各省庁と直接接触することは少なく、それは県を経由して行われることが多いことがうかがえる。

県の(4)消防、(5)警察、(6)自衛隊との連絡頻度は、市町村のそれに比べて低い。阪神・淡路大震災の際には、警察や自衛隊については、(神戸市を除くと)市町村よりも県の方が連絡頻度は高かった(依田2000)。警察や自衛隊が県よりもむしろ市町村と頻繁に接触しているというのは、東日本大震災における特徴といえる。

　(7)他都道府県との連絡は、「しばしば」が15.0%であり、「ときどき」も合わせると38.0%の職員が他都道府県と連絡をとっており、他県からの物的支援や人的支援の調整も含め、比較的接触がなされていることがうかがえる。とりわけその頻度が高いのが環境系の部署であり、「しばしば」が11.5%、1週間に1度程度も含めると38.4%が他都道府県との連絡をとっている。これは、がれきの受け入れなどについてその可能性のある他都道府県との協議が始まっていることを示すものであり、特に、宮城県の場合、上記の割合は55.5%に及んでいる。

　(8)県内の市町村との連絡は頻繁になされており(「ほぼ毎日」が34.2%、「ほ

図表4-6　所属課の業務内容と震災後1ヵ月の県内市町村との接触度（3県）

	Q13　震災後1ヵ月の関係機関・組織との連絡頻度　(8)　県内の市町村									
	ほぼ毎日	ほぼ2～3日に1回	ほぼ1週間に1回	ほぼ1カ月に1回	特になし	無回答	計%	計N	しばしば	ときどき
総務系	31.7	19.5	17.1	2.4	26.8	2.4	100	41	51.2	19.5
企画系	33.3	9.5	0.0	14.3	42.9	0.0	100	21	42.8	14.3
環境系	23.1	15.4	23.1	3.8	26.9	7.7	100	26	38.5	26.9
福祉保健系	51.7	17.2	3.4	3.4	17.2	6.9	100	29	68.9	6.8
商工観光系	28.6	4.8	14.3	4.8	47.6	0.0	100	21	33.4	19.1
農水産系	51.2	14.6	14.6	2.4	14.6	2.4	100	41	65.8	17.0
都市整備系	22.5	17.5	10.0	10.0	35.0	5.0	100	40	40.0	20.0
公営企業系	20.0	40.0	10.0	10.0	10.0	10.0	100	10	60.0	20.0
出先機関	40.0	20.0	7.5	5.0	27.5	0	100	40	60.0	12.5
教育系	21.7	30.4	8.7	13.0	26.1	0	100	23	52.1	21.7
議会系	25.0	0.0	0.0	25.0	50.0	0.0	100	4	25.0	25.0
復興系	35.3	17.6	29.4	0.0	11.8	5.9	100	17	52.9	29.4
合計	34.2	17.6	12.1	6.1	26.8	3.2	100	313	51.8	18.2

ぼ2～3日に1回」が17.6％)、県と市町村との連絡調整を基盤として復旧・復興が進められている様子がうかがえる。部署別に見ると、図表4－6のようになっている。

とりわけ接触が多いのは、福祉保健系、農水産系の部署で、50％以上の職員がほぼ毎日県内市町村と連絡をとっていた。また、県の出先機関は市町村への第一線窓口としては連絡頻度も高かった。

県と(9)以下のその他の組織・団体との連絡頻度は、市町村の場合と比べて軒並みかなり低くなっている。(10)住民組織、(12)ボランティア団体・NPOなどと連絡を取り合うのは基本的に市町村であり、当該組織・団体にとっても行政の窓口としては市町村である場合が多いと考えられる。

(11)社会福祉協議会との連絡頻度は、市町村の場合（図表4－1(11)）に比べて相当低くなっている。県にも県社会福祉協議会が存在するものの、そこでは、県内の市町村社会福祉協議会との連絡調整に奔走していた。例えば、宮城県社会福祉協議会では、県内の市町村の社会福祉協議会及びそれが主体となっているボランティアセンターとの連絡がメイン業務となっていた[3]。

2.2.2　震災後3年経過後の状況

震災3年後にはこれらの連絡頻度はどのように変化しているのかを見たのが図表4－7である。(1)国の災害対策本部（復興庁）、(2)国の各省庁、(3)国の出先機関については、「しばしば」はそれぞれ、9.0％→1.6％、21.0％→10.5％、14.7％→6.4％へと半分以下となっているが、「ときどき」を合わせた場合の連絡頻度はむしろ増加しており、それぞれ13.8％→31.9％、37.6％→58.1％、32.6％→44.8％と10ポイント以上増えていることがわかる。これまで連絡をとることのなかった部局においても、国の各省庁や出先機関と連絡をとる機会が増えていることを示している。

---

3) 宮城県では2003年の南郷町などでの地震の際の経験（県も県社協もかなりドタバタしてしまって市町村の支援が十分にできなかったという反省）に基づき、災害が起きたら各市町村の行政と社会福祉協議会が現地ボランティアセンターを立ち上げようという協定を結んでいた。東日本大震災時においても、県社教が災害ボランティアセンターを立ち上げ、バックアップセンターとして情報管理をしつつ、市町村と市町村社協に情報提供していくという機能をしていた。2011年9月10日、宮城県社会福祉協議会、地域福祉課長へのインタビューに基づく。

図表4－7　被災3県による他機関への接触度：1ヵ月後と3年後

Q13 & Q14　震災後1ヵ月と震災後3年の関係機関・組織との連絡頻度

	震災後1ヵ月				震災後3年				計	
	しばしば	ときどき	特になし	無回答	しばしば	ときどき	特になし	無回答	%	N
(1) 国の災害対策本部（復興庁）	9.0	4.8	80.2	6.1	1.6	30.3	62.0	6.1	100	313
(2) 国の各省庁	21.0	16.6	58.1	4.2	10.5	47.6	37.4	4.5	100	313
(3) 国の出先機関	14.7	17.9	62.3	5.1	6.4	38.4	49.2	6.1	100	313
(4) 消防	9.2	10.5	74.8	5.4	0.3	3.8	89.8	6.1	100	313
(5) 警察	13.1	13.7	68.1	5.1	0.0	8.3	85.6	6.1	100	313
(6) 自衛隊	16.9	7.7	70.6	4.8	0.3	3.9	89.8	6.1	100	313
(7) 他都道府県	15.0	23.0	57.8	4.2	2.3	47.6	44.7	5.4	100	313
(8) 県内の市町村	51.8	18.2	26.8	3.2	17.6	51.5	27.5	3.5	100	313
(9) 県外の市町村	3.8	7.4	82.7	6.1	0.6	7.1	86.6	5.8	100	313
(10) 住民組織（自治会、町内会など）	8.0	13.5	72.8	5.8	1.6	13.7	78.6	6.1	100	313
(11) 社会福祉協議会	5.2	11.2	78.0	5.8	0.3	6.8	87.2	5.8	100	313
(12) ボランティア団体・NPO	10.0	15.3	69.6	5.1	1.0	18.9	75.1	5.1	100	313
(13) 医療機関	9.0	6.7	78.6	5.8	0.8	8.3	85.0	5.8	100	313
(14) 電力会社	6.4	11.6	77.0	5.1	1.3	9.9	83.1	5.8	100	313
(15) 通信会社	5.1	7.7	82.1	5.1	0.3	4.5	89.5	5.8	100	313
(16) その他	24.9	4.2	42.5	28.4	8.4	10.6	52.1	29.1	100	313

　(4)消防、(5)警察、(6)自衛隊はもともと多いわけではなかったが、3年後にはかなり低い連絡頻度となっており、特に連絡をとっていないという回答が9割近くに上る。

　(7)他都道府県との連絡は「しばしば」というものは減少しているものの、「ときどき」も含めると、38.0％→49.9％と12ポイント近く増えている。ほぼ半分の県職員が、他都道府県との連絡を少なくとも月に1回はとっていることを示している。とりわけその頻度が高いのが、教育系（65.2％）、都市整備系（67.5％）であった。

　(8)県内の市町村との連絡頻度を部署別に見ると（図表4－8）、発災直後は、半数の職員がほぼ毎日連絡をとっていた福祉保健系や農水産系の連絡頻度は、

基本的にほぼ週1回または月1回程度となるなど、その頻度に大きな変化が見られる。他方で、出先機関、復興系においては、連絡頻度は相変わらず比較的高いままである。

図表4−8 所属課の業務内容と震災3年後の県内市町村との接触度（3県）

	Q14 震災後3年の関係機関・組織との連絡頻度 (8) 県内の市町村									
	ほぼ毎日	ほぼ2〜3日に1回	ほぼ1週間に1回	ほぼ1カ月に1回	特になし	無回答	計 %	N	しばしば	ときどき
総務系	4.9	2.4	24.4	26.8	34.1	7.3	100	41	7.3	51.2
企画系	0.0	9.5	19.0	33.3	38.1	0.0	100	21	9.5	52.3
環境系	7.7	7.7	15.4	34.6	26.9	7.7	100	26	15.4	50.0
福祉保健系	0.0	6.9	20.7	41.4	27.6	3.4	100	29	6.9	62.1
商工観光系	9.5	9.5	14.3	28.6	38.1	0.0	100	21	19.0	42.9
農水産系	2.4	14.6	24.4	41.5	17.1	0.0	100	41	17.0	65.9
都市整備系	7.5	17.5	15.0	25.0	30.0	5.0	100	40	25.0	40.0
公営企業系	0.0	0.0	20.0	40.0	30.0	10.0	100	10	0.0	60.0
出先機関	10.0	22.5	17.5	27.5	22.5	0.0	100	40	32.5	45.0
教育系	4.3	8.7	17.4	43.5	21.7	4.3	100	23	13.0	60.9
議会系	0.0	0.0	0.0	25.0	75.0	0.0	100	4	0.0	25.0
復興系	17.6	23.5	23.5	17.6	11.8	5.9	100	17	41.1	41.1
合計	5.8	11.8	19.2	32.3	27.5	3.5	100	313	17.6	51.4

3 │ 被災自治体と組織外の機関・団体との意見や見解の相違

　前節では、被災自治体と組織外の機関・団体との連絡頻度を見た。

　市町村の場合、国の本省庁との連絡頻度は低く、出先機関とはある程度なされている。県との連絡頻度は高い。住民組織、社会福祉協議会、ボランティア団体・NPO、医療機関ともある程度高い連絡頻度があった。消防、警察、自衛隊とは、震災後1ヵ月時点では高いが、3年後には低くなっていた。

　県の場合、市町村に比べて国の本省庁との連絡頻度は高く、逆に消防、警察、自衛隊との頻度は低い。また、住民組織、社会福祉協議会、ボランティア団体・NPO、医療機関についても市町村に比べてずっと低い割合だった。

頻繁な連絡は、異なる組織・団体間の円滑な関係を示すのか、あるいは、その逆で、交渉が難航するから頻繁に連絡をとる必要があるのだろうか。

本アンケート調査においては、震災後の復旧・復興過程において、各市町村職員、各県職員が他の関係機関・組織との間で意見や見解の相違を感じたか、について問うている。Q15においては、震災後1ヵ月の時点で、Q16においては、震災後3年の時点で尋ねた。質問に対する選択肢としては、「大変感じた」「ある程度感じた」「あまり感じなかった」「感じなかった」「特に関係なかった」の五つが用意されている。本章においては、「大変感じた」「ある程度感じた」を合計して「感じる」と、また、「あまり感じなかった」「感じなかった」を合計して「感じない」とリコードして分析する。

3．1　被災市町村と組織外の機関・団体との意見や見解の相違

市町村から見た場合、意見・見解の相違を感じた割合が最も高かったのは(7)県に対してであり1ヵ月後35.4％、3年後も36.1％と高い割合が続いている（図表4－9）。頻繁に連絡を取り合う相手であるからこそその意見・見解の相違ということもあるだろうし、また、予算制約などの中で、市町村の要望が必ずしも通らない場面が多く見られることから、意見・見解の相違の回答割合が高いものとも考えられる。

県との意見の相違を感じているのは特にどの部署においてだろうか。それを分析したのが図表4－10である。これを見ると、企画系、環境系、復興系においては1ヵ月後も3年後も相違は大きく、農水産系、都市整備系においては、相違が増加してきている。復興の進展に伴って災害公営住宅の建設や高台移転をはじめとする諸事業に関して、様々な意見・見解の相違に直面している様子がうかがえる。他方、公営企業系、議会系では相違は大きくはない。

県以外の機関に関して、市町村から見た場合に意見・見解の相違の割合が高いものとしては、1ヵ月時点では(1)国の災害対策本部が17.1％、(2)国の各省庁が23.7％、(3)国の出先機関が20.8％だったが、3年後には、それぞれ、38.0％（20.9ポイント増）、35.9％（12.2ポイント増）、28.4％（7.6ポイント増）

と大きく増えている。復興が進むにつれて、国との連絡頻度が増し、県を通さずに直接やりとりする場面が増えてきたこと、しかも、市町村現場の実態と国の政策との間に種々のギャップがあることから、意見・見解の相違が出てきているものと考えられる。

次に多いのが、(10)住民組織（22.4％［１ヵ月後］、19.8％［３年後］）、(12)ボランティア団体・NPO（14.7％［１ヵ月後］、11.2％［３年後］）などとなっている。

(4)消防、(5)警察、(6)自衛隊との意見・見解の相違は少ない。１ヵ月時点ではかなり頻繁に接触しているにもかかわらず、意見・見解の相違があまり見られないのは、それぞれの所掌範囲が明確に区別されていることから、深刻

図表４−９　被災37市町村における他機関との意見や見解の相違

	Q15 & Q16　震災後１ヵ月と震災後３年の関係機関・組織との意見や見解の相違								計	
	震災後１ヵ月				震災後３年					
	感じる	特に感じない	特に関係ない	無回答	感じる	特に感じない	特に関係ない	無回答	％	N
(1) 国の災害対策本部（復興庁）	17.1	7.7	68.8	6.5	38.0	10.8	45.1	6.1	100	705
(2) 国の各省庁	23.7	11.5	58.7	6.1	35.9	16.9	41.0	6.2	100	705
(3) 国の出先機関	20.8	17.2	55.3	6.7	28.4	25.1	40.3	6.2	100	705
(4) 消防	3.1	44.0	45.8	7.1	1.8	36.5	54.6	7.1	100	705
(5) 警察	5.2	40.0	48.7	6.2	2.5	33.8	57.2	6.5	100	705
(6) 自衛隊	4.8	43.3	46.2	5.7	1.1	28.5	63.0	7.4	100	705
(7) 県	35.4	33.7	26.8	4.1	36.1	37.0	22.3	4.5	100	705
(8) 県内の他の市町村	8.4	43.1	43.0	5.5	8.7	49.4	35.7	6.2	100	705
(9) 県外の市町村	6.4	31.9	55.0	6.7	6.9	32.8	53.2	7.1	100	705
(10) 住民組織（自治会、町内会など）	22.4	31.8	39.3	6.5	19.8	31.9	41.0	7.2	100	705
(11) 社会福祉協議会	6.3	39.8	47.2	6.7	3.2	35.1	55.2	6.5	100	705
(12) ボランティア団体・NPO	14.7	34.3	45.0	6.0	11.2	33.2	48.9	6.7	100	705
(13) 医療機関	6.0	33.7	54.2	6.1	3.2	27.8	62.4	6.5	100	705
(14) 電力会社	7.8	30.2	55.9	6.1	5.7	24.5	63.0	6.8	100	705
(15) 通信会社	5.4	28.8	59.4	6.4	3.5	24.0	65.4	7.1	100	705
(16) その他	3.7	13.6	41.8	40.9	2.5	10.2	45.5	41.7	100	705

図表4－10　所属課の業務内容と県との意見や見解の相違（37市町村）：1ヵ月後と3年後

Q15 & Q16　震災後1ヵ月と震災後3年の関係機関・組織との意見や見解の相違　(7) 県

	震災後1ヵ月				震災後3年				計	
	感じる	特に感じない	特に関係ない	無回答	感じる	特に感じない	特に関係ない	無回答	%	N
総務系	30.9	37.0	29.3	2.8	29.9	36.5	29.8	3.9	100	181
企画系	53.4	20.0	20.0	6.7	46.7	26.7	23.3	3.3	100	30
環境系	51.8	25.9	22.2	0.0	51.8	25.9	18.5	3.7	100	27
福祉保健系	39.0	31.7	23.2	6.1	43.9	34.2	17.1	4.9	100	82
商工観光系	35.1	35.1	27.0	2.7	32.4	45.9	13.5	8.1	100	37
農水産系	24.2	51.5	21.2	3.0	42.4	51.5	6.1	0.0	100	33
都市整備系	33.3	31.3	28.1	7.3	41.7	36.5	15.6	6.3	100	96
公営企業系	25.0	19.6	51.8	3.6	12.5	23.2	57.1	7.1	100	56
教育系	37.3	40.3	17.9	4.5	34.3	46.3	13.4	6.0	100	67
議会系	26.7	50.0	16.7	6.7	16.7	43.3	33.3	6.7	100	30
復興系	48.4	27.3	22.7	1.5	54.5	39.4	6.1	0.0	100	66
合計	35.4	33.7	26.8	4.1	36.1	37.0	22.3	4.5	100	705

な調整作業があまり出てこないことが背景にあると考えられる。

　また、(8)県内の他の市町村、(9)県外の市町村、(11)社会福祉協議会とも、ある程度連絡をとっているにもかかわらず、意見や見解の相違は大きくはない。これは、3年後の時点においても同じである。

3.2　被災県と組織外の機関・団体との意見や見解の相違

　次に被災3県から見た場合にはどのような傾向が見られるだろうか。図表4－11にそれを示した。

図表 4－11　被災 3 県における他機関との意見や見解の相違

Q15 & Q16　震災後 1 ヵ月と震災後 3 年の関係機関・組織との意見や見解の相違　(7)　県

	震災後 1 ヵ月				震災後 3 年				計	
	感じる	特に感じない	特に関係ない	無回答	感じる	特に感じない	特に関係ない	無回答	%	N
(1) 国の災害対策本部（復興庁）	16.6	11.5	66.8	5.1	41.8	12.7	40.6	4.8	100	313
(2) 国の各省庁	31.6	20.1	44.4	3.8	44.4	24.6	27.8	3.2	100	313
(3) 国の出先機関	19.5	22.7	52.4	5.4	28.8	27.8	38.7	4.8	100	313
(4) 消防	0.3	24.9	69.6	5.1	0.3	12.5	81.5	5.8	100	313
(5) 警察	1.0	31.0	62.6	5.4	0.6	17.2	76.4	5.8	100	313
(6) 自衛隊	2.2	27.1	65.5	5.1	1.3	12.5	80.5	5.8	100	313
(7) 他都道府県	9.3	38.1	48.2	4.5	15.9	41.5	37.7	4.8	100	313
(8) 県内の市町村	27.8	48.3	21.4	2.6	29.4	46.3	20.4	3.8	100	313
(9) 県外の市町村	3.8	12.4	78.3	5.4	3.2	10.9	80.2	5.8	100	313
(10) 住民組織（自治会、町内会など）	8.6	19.5	66.5	5.4	12.8	10.9	70.0	6.4	100	313
(11) 社会福祉協議会	2.2	16.3	76.0	5.4	1.6	11.5	81.2	5.8	100	313
(12) ボランティア団体・NPO	13.4	17.9	64.5	4.2	9.9	19.8	65.2	5.1	100	313
(13) 医療機関	5.4	14.7	74.8	5.1	2.6	12.2	79.6	5.8	100	313
(14) 電力会社	6.1	17.3	71.6	5.1	9.0	9.9	75.4	5.8	100	313
(15) 通信会社	1.0	15.3	78.6	5.1	1.3	8.0	85.0	5.8	100	313
(16) その他	8.6	18.2	43.5	29.7	5.8	12.8	50.8	30.7	100	313

　県から見た場合、発災後 1 ヵ月時点で意見・見解の相違を感じた割合が最も高かったのは(2)国の各省庁で、1 ヵ月時点で既に31.6％と高いレベルにあったが、3 年後には44.4％へと12.8ポイント増加している。次に高かったのが、(8)県内の市町村であり、27.8％（1 ヵ月後）、29.4％（3 年後）と高い状態が続いている。(1)国の災害対策本部との間では、1 ヵ月後は16.6％だったが、3 年後に(1)復興庁との間での意見・見解の相違を感じている割合は41.8％へと急増している。これは、国の各省庁の場合とほぼ同じ高さとなっている。また(3)国の出先機関とも「感じる」割合が高く（19.5％［1 ヵ月後］、28.8％［3 年後］）なっている。

復興庁や各省庁、出先機関との意見・見解の相違が多く見られるのは、やはり、権限、財源、人的資源など限りある資源の配分をめぐるものが多いためと考えられる。特に復興庁との意見・見解の相違を「感じる」割合が41.8％もあることは、それだけ頻繁に調整や折衝がなされていることを示すとともに、国と県とでは政策スタンスなどでの違いが多く見られることをも示していると推測され得る。

　国の各省庁との意見や見解の相違について、県の部署別に見たのが図表4－12である。

図表4－12　所属課の業務内容と国の各省庁との意見や見解の相違（3県）：1ヵ月後と3年後

	Q15 & Q16　震災後1ヵ月と震災後3年の関係機関・組織との意見や見解の相違　(7)　県								計	
	震災後1ヵ月				震災後3年					
	感じる	特に感じない	特に関係ない	無回答	感じる	特に感じない	特に関係ない	無回答	％	N
総務系	43.9	4.9	46.3	4.9	34.1	29.3	31.7	4.9	100	41
企画系	23.8	19.0	57.1	0.0	38.1	9.5	52.4	0.0	100	21
環境系	46.2	15.4	30.8	7.7	65.4	11.5	15.4	7.7	100	26
福祉保健系	24.1	24.1	48.3	3.4	41.4	27.6	27.6	3.4	100	29
商工観光系	19.0	28.6	47.6	4.8	33.3	33.3	33.3	0.0	100	21
農水産系	41.5	19.5	39.0	0.0	56.1	31.7	12.2	0.0	100	41
都市整備系	27.5	30.0	40.0	2.5	52.5	32.5	12.5	2.5	100	40
公営企業系	10.0	20.0	60.0	10.0	30.0	20.0	50.0	0.0	100	10
出先機関	27.5	12.5	52.5	7.5	30.0	12.5	50.0	7.5	100	40
教育系	17.4	34.8	43.5	4.3	26.1	43.5	26.1	4.3	100	23
議会系	0.0	50.0	50.0	0.0	25.0	0.0	75.0	0.0	100	4
復興系	52.9	17.6	29.4	0.0	88.2	11.8	0.0	0.0	100	17
合計	31.6	20.1	44.4	3.8	44.4	24.6	27.8	3.2	100	313

　復興系、環境系、農水産系、都市整備系で3年後の時点でもかなり「感じる」割合が高いことがわかる。また、総務系を除くほぼすべての部署において、1ヵ月後よりも3年後の方が「感じる」割合が増加している。

　図表4－11に戻って、⑺他都道府県との意見・見解の相違について見ると、

1ヵ月後の9.3％から3年後の15.9％へと6.6ポイント増加しているが、これは、**2**で見たように連絡頻度が大きく増加していることとも合わせて考える必要があるだろう。逆に直接接触する機会が多くはない(10)住民組織（自治体、町内会など）との意見・見解の相違が3年後に12.8％も見られるのはどのように解釈すればよいだろうか。震災後3年の時点で、住民組織との意見・見解の相違が多かったのは、部署別に見ると、多い順に復興系（29.4％）、出先機関（22.5％）、都市整備系（20.0％）などとなっており、防潮堤の建設や高台移転などに関して、県やその出先機関が直接住民組織と意見交換する場面も出てきていたことを表すものと考えられる。

4 ｜ 災害対応に必要なもの

　被災自治体の職員は、従来の自治体職員としての業務を遂行していた平時から、東日本大震災の発災により非常時へと大きく環境が変化した。このような大規模災害に直面した際に必要なものは何か。大規模災害に自治体が対応するうえで何が重要だと考えられているのだろうか。アンケートでは、次の質問項目を用意している。

> Q20　東日本大震災のような災害に自治体が対応するうえで、以下の(1)から(10)のそれぞれは、どの程度大切だと思われますか。あなた自身の経験を踏まえ、最も大切だと思うものを「1」として、1から10まで順番に番号をおつけ下さい。

　この質問に対して、行政区分別（県、市、町村）に、一番大切だと思うもの、という回答を一覧にしたものが図表4－13である。
　県及び市町村職員合計で見た場合、「首長のリーダーシップ」が最も大切だとした回答割合が28.0％と最も高く、次いで、「現場での職員一人ひとりの意欲」が14.5％、「国からの支援」が12.9％、「住民や住民団体の協力」が

図表4−13 自治体が災害に対応するうえで大切だと思うもの（1番目）

Q20 自治体が災害に対応するうえで大切だと思うもの：1番

行政区分		国の災害関連法令の整備	自治体ごとの「地域防災計画」や「災害対応マニュアル」の整備	首長のリーダーシップ	現場での職員一人ひとりの意欲	住民や住民団体の協力	国からの支援	(県) 他の都道府県からの支援 (市町村) 県からの支援	(県) 市町村との連携・協力 (市町村) 他の市町村からの支援	ボランティアやNPOの活動	医師・看護師・建築士・測量士・弁護士等の専門家の支援	無回答	計
県		29	15	107	54	18	41	4	17	3	13	12	313
		9.3%	4.8%	34.2%	17.3%	5.8%	13.1%	1.3%	5.4%	1.0%	4.2%	3.8%	100.0%
市		41	59	122	73	65	64	9	9	14	22	34	512
		8.0%	11.5%	23.8%	14.3%	12.7%	12.5%	1.8%	1.8%	2.7%	4.3%	6.6%	100.0%
町村		10	16	56	21	20	26	4	2	3	13	22	193
		5.2%	8.3%	29.0%	10.9%	10.4%	13.5%	2.1%	1.0%	1.6%	6.7%	11.4%	100.0%
合計		80	90	285	148	103	131	17	28	20	48	68	1018
		7.9%	8.8%	28.0%	14.5%	10.1%	12.9%	1.7%	2.8%	2.0%	4.7%	6.7%	100.0%

10.1％と続いている。

行政区分別に見ると、県の場合、「首長のリーダーシップ」が最も大切だとした回答は34.2％に及び、3分の1以上の職員がこれを最も大切だと答えている。次いで、「現場での職員一人ひとりの意欲」が17.3％、「国からの支援」が13.1％となっており、この三つの回答で約3分の2（64.6％）を占めている。

市職員の場合、「首長のリーダーシップ」が最も大切だとする回答が1位に来ていることは同じだがその割合は23.8％とやや低く、「現場での職員一人ひとりの意欲」が14.3％、「住民や住民団体の協力」が12.7％、「国からの支援」が12.5％、「災害対応マニュアルの整備等」が11.5％など、意見が散らばっている。

町村職員の場合、「首長のリーダーシップ」が最も大切だとした回答は29.0％に及んでいる。次いで、「国からの支援」が13.5％、「現場での職員一人ひとりの意欲」が10.9％、「住民や住民団体の協力」が10.4％などとなっている。

各項目について、1番を1点、2番を2点、（10番を10点）というように、点数化して平均をとったところ、図表4－14となった（県市町村合計）。ここでは、点数の小さいものほど順位が高い答えが多く集まっていることを示している。

図表4－14　災害に自治体が対応するうえで大切だと思うもの

Q20　災害対応に重要と考えられるもの	
首長のリーダーシップ	3.40
現場での職員一人ひとりの意欲	4.04
国からの支援	4.67
住民や住民団体の協力	4.76
（県）市町村との連携・協力（市町村）他の市町村からの支援	5.90
（県）他都道府県からの支援（市町村）県からの支援	5.93
自治体ごとの「地域防災計画」や「災害対応マニュアル」の整備	6.16
国の災害関連法令の整備	6.34
医師・看護師・建築士・測量士・弁護士等の専門家の支援	6.61
ボランティアやNPOの活動	7.16

図表4－15　災害対応に重要と考えられるもの（県・市町村計）

災害対応に大切なもの主成分分析（バリマックス回転）（県・市町村職員計）

	1	2	3
国の災害関連法令の整備	－0.823	－0.225	0.032
自治体ごとの「地域防災計画」や「災害対応マニュアル」の整備	－0.805	0.107	－0.048
（県）市町村との連携・協力（市町村）他の市町村からの支援	0.543	－0.108	0.199
国からの支援	0.265	－0.761	－0.22
（県）他都道府県からの支援（市町村）県からの支援	0.387	－0.691	－0.191
現場での職員一人ひとりの意欲	0.206	0.637	－0.41
住民や住民団体の協力	0.243	0.537	－0.113
ボランティアやNPOの活動	0.218	0.206	0.708
医師・看護師・建築士・測量士・弁護士等の専門家の支援	0.09	0.058	0.684
首長のリーダーシップ	0.075	0.291	－0.623
固有値	2.088	1.881	1.654
寄与率	20.878	18.811	16.537

注）因子抽出法：主成分分析、回転法：Kaiserの正規化を伴うバリマックス法、a 8回の反復で回転が収束した。

　これを見ると、首長のリーダーシップの重要度が極めて高く、次いで現場での職員一人ひとりの意欲、国からの支援、住民や住民団体の協力が重要な要素となっている。

　県と市町村の連携協力が復旧・復興にとって不可欠と考えられるものの、それが重要だとの答えの比率は高くない。このことは何を意味するのだろうか。

　回答にはいくつかの成分が考えられ得る。そこで主成分分析を行ったところ（県市町村職員計）、三つの成分が分析された（図表4－15）。

　第1成分に負荷が高いのは、国の災害関連法令の整備、自治体ごとの「地域防災計画」や「災害対応マニュアル」の整備、（県の場合）市町村との連携・協力、（市町村の場合）他の市町村からの支援であり、前2者はマイナスである。既存の法令やマニュアルに準拠するのか、臨機応変に市町村との連携協力を図ったり他市町村からの支援を仰いだりするのかという軸なので、これを「柔軟度成分」と名付ける。

　第2成分は、国からの支援、（県の場合）他の都道府県からの支援、（市町

村の場合）県からの支援、現場での職員一人ひとりの意欲、住民や住民団体の協力であり、前2者がマイナスである。「地域自主・自立成分」と名付けておく。

第3成分は、ボランティアやNPOの活動、首長のリーダーシップ、専門家の支援であり、首長のリーダーシップの符号が逆であり、これを「トップダウン型成分」と名付けておく。

先ほどの重要と考える要素の中では、トップダウン型成分が強く出ており、また、地域自主・自立成分の多くも強く出ている。これに対し、柔軟度成分に属するものの重要度は高くない。ここから、被災地自治体においては、首長のリーダーシップが最も重要で、それが導く職場での職員の一人ひとりの意欲、住民や住民団体の協力、国からの支援の獲得が、災害対応では重要だと考えられていることがわかる。

図表4-16　災害対応に重要と考えられるもの（市町村計）

災害対応に大切なもの主成分分析（バリマックス回転）（市町村職員計）

	1	2	3
国からの支援	-0.827	0.171	0.144
県からの支援	-0.805	0.258	0.161
現場での職員一人ひとりの意欲	0.572	0.296	0.466
住民や住民団体の協力	0.429	0.370	0.203
国の災害関連法令の整備	-0.076	-0.846	-0.050
自治体ごとの「地域防災計画」や「災害対応マニュアル」の整備	0.214	-0.785	0.093
他の市町村からの支援	-0.114	0.490	-0.329
ボランティアやNPOの活動	0.223	0.214	-0.699
首長のリーダーシップ	0.281	0.109	0.654
医師・看護師・建築士・測量士・弁護士等の専門家の支援	0.138	0.080	-0.642
固有値	2.088	1.881	1.654
寄与率	20.878	18.811	16.537

注）因子抽出法：主成分分析、回転法：Kaiserの正規化を伴うバリマックス法a、a 12回の反復で回転が収束した。

次にこれを、市町村職員と県職員に分けて分析してみる。

市町村職員の場合、第1成分に「地域自主・自立成分」が、第2成分に「柔軟度成分」が、第3成分として「トップダウン型成分」が検出された（図表4－16）。

　次に県職員について見てみると、四つの成分が検出された（図表4－17）。

図表4－17　災害対応に重要と考えられるもの（県計）

災害対応に大切なもの主成分分析（バリマックス回転）（県職員計）

	1	2	3	4
国の災害関連法令の整備	－0.802	0.106	－0.180	－0.210
市町村との連携・協力	0.657	0.106	－0.071	－0.260
自治体ごとの「地域防災計画」や「災害対応マニュアル」の整備	－0.602	－0.289	－0.367	－0.402
国からの支援	0.063	0.771	－0.165	0.064
他都道府県からの支援	0.417	0.626	－0.053	－0.095
住民や住民団体の協力	0.477	－0.570	－0.199	－0.062
現場での職員一人ひとりの意欲	0.216	－0.525	－0.142	0.484
医師・看護師・建築士・測量士・弁護士等の専門家の支援	－0.097	0.050	0.862	－0.048
ボランティアやNPOの活動	0.281	－0.183	0.673	－0.213
首長のリーダーシップ	－0.069	0.018	－0.163	0.842
固有値	2.116	1.768	1.522	1.072
寄与率	19.832	17.290	14.848	12.807

注）因子抽出法：主成分分析、回転法：Kaiserの正規化を伴うバリマックス法a、a 9回の反復で回転が収束した。

　第1成分は、「柔軟度成分」、第2成分は「地域自主・自立成分」であり、ここまでは市町村職員の場合と変わらない。しかし、第3成分として、「専門家の支援」「ボランティアやNPOの活動」が、また、第4成分は、「首長のリーダーシップ」が出ている点が、上と異なる点である。県の場合、市町村で「トップダウン型成分」として一緒になっていた、「専門家の支援」「ボランティアやNPO活動」と、「首長のリーダーシップ」が別の成分になっていることは、どのように考えればいいだろうか。市町村の場合、草の根的な活動をするボランティアやNPO、さらには専門家と、首長の意思決定の範囲とがダブっているものも多い。そこで、両者は正と負の関係にあり得る。これに対して、県レベルになると、首長の意思決定の範囲と、ボランティア・NPO、専門

家の意思決定の範囲とがダブる部分が少ないことを意味していると考えられる。

　第3章でアンケート調査の自由記述回答欄の分析がなされているが、そこに上記の軸を表現しているような回答も見られるところである。例えば、4．2．2「準備に関すること」（76頁）で、A県職員が「職員の意識の問題が大きいと思う。非常時だからと柔軟に対応する職員と規則や国の指導を盾に対応しない職員の違いが鮮明だった。」との答えは、第1成分に関するものである。第3章と、ここに見た諸表を対照すると様々なことが見えてくる部分もあると考えられる。

　ところで、上記の選択肢にも、国や他自治体の支援というものが挙がっていたが、これには財政的資源だけでなく人的資源も含まれる。災害対応を行っている自治体現場では、実際、どのような人員が必要なのだろうか。Q21ではそれを問うている。「あなたの職場で、災害時に求められる業務が事情により十分に遂行できない事態が発生したとき、それを補うための人員とはどのような人でしょうか」という質問である。

　図表4－18を見ると、「必要な技能・知識を備えている公務員」という回

図表4－18　災害時に求められる業務を補う人員

		Q21　災害時の業務を補うのに適した人員						
		必要な技能・知識を備えている公務員	必要な技能・知識を備えている民間のボランティア・NPO	必要な技能・知識を備えていれば誰でもよい	必要な技能・知識を備えていなくとも公務員であればよい	誰でもよい	無回答	計
行政区分	県職員	190	7	93	20	1	2	313
		60.7%	2.2%	29.7%	6.4%	0.3%	0.6%	100.0
	市	290	21	160	26	9	6	512
		56.6%	4.1%	31.3%	5.1%	1.8%	1.2%	100.0
	町	91	7	62	5	3	2	170
		53.5%	4.1%	36.5%	2.9%	1.8%	1.2%	100.0
	村	15	1	6	1	0	0	23
		65.2%	4.3%	26.1%	4.3%	0.0%	0.0%	100.0
合計		586	36	321	52	13	10	1018
		57.6%	3.5%	31.5%	5.1%	1.3%	1.0%	100.0

答がいずれの行政区分でも6割前後を占めており、次いで、「必要な技能・知識を備えていれば誰でもよい」との回答が3割前後を占めている。「必要な技能・知識を備えていなくとも公務員であればよい」という回答は、数％程度に過ぎない。一般的に求められているのは、必要な技能・知識であって、公務員という縛りは必ずしも強くないということが読みとれる。公務員であるという身分よりも当該技能・知識を持つものであることの方が重要であると認識されているということは、災害現場におけるガバナンスが、法的な建前よりも現実的な解決を求めていることを示している。

　もっとも、法令上公務員でなければできない業務というのも存在しており、これは部署によっても異なる。そこで、所属部署別（小分類）に見ることとする。

　まず、県の場合が図表4−19となる。これを見ると、総務系（危機管理系）の場合、85.7％の職員が、「必要な技能・知識を備えている公務員」が必要であるとしており、残りの14.3％の職員も「必要な技能・知識を備えていなくとも公務員であればよい」として、とにかく公務員であることが求められている。同様の傾向は、農水産系（計画・企画）、議会系にも見られる。

　逆に、公務員である縛りが比較的ゆるやかな部署としては、商工観光系（計画・企画）で、「必要な技能・知識を備えている公務員」であることが必要と答えたものは40％にとどまっており、50.0％は「必要な技能・知識を備えていれば誰でもよい」と答えている。同様の傾向は、農水産系（事業）、環境系（事業）、福祉保健系（計画・企画）、福祉保健系（事業）、都市整備系（計画・企画）などに見られる。部署によって、公務員であることが求められるかどうかはかなりの程度異なっている。

　次に、市町村職員について同様のことを分析したのが、図表4−20である。県の場合に比べて分類が少し大括りになっているため傾向はやや曖昧になるが、商工観光系、福祉保健系、公営企業系、教育系において、公務員であることを必ずしも要求しない回答が比較的多くを占めている。

図表4－19 部署別・災害時に求められる業務を補う人員（3県）

所属課の業務内容（小分類）	Q21 災害時の業務を補うのに適した人員						計	
	必要な技能・知識を備えている公務員	必要な技能・知識を備えている民間のボランティア・NPO	必要な技能・知識を備えていれば誰でもよい	必要な技能・知識を備えていなくとも公務員であればよい	誰でもよい	無回答	%	N
総務系（総務・財務・人事系）	67.6	2.9	23.5	5.9	0.0	0.0	100	34
総務系（危機管理系）	85.7	0.0	0.0	14.3	0.0	0.0	100	7
企画系	61.9	0.0	28.6	9.5	0.0	0.0	100	21
環境系	66.7	0.0	22.2	11.1	0.0	0.0	100	9
環境系（計画・企画）	62.5	0.0	37.5	0.0	0.0	0.0	100	8
環境系（事業）	55.6	0.0	44.4	0.0	0.0	0.0	100	9
福祉保健系（計画・企画）	58.3	0.0	41.7	0.0	0.0	0.0	100	12
福祉保健系（事業）	52.9	0.0	41.2	5.9	0.0	0.0	100	17
商工観光系（計画・企画）	40.0	10.0	50.0	0.0	0.0	0.0	100	10
商工観光系（事業）	63.6	0.0	27.3	9.1	0.0	0.0	100	11
農水産系（計画・企画）	80.0	0.0	20.0	0.0	0.0	0.0	100	15
農水産系（事業）	42.3	3.8	50.0	3.8	0.0	0.0	100	26
都市整備系（計画・企画）	62.5	0.0	37.5	0.0	0.0	0.0	100	16
都市整備系（事業）	70.8	0.0	16.7	8.3	0.0	4.2	100	24
公営企業系	60.0	10.0	20.0	10.0	0.0	0.0	100	10
出先機関	62.5	5.0	25.0	7.5	0.0	0.0	100	40
教育系	60.9	0.0	26.1	4.3	4.3	4.3	100	23
議会系	75.0	0.0	0.0	25.0	0.0	0.0	100	4
復興系	41.2	5.9	35.3	17.6	0.0	0.0	100	17
合計	60.7	2.2	29.7	6.4	0.3	0.6	100	313

図表4-20　部署別・災害時に求められる業務を補う人員（37市町村）

所属課の業務内容（小分類）	必要な技能・知識を備えている公務員	必要な技能・知識を備えている民間のボランティア・NPO	必要な技能・知識を備えていれば誰でもよい	必要な技能・知識を備えていなくとも公務員であればよい	誰でもよい	無回答	計 %	N
総務系（総務・財務・人事系）	60.8	0.8	32.0	3.2	2.4	0.8	100	125
総務系（住民・広報・情報系）	52.8	8.3	25.0	5.6	5.6	2.8	100	36
総務系（危機管理（消防）系）	65.0	5.0	30.0	0.0	0.0	0.0	100	20
企画系	60.0	3.3	33.3	3.3	0.0	0.0	100	30
環境系	63.0		29.6	3.7	3.7	0.0	100	27
福祉保健系	46.3	11.0	32.9	4.9	0.0	4.9	100	82
商工観光系	45.9	5.4	40.5	5.4	2.7	0.0	100	37
農水産系	63.6	0.0	30.3	3.0	3.0	0.0	100	33
都市整備系	64.6	5.2	21.9	5.2	2.1	1.0	100	96
公営企業系	53.6	1.8	41.1	1.8	0.0	1.8	100	56
教育系	44.8	6.0	43.3	3.0	3.0	0.0	100	67
議会系	40.0	3.3	40.0	16.7	0.0	0.0	100	30
復興系	65.2	1.5	27.3	6.1	0.0	0.0	100	66
合計	56.2	4.1	32.3	4.5	1.7	1.1	100	705

5｜まとめ

　以上、本アンケート調査の結果から被災地自治体と他機関・自治体との連携に関する項目について検討をしてきた。

　被災自治体が、外の機関とどのような頻度で接触するかを見た**2**における分析では次のことが明らかになった。市町村職員の場合、震災後1ヵ月時点で、消防、警察、自衛隊とは頻繁な連絡をとっており、また、県とも頻繁な連絡をとっていた。だが国の災害対策本部や各省との連絡頻度は低く、国の出先機関はそれよりはやや高いものの県との接触に比べるとはるかに低い連絡頻度であった。行方不明者の捜索活動が継続し、また、多くの被災者が避

難所生活を送っている状況下において、不足する資源（財源、権限［義務付け、規制、許可］、人員、情報）については国よりもまず県に相談することが多かったことを示している。住民組織との連絡頻度も高く、またボランティア団体や、その受け入れ窓口となっていた社会福祉協議会との連絡頻度も高かった。県職員の場合は、最も連絡頻度が高かったのは県内の市町村であり「しばしば」の割合は51.8％であった。国の各省庁との連絡頻度もある程度高く（「しばしば」の割合が21.0％）、市町村職員の場合の3倍以上だった。県は国の各省庁と直接連絡することが多いのに対して、市町村職員はまず県と相談してその後県経由で国の各省庁に連絡がとられる場合が多いことがわかる。

　県の持つ広域機能、連絡調整機能、市町村の補完機能という3機能（地方自治法第2条第5項）（市川2011）のうち、東日本大震災発生時においては、とりわけ連絡調整機能が発揮された。「巷間伝わるような、県の役割は限られていたとの理解に対して、復旧・復興過程の担当者の認識からは、むしろ相反する結果が出ているようである」（松井2015：83）との指摘は、首肯できるものである。

　これが3年後の時点では、市町村においても国の各省庁と直接接触する割合が増加している（「しばしば」「ときどき」の計で19.8％から30.5％）。最初は県経由で行われた連絡も、直接各省庁と行われるルートができあがっていったことがうかがえる。市町村が県と連絡する割合も高いままで推移しており（「しばしば」「ときどき」の計で60.5％から64.6％）、複数ルートで様々な主体と接触する様子がうかがえる。復興が進むにつれて、県の連絡調整機能が、代替ルートにとって代わられる場面も出てきたと推測し得る。

　3では、被災自治体と他機関との意見や見解の相違の有無について分析を行った。震災後1ヵ月の時点で、国の各省庁との意見や見解の相違を「感じる」とした市町村職員は23.7％だった。連絡頻度（「しばしば」「ときどき」の計19.8％）を上回っているのは、県経由で国の各省庁と交渉等を行った場合の意見や見解の相違も含まれるものと推定される。県職員の場合は「感じる」とした割合は31.6％であり、やはり直接接触する機会が多いことから、

また、財政面、法制度面等での立ち位置が違うことから意見や見解の相違が生まれてきていると考えられる。震災後3年の時点で「感じる」割合は、市町村職員の場合35.9％、県職員の場合44.4％と、それぞれ10ポイント以上増加している。復興が進む過程での交渉において、それぞれの持つ資源を提供し合う中での限界などが、意見や見解の相違になって表れていると考えられる。県職員を所属部署別に見た場合、意見や見解の相違を感じるとした割合が高かったのは、復興系のほか、環境系、農水産系、都市整備系の部署であった。

　市町村と県の関係でも意見や見解の相違を3分の1程度の職員が感じている。市町村職員の場合、県との間で意見や見解の相違を「感じる」とした割合は震災後1ヵ月で35.4％、震災後3年で36.1％、県職員の場合、県内市町村との間で意見や見解の相違を「感じる」とした割合は震災後1ヵ月で27.8％、震災後3年で29.4％であった。

　組織は、自己組織内だけで課題解決できない事態が発生した場合、他機関との交渉を経て財源、権限、人員、情報などの資源を獲得し、課題解決に歩を進めようとする。R.A.Wローズは、政府間関係を論ずる中で次のように指摘する。

　　①あらゆる組織は資源において欠けるところがある。②それぞれの活動の目的を達成するために各組織は資源を交換する。③ある組織は、その意思決定に際して他組織の影響を受けるが、組織間で優位な同盟を形成する組織は大きな裁量の幅を持つことになる。その同盟の「評価体系」が組織間の関係や資源の交換に影響する。（Rhodes 1999：78）

　市町村はまず県と連絡をとり、資源獲得及び交換（県に市町村現場の情報を提供する）に乗り出した。県は県内市町村から情報資源を獲得するとともに、それを県の資源として財源、権限を有する国の各省庁との交渉にあたった。ローズのいう、「組織間で優位な同盟を形成する組織」とは、例えば東

北3県での足並みをそろえた交渉や、人的資源や物的資源についての援助を申し出てネットワークを強化した関西広域連合や全国知事会がこれに該当するだろう。未曾有の大震災発生状況下で、被災地自治体が行った資源の獲得のための他機関との連絡・接触ならびに交渉は、国、県、市町村という政府間関係の中で行われた。市町村はまず県と、県は国の各省庁と連絡をとり交渉を開始する。だが、連絡ルートは必ずしも単線的ではない。東日本大震災で明らかになったのは、市町村が国の出先機関や国の各省庁と直接接触する事例もある程度見られた点である。

日本の地方自治における中央と地方政府の関係を見た村松岐夫は、「日本の中央地方を縦断する権限体系（行政体系）は、三レベルが相互に密着して同一領域での権限と責任を分かち合う共有システムである。」と指摘する（村松1988：180）。管轄領域や権限も重複する部分が少なからずある。重複していればいるほど、交渉はタフになり、意見や見解の相違をもたらす可能性も高い。市町村が震災後1ヵ月時点で非常に頻繁に連絡をとっていた消防、警察、自衛隊との間の意見や見解の相違がごくわずかしか見いだされなかったのは、それぞれの所掌範囲が極めて明確で資源を獲得する際の交渉も複雑ではないからだと推測される。

これが、国の各省庁との交渉となると交渉主体は多主体となり、また交渉ルートも複線化していく。行政ルートのみでは埒があかない場合には、政治ルートを使った交渉が行われる場面も少なくはなかっただろう。前出の村松は続けて次のように指摘している。「相互依存の中では、中央地方関係の鍵は『交渉』となる。」交渉への参加者は多様であり、「自治省、中央他省庁、府県、市町村という行為主体の識別以外に、中央、地方レベルの政治家と行政職員集団の区別も重要である。」（同上：181）そして、「中央地方関係は相互依存的であり、交渉過程の理解が鍵となり、交渉にのぞむ地方政府の戦略のかなりの部分が、他地方政府との競争原理から説明できる」（同上：182）としている。

村松が指摘するように、平時における交渉においては特定の補助金や箇所

指定をめぐって他自治体との競争が明確に表れる場面が多い。だが、東日本大震災の場合は、被災自治体間の競争は平時におけるほどは見られず、場合によって被災自治体がスクラムを組んで国の各省庁へ要請する場面も少なくはなかった。ローズのいう「優位な同盟」が築かれ、国の各省庁に対して大きな裁量の幅を持つことを目指したものもあるだろう。東日本大震災後に関する国の各省庁との交渉は、平時とは異なって必ずしもゼロサムゲームとは限らなかった。例えば財源についてみると補正予算がつけられて全体のパイ自体が膨らんでいったと考え得る。

　東日本大震災という非常時への自治体の対応は、日本における中央地方関係の考察に新たな分析視角や分析枠組みを提供しているようにも考えられる。

【参考文献】

財団法人21世紀ひょうご創造協会（1996）『阪神・淡路大震災―その時、被災地で（政府現地対策本部74日の活動）』

天川晃（2015）「自治体行政の『非常時』と『平時』」小原隆治・稲継裕昭編『震災後の自治体ガバナンス』東洋経済新報社、23-48頁

五百旗頭真（2016）『大災害の時代』毎日新聞出版

市川喜崇（2011）「都道府県の性格と機能」新川達郎編著『公的ガバナンスの動態研究―政府の作動様式の変容』ミネルヴァ書房、179-213頁

伊藤正次（2014）「多重防御と多機関連携の可能性」御厨貴・飯尾潤編『「災後」の文明』阪急コミュニケーションズ、64-81頁

稲継裕昭（2015）「広域災害時における遠隔自治体からの人的支援」小原隆治・稲継裕昭編『震災後の自治体ガバナンス』東洋経済新報社、167-190頁

警察庁（2011）『平成23年版　警察白書』

消防庁（2013）「東日本大震災記録集」

全国知事会（2013）「東日本大震災における全国知事会の取組」

新川達郎（2011）「公的ガバナンス論の展開可能性―ガバメントかガバナン

スか」新川達郎編著『公的ガバナンスの動態研究―政府の作動様式の変容』ミネルヴァ書房、15-49頁

松井望（2015）「自治体の震災対応と職員意識」小原隆治・稲継裕昭編『震災後の自治体ガバナンス』東洋経済新報社、73-93頁

村松岐夫（1988）『地方自治』東京大学出版会

依田博編著（2000）『阪神・淡路大震災――行政の証言、そして市民』くんぷる

Rhodes, R.A.W.（1999）*Control and Power in Central-Local Government Relations: Second Edition*, Ashgate Publishing.

第5章

災害関連業務と自治体職員
―どのように「非常時」から「平時」へ認識が戻るのか―

河合晃一

1 | はじめに

　東日本大震災の「集中復興期間」が2015年度に終わり、同震災の復興過程は、2018年現在、新たなステージに入っている[1]。この間、社会科学では、集中復興期間の過程を検証する研究が積み重ねられてきた。例えば、復興の進捗状況の検証については、被災地域の社会経済状況に焦点をあてた研究が行われている[2]。また、被災地域の行政の復興を検証するもの、換言すれば、自治体行政の「非常時」から「平時」への変化に注目する研究も、着実に重ねられているといえよう。

　被災地域の復興を進めるには、当然ながら自治体行政が機能していることが重要であり、特に、被災者である住民と最も近い市町村の役割が大きい[3]。自治体行政が従来の技術・能力を発揮できる状態であるか否かが、復興の鍵になるといっても過言ではないだろう[4]。つまり、自治体行政の「平時」への変化が、どのような要因によって規定されているかを論じることは、学術

1）国の東日本大震災復興対策本部は、「東日本大震災からの復興の基本方針」を2011年7月に策定し、2020年度までの10年間を「復興期間」と定めた。その「復興期間」のうち、特に復興需要が高まる2011年度から2015年度までの期間が「集中復興期間」に該当する。
2）例えば、関西大学社会安全学部編（2016）。
3）東日本大震災では、市町村行政そのものも、職員の被災や庁舎の損壊、避難地域外への移転によって大きな傷を受けた。しかし、そのような状況下においても、被災地の大部分では、市町村が復興活動の中心的役割を担っている（今井2014：27-28）。
4）森は、東日本大震災における災害廃棄物処理の事例から、「処理を行う行政が、優れた自前のノウハウ、技術を使える状態にいかに早く戻るかが復旧・復興に向けての鍵となる」と指摘する（森2016：169）。

的問題にとどまらず、行政実務的にも重要なトピックである。

しかしながら、自治体行政の「非常時」から「平時」への変化に関する研究は、変化の過程を具体的かつ詳細に記述するものや、変化のパターンについて論じるものが多く、管見の限り、変化の規定要因を探る実証的分析は少ない[5]。

そこで本章では、「東日本大震災学術調査に係る被災自治体職員アンケート調査」をもとに、「非常時」の行政活動から「平時」の行政活動への変化を、被災自治体職員がどのように認識しているかをまず捉え、さらに、「非常時」から「平時」への認識変化を左右する規定要因について考察する。

なお、分析をするにあたっては、「平時」の行政活動と「非常時」の行政活動という概念を、自治体のルーティン業務と非ルーティン業務への取り組み状況に置き換え、本アンケート調査のデータを利用する。ここでいう自治体のルーティン業務とは、震災以前から分掌していた通常業務を意味し、非ルーティン業務とは、復旧・復興業務を含めた災害関連業務を意味する（松井2015：76）。

本章では、まず次節において、震災後の業務内容に関する本アンケート調査のデータを概観し、東日本大震災後のルーティン業務と非ルーティン業務を職員がどのように認識していたかを捉える。**3**では、ルーティン業務と非ルーティン業務に対する職員の認識が、どのような要因の影響を受けているのかを、先行研究の知見を踏まえながら分析する。最後に、**4**において、分析結果から導かれる含意を論じて、本章を締め括ることにしたい。

2 ｜ アンケート調査の基礎的分析―どのように認識しているのか

東日本大震災後の自治体行政のルーティン業務と非ルーティン業務に関す

---

5) 例えば、福島県相馬市における「非常時」から「平時」への復興過程を詳細に記した天川（2015）がある。

る研究として、松井望（2015：75-79）による本アンケート調査（「東日本大震災学術調査に係る被災自治体職員アンケート調査」）の基礎的分析がある。まずは、松井の分析によって指摘されていることを整理・紹介しながら、震災後の業務内容を職員がどのように認識していたか、について論じていく。

　第一に、震災後の自治体で実施された業務の大部分が、通常業務に災害関連業務を上乗せしたものであることを、松井は指摘している。図表５－１は、Ｑ１「震災後の１ヵ月を振り返って下さい。あなたの仕事の内容は、どのようなものでしたか。（○は１つ）」という質問に対する市町村職員と県職員の回答を、それぞれ県別にまとめたものである。この図表からわかるとおり、「震災以前の仕事に、災害関連の仕事が加わった」と回答した職員が、市町村と県ともに約50％以上となっている。それに対して、「震災以前の仕事から災害関連の仕事に変った」、つまり通常業務から災害関連業務に切り替わったという回答は、市町村と県ともに約30％から約40％である。すなわち、被災自治体の職員の大部分は、非ルーティン業務のみに専従したわけではなく、ルーティン業務と非ルーティン業務を兼務する形で災害関連業務に対応していたと考えられる（松井2015：76）。

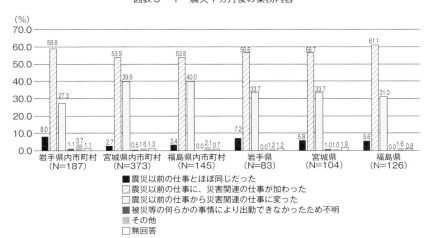

図表５－１　震災１ヵ月後の業務内容

第二に、震災後の災害関連業務から通常業務への変化に関する認識として、市町村職員と県職員の間には差があることを、松井は指摘している。図表5－2は、Q5「おおむねいつ頃から、震災以前の仕事の状態に戻りましたか。（○は１つ）」という質問に対する市町村職員と県職員の回答を、それぞれ県別にまとめたものである。この図表を見ると、「１ヵ月以内」、「３ヵ月以内」、「半年以内」、「１年以内」と回答した市町村職員の合計割合は、岩手県で58.3％、宮城県で58.4％、福島県で42.8％となっている。つまり、福島県を除き、岩手県と宮城県の市町村職員の約60％が、自身の業務内容について、震災から１年以内に災害関連業務から通常業務へ変化したという認識を有していたことがわかる。一方、「１ヵ月以内」、「３ヵ月以内」、「半年以内」、「１年以内」と回答した県職員の合計割合は、岩手県で43.3％、宮城県で37.5％、福島県で34.9％である。３県いずれにおいても、市町村の回答結果と比べて10～20ポイントほど低い。このことから、市町村職員と比べて県職員の方が、非ルーティン業務からルーティン業務へ戻ったタイミングを遅く認識していると解釈できる。

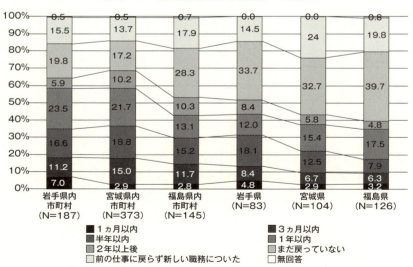

図表5－2　災害関連業務から通常業務への変化

第三に、震災後の災害関連業務から通常業務への変化を遅らせていると考えられる要因についての指摘である。図表5－3は、Q5SQ（通常業務へと）「まだ戻っていない理由は何ですか。（複数回答可）」という質問に対する市町村職員と県職員の回答を、それぞれ県別にまとめたものである。「職員の不足」、「財源の不足」、「法律・条例等の問題」、「住民との関係」という選択肢のうち「職員の不足」と回答した割合が最も多く選択されている。つまり、

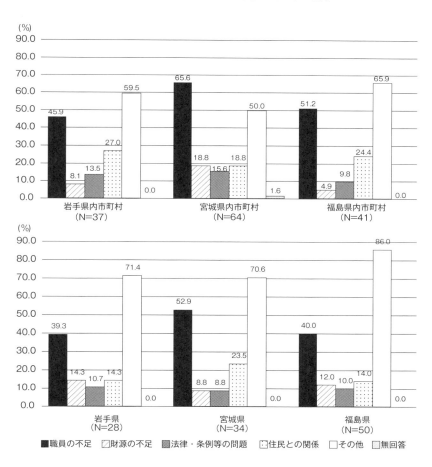

図表5－3　震災前の通常業務へ変化していない理由

「職員の不足」、「財源の不足」、「法律・条例等の問題」、「住民との関係」という四つの要素の中では、「職員の不足」が災害関連業務から通常業務への変化を遅らせている大きな要因と認識されていることがわかる。ただし、「その他」と回答した割合が、いずれの市町村でも50％以上、3県ではいずれも70％以上あるため、「職員の不足」以外の要因が、通常業務への変化を遅らせている可能性について注意する必要がある。

以上に述べた松井による指摘は、他の先行研究の知見とも親和的である。まず、震災後の自治体で実施された業務の大部分が、通常業務に災害関連業務を上乗せしたものであるという一点目の指摘は、「平時」のあり方が「非常時」の行政活動を規定するという知見に整合する[6]。また、阪神・淡路大震災の被災自治体職員に対して行われたアンケート調査においても、災害関連業務に従事した職員の約45％が、通常業務に災害関連業務を上乗せした「災害関連兼務型」を経験したとの回答結果が示されている（依田2000：185）。

次に、震災後の災害関連業務から通常業務への変化に関する認識として、37市町村と3県の間に差があるという二点目の指摘内容は、市町村と県との役割の違いに関係していると考えられる。例えば、発災から1年以内の主要な災害関連業務として挙げられる避難所運営の主体は、市町村である。岩手県では2011年10月に、宮城県では2011年12月に全避難所を閉鎖していることを踏まえると、避難所運営業務の終了を機に、多くの市町村職員が「震災以前の仕事の状態」へ戻ったと認識し、1年以内というタイミングで通常業務に戻ったと回答したのではないかと推察される。

他方で、県として行うべき災害関連業務が本格化したのは、避難所運営といった応急対応のフェーズではなく、復旧・復興というフェーズからである[7]。そのため、1年以内に非ルーティン業務からルーティン業務へ戻ったと認識

6）「平時」のあり方が「非常時」の行政活動を規定することを主張する研究として、橋本（2005）、村松（2014）、砂原（2016）などがある。

7）復旧・復興のフェーズから県の災害関連業務が本格化するという傾向は、他の災害事例においても指摘されている。2016年の熊本地震に関しても、熊本県の「県として行うべき」災害関連業務が本格化したのは、避難所数が大幅に縮小された時点とされる（熊本県へのインタビュー：2017年8月23日、熊本県庁において）。

した県職員の割合は、市町村職員に比べ少なかったと考えることができる。

　さらに、市町村職員と県職員との認識の差は、県の行動様式に関する知見からも説明できる。東日本大震災時の災害廃棄物処理を事例に県と市町村の関係を分析した研究によれば、県は自身の県内市町村間での「横並び」を重視しながら当該市町村すべてに「目配せ」をしていた[8]。つまり、ルーティン業務へ戻ったという県職員の認識が、市町村職員と比べて遅い理由は、県内に復興が遅れている市町村が存在するなど市町村間での「横並び」に乱れがある場合、県は県域総体として災害関連業務から通常業務へまだ変化していないと認識するからであるとも考えられる。

　なお、市町村職員にとっての災害関連業務から通常業務への変化のタイミングが震災後1年以内であるという傾向についても、東日本大震災の被災市町村の実態をミクロに観察した結果と一致する[9]。

　以上が、松井の基礎的分析により明らかにされた知見である。当該分析により、自治体職員が震災後における自身の業務内容をどのように認識していたかについて明らかにされたといえるだろう。しかしながら、災害関連業務から通常業務への変化を遅らせている要因について、本アンケート調査の回答結果では「職員の不足」が候補に挙げられているものの、他に有力な要因が存在する可能性も示唆されており、明確な解が得られていない。すなわち、いかなる要因が、非ルーティン業務からルーティン業務へ戻ったという認識変化を左右しているかについて、明らかになっていないのである。

　さらに、非ルーティン業務からルーティン業務へ戻ったと認識するタイミングの違いについては、先に述べたような市町村職員と県職員間における差異だけでなく、市町村の間にも多様性が存在することに注意しなければならない。図表5-4は、Q5「おおむねいつ頃から、震災以前の仕事の状態に

---

8) 元来、「横並び」という概念は、市町村あるいは都道府県自身が自己の競争相手と考える自治体の施策水準に遅れをとるまいとする行動を指す（村松1988、伊藤2002、2006）。しかし、都道府県の場合、自身と他都道府県の関係における「横並び」だけでなく、自身の県内市町村間での「横並び」をも重視していると考えられる（河合・森2017）。

9) 福島県相馬市では、「発災後数カ月を経ると『非常時』態勢を継続しつつも次第に『平時』の市政への復帰というべき動きも始まった」という観察結果がある（天川2015：36）。

戻りましたか。(○は1つ)」という質問への回答結果を、岩手県内の12市町村別にまとめなおしたものである。この図表から、同じ県内市町村であっても、災害関連業務から通常業務へと変化するタイミングの認識傾向にかなりのバラツキがあることを確認できる。

つまり、なぜ市町村間で災害関連業務から通常業務への変化に関する認識に違いがあるのか、そもそもいかなる要因が認識変化に関係しているのか、という残された問題が存在していることになる。これらの問いが、本章の主要なリサーチ・クエスチョンである。

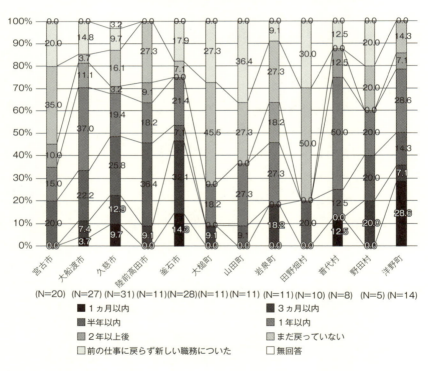

図表5-4　災害関連業務から通常業務への変化（岩手県内市町村）

3｜認識変化の規定要因 ─何が認識を変化させるのか

3.1　神大アンケート調査の検討

　本節では、「非常時」の非ルーティン業務から「平時」のルーティン業務へ戻ったと認識するタイミングの規定要因を分析する。まずは、分析の理論枠組みを構築するために、前述の阪神・淡路大震災の被災自治体職員に対するアンケート調査を検討したい。同アンケート調査は、神戸大学が1995年に実施したものであるため、以下、「神大調査」と呼ぶことにする[10]。

　神大調査では、「非常時」の非ルーティン業務から「平時」のルーティン業務への変化だけでなく、「平時」のルーティン業務から「非常時」の非ルーティン業務へと移り変わる発災直後段階の変化についても、その規定要因を考察している。神大調査が注目したのは、自治体の行政区分である。被災自治体職員の回答を、県、指定都市、市、町といった行政区分で分類し、区分の違いによって、回答結果のパターンの差異を析出している[11]。そのうえで、パターンの差異を生み出している要因に言及している。

　具体的には、まず、通常業務から災害関連業務への変化について、県や指定都市、市は、町に比べて、「震災以前の仕事から災害関連の仕事に変わった」という「災害関連専従型」の回答が多い傾向を指摘している。一方、町の場合は、「以前の仕事に災害関連の仕事が加わった」という「災害関連兼務型」の回答が最も多い。

　神大調査は、上記のようなパターンに差異が生じている要因を、行政区分に基づく職員数のスラックに求めている。すなわち、県、指定都市、市は、町と比べて職員数が多いため、災害関連業務へ専従する職員を多く割くことができる。しかし、町は専従職員を割けるほどの人的余裕がないため、通常業務に災害関連業務を上乗せする形を基本として、職員に災害関連業務を従事させる、という解釈である。神大調査は、以上の分析から、職員数のスラッ

---

10) 同アンケート調査の詳細については、依田（2000）を参照されたい。
11) 神大調査では、指定都市（神戸市）以外の市を、中核市や特例市（現在の施行時特例市）に分類せず「市」で一括りにしている。また、分析対象に村は存在していないため、町村ではなく町という表記を採用している。

クを要因とする考え方を、「組織的スラック仮説」としている（依田2000：150-152）。

また、神大調査は、「非常時」の非ルーティン業務から「平時」のルーティン業務への変化についても、行政区分に着目した分析を行っている。行政区分別に分析したところ、災害関連業務から通常業務へ戻ったと認識するタイミングが最も早いのは、町の職員だった。一方で、「まだ戻っていない」という回答割合が最も多いのは、指定都市の職員だった（同上：187-188）。

このような分析結果から、行政区分による「制度的、構造的な差異」が、自治体職員が非ルーティン業務からルーティン業務へ戻ったと認識するタイミングに対し、大きな影響力を有していると考えられる（同上：156）。具体的には、指定都市や市の職員に比べて、町の職員の方が、「平時」のルーティン業務へ戻ったと認識するタイミングが早いということになる。

それでは、行政区分が、上記認識に対して大きな影響力を持ち得るという知見は、東日本大震災における自治体職員の認識に対しても適応可能なのだろうか。この疑問を確認するために、東日本大震災の本アンケート調査Q5「おおむねいつ頃から、震災以前の仕事の状態に戻りましたか。（○は1つ）」の回答結果を、県、指定都市、一般市、町村という四つの行政区分に層化した[12]。その結果を図示したものが、図表5－5である。

回答結果を行政区分ごとに層化したところ、「1ヵ月以内」、「3ヵ月以内」、「半年以内」、「1年以内」という回答の合計割合が大きい順番は、指定都市（73.6％）、一般市（53.0％）、町村（47.1％）、県（37.9％）の順になった。つまり、当該図表の示す内容は、指定都市や一般市の職員に比べて、むしろ町村の職員の方が、「平時」のルーティン業務へ戻ったと遅く認識している傾向をこれらの数字は示しており、神大調査の知見と合致していないことになる。このような不一致が生じた背景には何があるのだろうか。

---

[12] 37市町村のうち、指定都市は仙台市のみであり、中核市、施行時特例市に該当する市はないため、一般市という表記を採用している。また、阪神・淡路大震災と異なり、被災自治体には村が含まれているため、町村としている。

第一に、本節における図表5－5の層化は行政区分以外の要因を統制していないため、層化した結果に行政区分のもたらす影響力が適切に表れていない、という場合が考えられる。例えば、阪神・淡路大震災と東日本大震災とでは、災害の種類や規模、また被災自治体の地域も大きく異なるため、被災状況や社会経済要因を統制することにより、行政区分の影響力が表出する可能性がある。

　第二に考えられることは、行政区分の違い自体は認識変化のタイミングに対して影響力を有しておらず、別の要因こそがタイミングに大きな影響力を及ぼしている、という場合である。

　そこで、本章は、非ルーティン業務からルーティン業務への認識変化に関係している要因が何であるかを特定するため、行政区分の他にもいくつか独立変数を設定し、統計分析による検証作業を行うことにする。

　なお、以降の実証分析にあたっては、市町村に焦点をあて、指定都市、一般市、町村の職員の認識のみを従属変数とする。指定都市や一般市といった

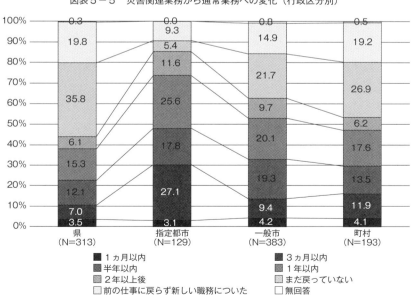

図表5－5　災害関連業務から通常業務への変化（行政区分別）

市町村間と異なり、県と市町村間には分析対象のユニットとして大きな差異があるためである。また、前掲の図表5-4に基づいて述べたとおり、本章の問題関心は「なぜ市町村間で災害関連業務から通常業務への変化に関する認識に違いがあるのか」であるため、分析対象を限定することで議論を明確化したい。

3.2　仮説の設定

　それでは、非ルーティン業務からルーティン業務への認識変化に関係している要因として、どのような要因を考えることができるだろうか。まず本章では、神大調査が注目した行政区分という変数を二つの要素に分けて整理することから始めたい。神大調査では、行政区分を職員数のスラックを示す変数として位置づけていた。しかし、指定都市や一般市、町村といった行政区分の違いは、職員数といった組織資源の量の差異に加えて、行政活動を実施するうえでの権限の差異をも表す概念であると考えられる。

　そこで本章は、行政区分の違い自体を自治体間の権限の差異を表す変数として位置づけ、それとは別に自治体の組織資源の程度を示す変数を設定することにしたい。なぜなら、同じ行政区分の自治体同士であっても、職員数のような組織資源の大きさには多寡があるためである。以上を踏まえて、次の三つの仮説を設定する。

　第一の仮説は、行政区分に基づく権限の違いが、非ルーティン業務からルーティン業務への認識変化のタイミングに影響すると考える自治体権限仮説である。具体的には、行政区分による権限が大きいほど、認識変化のタイミングが早くなるという因果関係を想定する。

　第二の仮説は、市町村の組織資源の程度が、非ルーティン業務からルーティン業務への認識変化のタイミングに影響すると考える組織資源仮説である。神大調査が行政区分に基づく職員数のスラックに認識変化の要因を求めていたことを踏まえれば、当該仮説が神大調査の主張に最も近い。ただし、神大調査の主張が、町のように組織資源が「小さい」ほど認識変化のタイミング

は早くなるというものだったのに対して、本分析では、組織資源が「大きい」ほど、認識変化のタイミングが早くなるという因果関係を想定する。

このように考える理由は、本アンケート調査のQ5SQ（通常業務へと）「まだ戻っていない理由は何ですか。（複数回答可）」という質問に対する回答結果による。**2**で確認したとおり、多くの職員が「職員の不足」と回答していることから、組織資源の不足分が大きい、つまり組織資源が「小さい」ほど、認識変化のタイミングが遅くなる可能性が高いと予測できるためである。

なお、自治体の重要な組織資源として財源を挙げることができるが、東日本大震災では復興特別交付税等により、災害関連業務に係る財源が保障されているため、本分析では財源に関する変数を捨象する。

第三の仮説は、市町村の持つ他組織・関係団体とのネットワークのあり方が、非ルーティン業務からルーティン業務への認識変化のタイミングに影響すると考えるネットワーク仮説である。ここでいうネットワークは、組織間の交流、あるいは連携と捉えても良い。自治体は、日常的に相互参照や自治体間ネットワークを利用しながら、「不確実性への対処」を行っていることが指摘されている（伊藤2002、2006、平田2017）。

東日本大震災は未曾有の大規模災害であったため、発災後の災害関連業務には、被災市町村にとって未経験の質・量のものもあり、市町村は「不確実性」に対処するため、各種ネットワークを利用したことが指摘されている。実例として、大量の災害廃棄物の処理に直面した市町村の中には、地元民間企業とのネットワークを活用し着実に処理を進めたところがあった（河合2015）。また、阪神・淡路大震災の事例においても、規模の小さい市町村が、住民組織やボランティア団体といった外部組織との交渉・協力によって災害対応に従事したとされる（依田2000：155-156）。

ネットワークのあり方を示すものとしては、他組織・関係団体との接触頻度、県からの出向職員、県や他市町村等から派遣された応援職員数を挙げることができる。応援職員数には組織資源としての側面もあるが、ここではネットワーク仮説の変数として考えることにしたい。

市町村の持つネットワークには、市町村間のものや、先に述べた民間や住民組織、ボランティア団体とのものの他に、伝統的なつながりともいえる国や県との連携関係がある。前者の他市町村や民間とのネットワークを水平的ネットワークと呼ぶとすれば、後者の国や県とのネットワークは垂直的ネットワークと位置づけることができるだろう。市町村は、水平的なものと垂直的なネットワークを組み合わせた、多層的なネットワークを構築・利用していると考えられる（Kawai 2013）。

　ネットワーク仮説では、ネットワークの利用量が大きいほど、認識変化のタイミングが早くなるという因果関係を想定する。

　以上の三つの仮説を改めて整理すると次のようになる。

Ⅰ　自治体権限仮説：非ルーティン業務からルーティン業務への認識変化のタイミングは、行政区分に基づく市町村の権限によって決まる。
Ⅱ　組織資源仮説：非ルーティン業務からルーティン業務への認識変化のタイミングは、市町村の組織資源によって決まる。
Ⅲ　ネットワーク仮説：非ルーティン業務からルーティン業務への認識変化のタイミングは、市町村の有する他組織・関係団体とのネットワークによって決まる。

　上記仮説を検証するための各独立変数とその具体的指標、当該指標の出典は次のとおりである。

Ⅰ　自治体権限仮説
①　行政区分：指定都市であれば1、そうでなければ0という指定都市ダミーと、一般市であれば1、そうでなければ0という一般市ダミーを設定した。
Ⅱ　組織資源仮説
①　一般行政職員数：一般行政職員の総数。総務省「平成27年　地方公務員給与の実態」。

② 職員不足数の割合：総務省スキームによる応援職員の派遣要請数から実際に派遣を受けた確定数を引いた数を不足数とし、一般行政職員数に対する割合を計算した。総務省「総務省における被災地方公共団体に対する人的支援の取組 平成25年度分（平成26年3月1日現在）」[13]。

Ⅲ ネットワーク仮説

① 他組織・関係団体との接触頻度：本アンケート調査のQ13「震災後の1ヵ月を振り返って下さい。仕事の実施に際して、関係機関・組織とどれくらい連絡をとりましたか。当てはまる番号に○をおつけ下さい。（○はそれぞれ1つずつ）」という質問に対する回答を、垂直的ネットワーク関係の組織（国の災害対策本部、国の省庁、国の出先機関、県）と水平的ネットワーク関係の組織・団体（県内市町村、県外市町村、住民組織、ボランティア・NPO）別に設定。回答結果に対し、「1：ほぼ毎日」＝30、「2：ほぼ2～3日に1回」＝10、「3：ほぼ1週間に1回」＝5、「4：ほぼ1ヵ月に1回」＝1、「5：特になし」には0を与えるというコーディングを行った[14]。

② 県職員の出向：所在県の県庁から幹部職員としての出向を受け入れていれば1、そうでなければ0というダミーを設定した。「都道府県・政令市の人事交流調査」『日経グローカル』第177号、2011年[15]。

③ 県から市町村への応援職員数の割合：所在県の県庁から市町村へ派遣されていた応援職員数（上記の出向者数は含まれない）に関して、一般行政職員数に対する割合を計算。「都道府県・政令市の人事交流調査」『日経グローカル』第177号、2011年。

④ 総務省スキームを利用した応援職員数の割合：総務省スキームを介して市町村へ派遣されていた応援職員数に関して、一般行政職員数に対する割合を計算。総務省「総務省における被災地方公共団体に対する人的支

13）応援職員の派遣要請数については、2011年度と2012年度のデータが存在しないため、代替的に2013年度の派遣要請数と確定数のデータを使用した。
14）Q13の回答結果のコーディングは、1ヵ月間（約30日間）のうち接触したと考えられる日数に置き換える形で行った。
15）分析対象の各市町村で受け入れていた幹部職員出向数は、最大でも2名であったことから、出向者の受け入れ人数よりも受け入れの有無自体の意味を重視し、ダミー変数として設定した。

援の取組 平成23年度分（平成23年11月30日現在）」。

　また、統制変数として、次の社会経済要因（面積、人口密度）と被災状況（死者行方不明者数）、県別ダミーを設定する[16]。さらに、従属変数は職員個人の認識であるため、個人属性に関する情報（勤務年数、応援職員か否か、業務区分）や震災1ヵ月後の業務内容に対する認識も統制変数に加え分析する。

統制変数
① 面積（km²）：平成22年国勢調査。
② 人口密度：1km²あたりの人口密度。平成22年国勢調査。
③ 死者行方不明者数：1万人あたりの死者行方不明者数。消防庁災害対策本部「平成23年（2011年）東北地方太平洋沖地震（東日本大震災）について（第155報）（平成29年3月1日現在）」。
④ 県別ダミー：岩手県内の市町村であれば1、そうでなければ0という岩手県ダミーと、宮城県内の市町村であれば1、そうでなければ0という宮城県ダミーを設定した。
⑤ 勤務年数：本アンケート調査のフェイスシート質問F4への回答内容。
⑥ 応援職員か否か：本アンケート調査のフェイスシート質問F6への回答内容をもとにダミー変数を設定。被災市町村のプロパー職員であれば0、他自治体からの応援職員であれば1というコーディングを行った。
⑦ 業務区分：本アンケート調査のフェイスシート質問F2への回答内容をもとに、所属部局の業務区分ごとにダミー変数を設定した。具体的には、総務系、企画系、環境系、福祉保健系、商工観光系、農水産系、都市整備系、公営企業系、教育系、議会系の10区分に関し、それぞれダミー変数を設定した。

[16] 投入すべき統制変数として、人口（社会経済要因）や全壊棟数（被災状況）も考えられるが、人口は行政区分との高い相関関係があり、全壊棟数は死者行方不明者数との高い相関関係があるため、統制変数から除外した。また、県別ダミーは、福島第一原子力発電所事故の影響により被災状況が、他2県と大きく異なる福島県をベースラインとしたため、岩手県ダミーと宮城県ダミーを設定している。

⑧ 震災1ヵ月後の業務内容に対する認識：本アンケート調査のQ1「震災後の1ヵ月を振り返って下さい。あなたの仕事の内容は、どのようなものでしたか。（○は1つ）」という質問に対し、「1：震災以前の仕事とほぼ同じだった」、「2：震災以前の仕事に、災害関連の仕事が加わった」と回答したものに対して、それぞれダミー変数を設定した。

3.3 分析

　本分析では、Q5「おおむねいつ頃から、震災以前の仕事の状態に戻りましたか。（○は1つ）」という質問への回答結果のうち、「1：1ヵ月以内」から「6：まだ戻っていない」までを従属変数とする。そのため、順序ロジスティック回帰を用いた分析を行う。従属変数、独立変数、統制変数それぞれの記述統計は、図表5－6のとおりである。なお、各変数に該当するアンケートの回答（F4、Q1、Q5、Q13）に欠損値を含むサンプルを分析から除外したため、観察数は514となっている。

　図表5－6に示したネットワーク仮説の独立変数である各組織・関係団体との接触頻度の平均値を見ると、市町村が最も多く接触しているのは、県（8.03）であり、次に多いのが住民組織（7.73）、ボランティア団体・NPO（5.50）であることがわかる。それに対して、国の組織や他市町村との接触頻度は相対的に低くなっている。東日本大震災では市町村間の水平的連携が注目を浴びたものの、接触頻度の観点からすれば、市町村職員が最も接触したと認識している組織は県であったといえる（松井2015：83）。

　分析結果は、図表5－7のとおりである。非ルーティン業務からルーティン業務への認識変化のタイミングに影響を及ぼすと予測した独立変数のうち、組織資源仮説に関わるものとして、一般行政職員数、職員不足数の割合、そしてネットワーク仮説に関わるものとして、国の出先機関との接触頻度、県との接触頻度、県内市町村との接触頻度、県から市町村への応援職員数の割合が有意という結果になった。これら六つの変数は、社会経済要因や被災状況、個人の属性に関する要因を統制してなお、認識変化のタイミングに影響

図表5-6　記述統計

	観察数	平均値	標準偏差	最小値	最大値
従属変数					
通常業務へ戻った時期	514	3.93	1.53	1	6
独立変数					
一般行政職員数	514	954.86	1189.86	47	3226
職員不足数の割合	514	0.01	0.02	0	0.12
行政区分ダミー（1）指定都市	514	0.20	0.40	0	1
行政区分ダミー（2）一般市	514	0.54	0.50	0	1
国の災害対策本部との接触頻度	514	1.06	4.78	0	30
国の省庁との接触頻度	514	1.56	5.25	0	30
国の出先機関との接触頻度	514	2.55	6.86	0	30
県との接触頻度	514	8.03	11.09	0	30
県内の市町村との接触頻度	514	3.21	6.87	0	30
県外の市町村との接触頻度	514	2.17	6.10	0	30
住民組織との接触頻度	514	7.73	11.57	0	30
ボランティア団体・NPOとの接触頻度	514	5.50	9.85	0	30
県職員出向ダミー	514	0.38	0.49	0	1
県応援職員数の割合	514	0.03	0.07	0	0.46
総務省スキーム応援職員数の割合	514	0.09	0.08	0	0.43
統制変数					
面積（km²）	514	464.38	375.16	13.27	1259.89
人口密度（1km²あたり）	514	604.68	759.76	10.90	3209.20
死者行方不明者数（人口1万人あたり）	514	137.47	184.93	0	868.57
岩手県ダミー	514	0.27	0.44	0	1
宮城県ダミー	514	0.52	0.50	0	1
勤務年数	514	32.10	7.25	1	43
応援職員ダミー	514	0.01	0.09	0	1
業務区分ダミー（1）総務系	514	0.25	0.43	0	1
業務区分ダミー（2）企画系	514	0.05	0.22	0	1
業務区分ダミー（3）環境系	514	0.04	0.19	0	1
業務区分ダミー（4）福祉保健系	514	0.12	0.32	0	1
業務区分ダミー（5）商工観光系	514	0.05	0.22	0	1
業務区分ダミー（6）農水産系	514	0.05	0.23	0	1
業務区分ダミー（7）都市整備系	514	0.14	0.34	0	1
業務区分ダミー（8）公営企業系	514	0.09	0.28	0	1
業務区分ダミー（9）教育系	514	0.10	0.29	0	1
業務区分ダミー（10）議会系	514	0.05	0.21	0	1
震災1ヵ月後の業務内容ダミー（1）震災以前とほぼ同じ	514	0.05	0.22	0	1
震災1ヵ月後の業務内容ダミー（2）災害関連の仕事追加	514	0.58	0.49	0	1

図表５－７　認識変化のタイミングを規定する要因

変数	遍回帰係数	標準誤差
独立変数		
一般行政職員数	− 0.001**	0.001
職員不足数の割合	12.319*	7.232
行政区分ダミー　(1)　指定都市	2.537	1.632
行政区分ダミー　(2)　一般市	0.216	0.259
国の災害対策本部との接触頻度	0.023	0.025
国の省庁との接触頻度	0.032	0.024
国の出先機関との接触頻度	0.042**	0.017
県との接触頻度	0.018**	0.009
県内の市町村との接触頻度	− 0.025*	0.015
県外の市町村との接触頻度	− 0.010	0.015
住民組織との接触頻度	− 0.002	0.009
ボランティア団体・NPOとの接触頻度	− 0.008	0.011
県職員出向ダミー	0.022	0.252
県応援職員数の割合	3.364*	1.795
総務省スキーム応援職員数の割合	0.887	2.355
統制変数		
面積（k㎡）	0.001*	0.001
人口密度（1k㎡あたり）	− 0.000	0.000
死者行方不明者数（人口1万人あたり）	0.000	0.001
岩手県ダミー	− 1.067***	0.344
宮城県ダミー	− 0.432	0.326
勤務年数	0.003	0.012
応援職員ダミー	− 0.821	1.010
業務区分ダミー　(1)　総務系	− 0.032	0.349
業務区分ダミー　(2)　企画系	− 0.274	0.467
業務区分ダミー　(3)　環境系	0.017	0.528
業務区分ダミー　(4)　福祉保健系	− 0.468	0.380
業務区分ダミー　(5)　商工観光系	− 0.374	0.464
業務区分ダミー　(6)　農水産系	− 0.572	0.465
業務区分ダミー　(7)　都市整備系	0.502	0.387
業務区分ダミー　(8)　公営企業系	− 0.146	0.444
業務区分ダミー　(9)　教育系	0.132	0.401
業務区分ダミー　(10)　議会系	− 0.513	0.488
震災1ヵ月後の業務内容ダミー　(1)　震災以前とほぼ同じ	− 1.643***	0.404
震災1ヵ月後の業務内容ダミー　(2)　災害関連の仕事追加	0.151	0.176
カットポイント1	− 3.409***	0.592
カットポイント2	− 1.638***	0.564
カットポイント3	− 0.537	0.559
カットポイント4	0.630	0.559
カットポイント5	1.212**	0.561
N	514	
-2 対数尤度	1601.119	
Cox and Snell R2	0.211	
Nagelkerke R2	0.219	

注）***$p < 0.01$、**$p < 0.05$、*$p < 0.10$ で統計的に有意。

を及ぼしていることになる。すなわち、三つの仮説の中で、組織資源仮説とネットワーク仮説が支持される結果となった。

ただし、従属変数に対しての影響の方向性(図表5－7で示した係数の符号が正であるか負であるか)に注意する必要があるだろう。有意となった各独立変数の具体的な影響力を整理すると次のようになる。

第一に、一般行政職員数は、その数が多いほど、非ルーティン業務からルーティン業務へ戻ったと認識するタイミングが早くなる方向の影響を与えている。また、職員不足数の割合は、その数が多いほど、非ルーティン業務からルーティン業務へ戻ったと認識するタイミングが遅くなる方向の影響を与えている。つまりは、組織資源仮説の説明で前述したとおり、組織資源が大きいほど(不足分が少ないほど)認識変化のタイミングが早くなるという関係を分析から確認できたことになる。

第二に、国の出先機関や県との接触頻度の係数は正の符号であるため、これらの機関との接触は、その頻度が高まるほど、非ルーティン業務からルーティン業務へ戻ったと認識するタイミングが遅くなる方向の影響を与えていることになる。また、県から市町村への応援職員数の割合も、同様に係数の符号が正であるため、認識変化のタイミングが遅くなる方向の影響を有していることになる。他方、県内の市町村との接触頻度の係数は負の符号であるため、県内の市町村との接触は、頻度が高まるほど、非ルーティン業務からルーティン業務へ戻ったと認識するタイミングが早くなる方向の影響を与えていることになる。

すなわち、県内の市町村との水平的ネットワークが認識変化のタイミングに与える影響の方向性は、仮説で検討したとおりであるのに対して、国の出先機関や県との垂直的ネットワークが認識変化のタイミングに与える影響の方向性は予測と逆の結果になっている。

このような結果は、国や県との垂直的ネットワークが認識変化のタイミングを遅らせている、ということを示しているのではなく、認識変化のタイミングが遅れているほど被災市町村が垂直的ネットワークを利用するようになる、ということを示しているのではないだろうか。換言すれば、国や県は被災市町村の災害関連業務に対して積極的に介入するのではなく、市町村の求

めに応じて補完的役割を果たしていたと考えられる。

　以上の解釈が正しいならば、国や県との垂直的ネットワークと県内市町村との水平的ネットワークとでは機能の仕方に違いがあることを、本分析の結果は示唆している。

4｜おわりに

　本章は、震災後の業務内容に関する本アンケート調査のデータを概観し、東日本大震災後のルーティン業務と非ルーティン業務を職員がどのように認識していたかを把握したうえで、非ルーティン業務からルーティン業務への認識変化に大きく関係していると考えられる要因の分析を行った。

　市町村を対象とした分析の結果、一般行政職員数、職員不足数の割合、そして国の出先機関や県との接触頻度、県内市町村との接触頻度、県から市町村への応援職員数の割合が、非ルーティン業務からルーティン業務へ戻ったと認識するタイミングに関係していることが明らかになった。この結果から、認識変化のタイミングに関係する変数は、行政区分自体の差異ではなく、自治体の組織資源や他組織とのネットワークのあり方であることが判明したといえるだろう。

　また、組織資源の中でも、人的資源の充足状況が、被災自治体の職員の認識に関係していることを踏まえれば、実務上重要となるのは災害時に職員不足をどのようにして解消するかという問題になる。被災自治体に対する応援職員の派遣制度については、2017年時点でも国や自治体において検討がなされており、早期の段階で被災自治体の派遣要請に応えられる仕組みの構築が望まれる[17]。

　なお、国や県との垂直的ネットワークと認識変化のタイミングの関係につ

17）大規模災害時の応援職員派遣制度については、総務省に設置された「大規模災害からの被災住民の生活再建を支援するための応援職員の派遣の在り方に関する研究会」において報告書が提出されるなど、新たな制度検討が進められている（総務省ホームページ『「大規模災害からの被災住民の生活再建を支援するための応援職員の派遣の在り方に関する研究会」報告書の提出』
http://www.soumu.go.jp/menu_news/s-news/01gyosei11_02000080.html（2017年11月1日閲覧））。

いては、さらなる検証が必要であると考える。接触頻度以外でネットワークのあり方を示す変数をさらに検討し、ネットワークの効果やメカニズムについて深く分析することが求められる。これらの問題は、今後の研究課題としたい。

【参考文献】

天川晃（2015）「自治体行政の『非常時』と『平時』」小原隆治・稲継裕昭編『震災後の自治体ガバナンス』東洋経済新報社、23-48頁

伊藤修一郎（2002）『自治体政策過程の動態――政策イノベーションと波及』慶應義塾大学出版会

伊藤修一郎（2006）『自治体発の政策革新――景観条例から景観法へ』木鐸社

今井照（2014）『自治体再建――原発避難と「移動する村」』ちくま新書

河合晃一（2015）「瓦礫処理をめぐる自治体の行動選択」小原隆治・稲継裕昭編『震災後の自治体ガバナンス』東洋経済新報社、309-327頁

河合晃一・森道哉（2017）「県は瓦礫処理をどのように『補完』したのか―岩手県と宮城県の事例研究を通じて」金沢法学60巻1号、45-68頁

関西大学社会安全学部編（2016）『東日本大震災　復興5年目の検証――復興の実態と防災・減災・縮災の展望』ミネルヴァ書房

砂原庸介（2016）「災害復興と都市・住宅政策」御厨貴編『大震災復興過程の政策比較分析――関東、阪神・淡路、東日本三大震災の検証』ミネルヴァ書房、89-108頁

橋本信之（2005）『サイモン理論と日本の行政――行政組織と意思決定』関西学院大学出版会

平田彩子（2017）『自治体現場の法適用　あいまいな法はいかに実施されるか』東京大学出版会

松井望（2015）「自治体の震災対応と職員意識」小原隆治・稲継裕昭編『震災後の自治体ガバナンス』東洋経済新報社、73-93頁

村松岐夫（1988）『地方自治』東京大学出版会

村松岐夫（2014）「戦前戦後断絶論と中央地方の『相互依存関係』仮説・再訪」季刊行政管理研究145号、4-15頁

森道哉（2016）「災害廃棄物処理の行政――阪神・淡路大震災、東日本大震災における教訓とその行方」御厨貴編『大震災復興過程の政策比較分析――関東、阪神・淡路、東日本三大震災の検証』ミネルヴァ書房、149-173頁

依田博編著（2000）『阪神・淡路大震災――行政の証言、そして市民』くんぷる

Kawai, Koichi（2013）Collaborative Mechanisms among Governments in Disaster Management: Intergovernmental Communications during the Great East Japan Earthquake, *Asian Review of Public Administration*, Vol.24, Nos.1-2, Eastern Regional Organization for Public Organization: 64-75.

第6章

市町村規模、市町村合併と震災復興に対する職員意識

中村悦大

1 | はじめに

　本章では、被災市町村の東日本大震災からの復興及び今後の災害に対する対応に関して、自治体規模及び市町村合併の経験が職員意識に与えた影響を確認する。平成の大合併を理論的に支えた自治体の最適規模論では、小規模自治体が合併し規模を大きくすることにより行政能力が高まるという前提があった。一方で、震災からの復興のように住民との協力が求められる分野に関しては、必ずしも規模を大きくすれば良いのかどうかはわからない。実際に、市町村合併の震災対応及び復興への影響はこれまで現地調査などにより確かめられてきたが、合併がどのような効果を持ったのかに関しては、合併のメリット・デメリットの両方を主張する議論が存在し結論が出ていない。また、一般的には、のちに説明するように最適規模論が議論の中心としたのはどちらかといえば日常的なサービス提供に関しての財政効率であり、震災対応のような危機管理的状況において市町村の規模がどのように影響するかに関しては、これまで理論的には必ずしも十分に検討されておらず、実証的にも不明確である。

　本章では、これまでの研究から少し見方を変え、東日本大震災の災害対応と復興に関して、自治体規模の違いで、あるいは合併の経験の有無の違いで、職員の主観的な評価に何らかの違いが表れるかを検討する。主観的なデータを用いることは、合併の効果を検討するうえでは客観的なデータを利用する

場合に比べ多くの問題が存在する。一方で、自治体規模や合併を経験したか否かが、現場の職員の意識に対して影響を与えているかどうかは、一つの知見としては興味深いと考える。

　本章は次のように進む。2では現在の市町村が災害対応に関して求められている点についてまとめたうえで、自治体の規模や市町村合併の経験が震災復興にどのような影響を与えたかに関しての既存の研究を紹介する。3ではデータの記述的な特徴をまとめ、職員意識データを分析し、東日本大震災への対応や復興において、自治体の規模及び合併の経験の違いが、どのような職員意識の違いを生んだのかを確認する。4では、今後の災害に対する備えに対して、自治体の規模及び市町村合併の経験の違いがどのように影響しているのかを分析する。5では本章の知見をまとめ、今後の災害対応に対して示唆される点を確認し、本章を終わる。

2 ｜ 震災復興と市町村の規模

　大規模災害への対応及び被災からの復興は、他の事業と異なり、リソースの乏しい自治体だからといって行わなくて良いものではない。災害への対応と復興は市町村を中心として、必ず対応せざるを得ないし、また外部からの支援を得るにしても最終的な復興は必ず市町村を中心として成し遂げなくてはならない。実際に、この後見るように市町村は東日本大震災において災害対応及び復興に対して第一線を担ってきた。

　この節では、まず現在の市町村が災害対応を果たすために法的に定められた役割をまとめ、災害対応の第一線として市町村が非常に多くのことを求められていることを確認する。次に市町村の規模と災害への対応について、二つの典型的な見方を参照しながら、探索的に議論を進める。一つ目は、災害対応においては小規模な自治体が住民とのコミュニケーションを密にきめ細かなサービスを提供できるという考え方である。東日本大震災に関していえば、特に市町村合併を行った自治体に対して、元来の小さな自治体であれば

住民に対してコミュニケーションが密に取れ、かつきめ細かなサービスを提供できたのに、市町村合併が行われたためそのようなサービスを提供できなかったという考え方が挙げられる。もう一方は行政能力に優れる大規模な自治体が災害対応においても優れているという見方である。これは防災の専門部署である消防や、各種の計画の策定状況等について調べられた文献に見られる見方である。この二つの見方を典型に、市町村の災害対応及び復興についての職員意識と市町村規模、及び合併の経験の有無の関係を確認したい。

２．１　求められる市町村

市町村が災害にどのように対応するように求められているか、ここでは災害対応の法体系を確認するところからはじめよう。

２．１．１　災害対策基本法

日本において市町村が災害対策に求められている役割は数多く存在するが、災害対策基本法がその出発点となる。1961年に制定されたこの法律は災害への対応に関して国、都道府県、市町村の各レベルの政府の責務と権限を定めているが、中でも市町村に第一義的な責務を充てている。実際に、市町村に課せられた役割は非常に多い。内閣府の防災情報のページに掲示してある「災害対策基本法に定める市町村の災害応急対策等」[1]という文書には、災害対策基本法に定められている市町村長の責務と権限について抜き出してあるが、初動期の責務として最も重要な災害応急対策の実施責任から始まり16個もの責務と23個もの権限が列挙されている。これはあくまで災害応急対策に関してのものであり、災害予防、災害復旧においても市町村は防災対策の第一次的責務を負うものとして法律上大きな役割が期待されている。

加えて、同文書で解説されているように、市町村は災害対策基本法以外の個別分野の法令においても様々な責務と権限を与えられている。例えば水防、土砂災害、津波、地震、活火山、原子力など個別の災害に対応する法律にお

1）内閣府「災害対策基本法に定める市町村の災害応急対策等」
http://www.bousai.go.jp/taisaku/chihogyoumukeizoku/pdf/bcpokyutaisaku.pdf（2017年10月27日閲覧）

いても、対策に関わる計画の策定と実行など、市町村が第一線で災害対策にあたることが期待されている。このように、日本の市町村は災害対策において非常に大きな役割を求められている。

　他方で、災害救助法では、一定以上の災害に対して市町村ではなく都道府県が被災者救助に責任を持つことになっている。また復興においては、個別補助金と地方交付税を通じた国からの大量の移転財源に依存することになるため、税財政面では中央政府と協調して、事業にあたることになる。そのため、災害対応に関しては市町村が中心となりながらも「個別行政面や税財政面では市町村が自前の資源だけに依拠するのではなく、国や府県とかなりの程度まで連携または融合してことにあたる体制」だと考えられている（小原 2015）。実際に、東日本大震災を契機に災害対策基本法も二度大きく改正され（村田 2013）、応急支援の国による代行という制度面だけでなく、理念的にも「大災害時には国、都道府県、応援自治体、関係団体、支援者たちとともに災害対応に当たる」（鍵屋 2016）ように転換された。

　そのようなわけで、理論的には災害対応に関して市町村のみにその責任を求めているというわけでもない。ただし、理念的な問題はともかく、同じく鍵屋（2016）によれば「この転換は、現状ではほとんど浸透しておらず、被災した基礎自治体が第一義的に対応する基本構造は変わっていない」という。加えて、日本の自治体は外部の組織、特に水平的関係にある組織に支援を得ることに消極的であるという風土もある。そのため、現状の災害対策基本法をもとにした災害対策の体系の下では、市町村が独自に非常に多くの役割をこなすことが期待されている。

2.1.2　防災対策の高度化

　法律上の求めだけでなく、実際の防災対策も防災・減災に対する社会的需要が増加した結果、さらに高度化しており、その分市町村は多くを求められるようになっている。対策の高度化には様々な例が挙げられるが、例えば公式な制度の面でいえば、防災基本計画の変化からもそれがうかがえる。国の定める防災基本計画は市町村において設定される市町村地域防災計画の基と

なるものであるが、そもそも1963年に伊勢湾台風を契機に定められた時には6章13節13ページという現在の視点から見れば簡便なものであったのに対して、1995年には阪神・淡路大震災を受けて自然災害について詳細化され6編20章74節に増量され、さらにナホトカ号油流出事故などを背景に1997年には主に事故災害を加え15編47章215節まで増量された[2]。2017年4月に改定された防災基本計画は15編48章232節から構成され、303ページを数える。このように、防災対策は年々より詳細に計画することが要求されている。市町村地域防災計画に関しては、実際のところは縦割りの部署の様々な計画の寄せ集めともいわれることもあるが、逆にいえばそれだけ現在では防災対策に多くの部署が関わっているということでもある。

加えて、近年の情報通信技術の発展に伴って、災害に対して対応し得る高度な情報通信機能の導入が自治体に推奨されている。具体的には、内閣官房情報通信技術総合戦略室と総務省が国におけるICTの担当であるが、前者は自治体に対してSNSの被災情報の伝達活用などを推進しており[3]、後者は庁舎が被災し行政情報が失われたという東日本大震災の経験から自治体の情報をクラウドに集約し、被災時には被害状況をタブレット等でクラウドに集約し共有することで関係自治体の間での情報のスムーズな伝達を促す仕組みを進めている[4]。SNSを活用するためには普段からSNSを運用している必要がある。またクラウド化や災害時における情報共有の仕組みの作成には相応のコストが必要となる。実際の災害時の有効性も高いとされているが、双方とも市町村、特に小規模な市町村にとっては組織としても財政的にも負担になることは間違いない。

2）内閣府（2013）「資料 防災計画について」
http://www.bousai.go.jp/kaigirep/kentokai/kihonkeikaku_arikata/01/pdf/shiryo2.pdf（2017年10月27日閲覧）
3）内閣官房情報通信技術総合戦略室（2017）「災害対応におけるSNS活用ガイドブック」
http://www.kantei.go.jp/jp/singi/it2/senmon_bunka/pdf/h2903guidebook.pdf（2017年10月27日最終閲覧）
4）総務省『情報通信白書 平成28年版』第6章第9節「ICTによる行政・防災の推進」
http://www.soumu.go.jp/johotsusintokei/whitepaper/ja/h28/pdf/n6900000.pdf（2017年10月27日最終閲覧）

その他にも、防災に対する人材確保のための研修や、地域防災計画を緊急時に実際に行動に移すためのアクションプランやBCPの策定など、防災対策の高度化により法律の義務付けを超えた多くの対策が市町村に求められている。

２．１．３　東日本大震災からの復興

　東日本大震災においてはさらに「復興を担う行政主体は、住民に最も身近で、地域の特性を理解している市町村が基本となるものとする」とされた[5]。阪神・淡路大震災において、中央が立てた計画を地方に実施させるのではなく、復興本部という方式を採用したという経験をもとに、東日本大震災においても、中央にはワンストップサービスの窓口となる復興庁を設立するが、地方にイニシアティブを与えるという方式が継続された（伊藤 2015）。これを受け、被災した大部分の自治体が、法的に義務付けられたわけではない復興計画を設計し、実際に運用した（松井 2015）。この経験をもとにすれば、今後も災害に対しては同様な仕組みが利用され、復興の主体は市町村が基本となり続けるだろう。

　以上のように、そもそも災害対策基本法が市町村に多くの責務と権限を与えているが、近年の防災対策の高度化や、実際の東日本大震災の経験により、市町村の果たす役割への期待はますます大きくなっている。このように大きな期待を寄せられている市町村については、その期待に応えるべく高い行政能力を保持しているということが望ましいと考えられる。

２．２　災害対応のための市町村の規模

　２．１で見たように、市町村は非常に多くの役割を期待されている。そして、人口数百人で将来的には基礎的な行政サービスの維持すらも危ぶまれる、消滅の危機にある自治体から、人口370万人の横浜市までが、すべて同一の市町村という括りで、基本的に同一の役割を期待されている。

5）東日本大震災復興対策本部（2011）「東日本大震災からの復興の基本方針」
　https://www.reconstruction.go.jp/topics/doc/20110729houshin.pdf（2017年10月27日　最終閲覧）

このように市町村が規模に関する多様性を持つ一方で、市町村合併の前後で議論された最適規模論によれば、財政効率の観点からは人口20万人程度の自治体が最も効率が良いといわれてきた（吉村 1999、増田 2011）。では、最適規模論のような議論が災害対応でも成立するのだろうか。ここでは市町村合併とも関連させて、災害対応には実は小規模な自治体にもアドバンテージがあるという議論と、大規模な自治体の方が望ましいという議論の二つを紹介する。

2.2.1　小規模自治体の利点

先ほどまでの議論の直観に反して、小規模自治体にも災害対応及び復興にメリットがあるという考え方がある。これは市町村合併が震災への対応と復興を妨げたという観点からの議論にみられる見方である。震災対応と復興に関して合併の失敗例としてしばしば取り上げられているのが、石巻市の例である（幸田 2013、川瀬 2015、今井 2015）。石巻では、合併により旧石巻市以外は支所となった旧庁舎において、常駐する職員数の大幅な削減が行われた。このことが「マンパワー不足となって、震災初期の対応から復旧・復興に至る過程で多くの課題が生み出されることになった」（川瀬 2015）といわれている。具体的には、石巻市では被災時の本庁と支所との連絡の悪さや、支所で決裁できる権限の少なさ[6]、旧町地域における住民の意向への対応の遅さなどコミュニケーション不足が指摘されている。さらに幸田（2013）によると、石巻市においては、市町村合併をしたため、自己決定力の面という意味での行政対応力の欠如、首長不在による政治的発信力の低下、及び地域復興のリーダーシップの核を欠いたという意味での地域力（発展力）の衰退に苦しんだという。また同じ本において、牧（2013）は市町村合併により一部専門能力を持った職員が増加したことは認めつつも、同時に支所での職員削減により土地勘を持ち地域との関係性の濃い職員が減少したという。また中林（2013）は合併自治体に対してのアンケート調査から、合併により規模

---

[6] 朝日新聞「震災で問われる合併」2011年5月30日朝刊。

が拡大することにより、自動的に行政能力が向上するわけではないということを指摘している。

　以上のような合併批判派の指摘をやや乱暴に要約すれば、次のようにいえるだろう。合併前の小規模な自治体には、職員の住民に対する密度の高さとそれにより生まれる住民と職員との豊富なコミュニケーション、町長を中心とした簡素簡便な決裁システム、という大きく見れば二つのアドバンテージがあった。しかし、市町村合併によりそのアドバンテージが奪われていた。そのうえで、十分に専門的な行政能力が得られるほどの大きな合併をしたわけでもなく、また本庁支所などの慣れない仕組みにより、決裁の流れが滞ったため東日本大震災においては、合併自治体は十分な対応ができず復興の要求にも応えられていなかった、ということになるだろう。

　確かに、特に災害に対しての緊急的な対応に関しては、小規模自治体は決裁も得やすく様々な要求に柔軟に応えやすい。また、災害対応に関しては実際には住民との濃い関係や各種の連携協定等を生かすことで、マンパワーや専門能力などのリソースを自治体組織の外部から獲得できる可能性もある。実際に小規模自治体の場合、動かせるリソースも大きくはないが、必要とされるリソースもそれほど大きくはないため、自治体組織内部に十分なリソースの備えがなくとも人間の力により臨機応変に対応して、災害と復興を乗り切ることができるという可能性は考えられるだろう。

２．２．２　大規模自治体の利点

　一方で、自治体規模が大きい場合、どのようなメリットが考え得るだろうか。大規模自治体は行政能力に勝り、それ故に大規模自治体の方が防災力でも優れているという証拠も存在する。防災に関しては、典型的には各種の計画等の整備状況の調査からこれを見てとることができる。例えば内閣府の調査によれば、市町村のBCPの策定について、特に2015年のガイドライン改定以前には内容が複雑であったため策定状況は全体でも13％しかなかったが、小規模自治体ではさらに策定率が低いという問題があった。また2008年の調査では各種のハザードマップも小規模自治体で作成・公表が遅れていたとい

うこともあった（太田・牛山2011）。現在でもハザードマップの策定・公表に関しては数値は改善しているが、策定状況は自治体の規模に関連しているように見える。

　また、専門部署の配置や職員研修という人的リソースの面でも、自治体の規模により充実度合いが異なる。近年では小規模自治体用の防災・減災講座なども開催されているが、基本的にはリソースに乏しい小規模自治体の方が専門家の養成を行いづらく、研修体制も十分ではない。さらに、規模の大きさはハードのリソースにも影響する。庁舎や災害対策拠点などの耐震化率も一般には自治体の規模に比例して高くなっており、大規模な自治体ではハードとしての危機管理センターを常設している自治体も存在する。

　平成の大合併に関して援用された最適規模論は、基本的には財政効率に関するものであった。一方で、防災という面に関してさらに絞れば、最適規模について長らく検討されてきたのは消防本部である。消防のように、ある種の大きさの災害が一定期間ごとに必ず発生し、その対策に必要なハードがおおよそわかっているという分野では、起こりうる災害に対して最適な装備を維持管理するための組織規模というのが比較的はっきりしている。消防の場合、一般に人口30万人をモデルにした消防対策本部の装備があればおおよその災害には対応できるとされる。そのために、かつては明確に30万人を目標に広域化が推進された[7]。

　つまるところ、大規模自治体は、専門性をもとに各種の計画を作成し、自らの持つハード・ソフト両面の災害対策リソースの有効活用を通じて災害対応と復興にあたることが可能である。合併に関していえば、東日本大震災に関係した自治体においては、それほど大きな規模での合併が行われていないということもあるが、いくつかのケースでは合併により増えたリソースの活用に関するメリットも報告されている（そのメリットデメリットのまとめとして丸山 2014）。具体的には、本庁舎が被災した宮古市では、内陸に存在し

　7）ただし、現在は目標人口に関しては地域地域の事情を考慮して決定すると変更されている（長末2015）。

た新里・川井支所がバックアップ機能を果たし、それにより業務の継続が可能であった。また、復興に関していえば、広くなった面積は単純に用地・機材置き場等を自治体内に確保するのに役に立ったうえ、職員が増えたため自前の職員で国や県との窓口の機能も果たせるようになった。政治学者では河村（2014）が、合併によるスケールメリットを特に強調している。河村によれば、一般に合併の失敗といわれる石巻市においても、雄勝・北上の両地区の支所が全壊しているということは、合併以前の本庁舎が全壊したということであるため、この両地区に関しては実は合併しなかった場合の方が状況は悪かった可能性さえあるという。

2.3　本章の検討課題

　このように、市町村は災害への対応及び復興のキーとしての位置づけにあり、これまでも数多くの役割を期待されてきた。加えて、実際に東日本大震災においては応急対応から復興までの中心として機能してきた。しかし、先行研究を参考にすれば、市町村の規模により、あるいは合併の経験の有無により、実際の災害対応に関してはアドバンテージ・ディスアドバンテージが存在するように思われる。端的にいえば、小規模な自治体はコミュニケーションの密度に由来した人間の力と臨機応変にトップの決裁が得られるという点でアドバンテージがあり、大規模な自治体ではハード面、ソフト面の両方を含めた様々なリソースと詳細な計画策定が行われているという点でアドバンテージがある。

　本章では、この違いを客観的なデータではなく、職員の意識調査により検討したい。利用するデータはこれまでと同様に課長級職員に対してのアンケートデータである。このうち、本章の関心は市町村にあるため、市町村に所属する職員に絞って検討を進める。意識調査を使う以上解釈には慎重にならざるを得ないが、市町村の規模、あるいは合併経験の有無により、ここまで述べたようなメリットデメリットが職員の意識に反映されているのか、何らかの意識差が出た場合、現実の災害対応にどのような示唆を持つのかを、検討

していく。

　具体的に、次節以降において、東日本大震災への対応と復興の過程で、組織規模や合併の経験が接触活動、復興に影響を与えるリソース、今後重視する項目という三つの点での職員意識にどのように影響したかを検討する。3では接触活動と復興に影響を与えるリソースを分析する。これまでの先行研究をまとめれば、まず、小規模な自治体は公式に動かせるリソースが限られているため、職員は社会や他の組織のリソースを利用することになるだろう。また、小規模な自治体では組織の専門分化が高度にはなされていないため、課長は専門組織の責任者ではなく、幹部として様々な分野に顔を出すことになる。逆に大規模な自治体は専門分化された組織で震災対応にあたったと考えられる。4においては今後の災害に対する備えに関して、自治体の規模や合併の経験によりどのような違いが生まれるのかを検討する。大規模な自治体は良くも悪くも災害に対してフットワーク軽く対応することは難しいため、様々な計画や規定をもとにリソースを動かすことになるだろう。またその動かすべきリソースも多くの住民を助けることを考えれば、相当な量が必要になる。一方で、小規模な自治体ではそもそも動かすべきリソースは限られているため、特に詳細な規定を作るよりは決裁すべき首長や幹部を中心に職員が働くことで対応できるだろう。この予想の下、実際に職員の意識がどのようなものになっているかを検討していく。

3 ｜ データの分析

　この節ではまずデータの記述的な紹介を行う。データの大枠的な紹介に関しては本書補章を参考にしてもらうとし、ここでは合併自治体、非合併自治体の自治体規模と被災状況について確認する。

　被災した37市町村について、合併自治体は九つ含まれる。内訳は、岩手県4自治体（宮古市、大船渡市、久慈市、洋野町）、宮城県4自治体（石巻市、気仙沼市、東松島市、南三陸町）、福島県1自治体（南相馬市）であり、福

島県が含まれる割合が少ない。また、人口100万人を超える仙台市をサンプルに加えると仙台市の職員の意見に分析結果が影響を強く受けすぎるため、この節の分析は仙台市をサンプルから除外して進める。

3．1　自治体規模・被災状況

　ここでは合併した自治体と合併しなかった自治体とでの違いのみ注目して基礎的な数字を説明しよう。図表6－1は合併した自治体の規模について、人口、職員数、面積を非合併自治体と比べてみたものである。ここで見てわかるように、自治体の規模としては平均的に見れば人口、職員数、面積とも合併自治体が大きく、特に職員数、面積は5％水準で有意に大きいといえる。特に非合併自治体には人口34万人、一般行政職員数1383人の中核市、いわき市が含まれるため、もしいわき市を入れなければさらに差は広がる。ただし、職員数に関しては人口1万人あたりに換算した場合は大きな自治体の方が率が小さくなるため、職員数が増えたからといって住民対職員の割合が大きくなるわけではない。

図表6－1　平均人口等の比較

	人口	一般行政職員数	面積（km²）
非合併自治体平均	34958	186	185
合併自治体平均	57831	365	451
片側P値	0.12	0.03	0.03

図表6－2　被災状況の比較

	死者 行方不明者	全壊棟数	死者行方不明者数 （一万人あたり）	全壊棟数 （一万人あたり）
非合併自治体平均	409	1330	206.67	599.46
合併自治体平均	1066	5005	174.08	775.15
片側P値	0.07	0.06	0.32	0.25

　被災状況について、1万人あたり死者行方不明者数及び1万人あたり全壊棟数を計算しその結果を図表6－2に示した。両変数の相関は0.9と高い。

絶対的な人口が多いので死者行方不明者数・全壊棟数も合併自治体の方が多い。しかし、1万人あたりになおすと平均すれば大きな違いは存在しない。福島の合併自治体がサンプルに少ないため原発災害の関係については合併の影響を議論するのにやや問題があるかもしれないが、このようにしてみた場合、合併自治体が極端に被害を受けたわけでも、あるいは被害を受けなかったわけでもないというのがわかる。

3.2　合併や規模によりアクターとの接触はどう変わるか

　大規模な自治体と小規模な自治体では保有するリソースや組織の専門分化の度合いが異なる。この違いが様々なアクターとの接触活動の違いを生み出すのかという点が本章の第一の分析課題である。本書で扱うアンケート調査データには発災後1ヵ月後と3年後の様々なアクターへの接触頻度が含まれている[8]。この接触頻度の程度を従属変数に最小二乗法を用いた回帰分析で分析したものが図表6-3及び6-4である。回帰分析とは、従属変数が様々な説明要因と比例的に関係しているかどうかを統計的に調べる手法である。この接触頻度や対立頻度はアンケート上、値が大きくなるほど接触や対立の頻度が低いという設定になっているため、解釈には注意が必要である。表においてプラスの値が出ている説明変数は値が大きくなれば頻度が低くなるという関係にあり、逆にマイナスの値が出ている説明変数は値が小さくなれば頻度が高いという関係にある。また統計的に有意な関係にある変数に関しては星印で有意性を表現している。

　説明変数としては、自治体レベルの属性を示す変数として、まず自治体の規模を表す人口、そして被災状況を表す一万人あたりの全壊棟数、一万人あたりの死者行方不明者数、さらに岩手県、福島県を表現するダミー変数[9]、合併自治体を表現するダミー変数を投入した。県に関しては岩手県、福島県を各々ダミー変数として投入しているので、宮城県がベースラインになって

---

8) 同様に対立頻度についての質問項目もあるが、その分析は他の章に譲る。
9) ダミー変数とは条件に当てはまれば1を、当てはまらなければ0を取る変数のことである。

いる。我々の関心は人口規模と合併経験の有無であるが、その他は重要なコントロール変数として投入している。

コントロール変数としては同様に、課長の意識について、所属する課の担当業務についてのダミー変数を導入している。ここでは最も数の多い総務系の課長をベースラインにしている。課長の意識や行動は自治体レベルの属性と、自治体内で自分が担当する業務の双方に影響を受けると想定されるため、この両方の変数を導入する。

早速結果を見てみよう。図表6-3は発災後1ヵ月での様々な団体との接触頻度を分析した結果である。この分析結果を見ると、自衛隊、県外の市町村、ボランティア団体・NPOという三つを除いて、人口の係数がプラスで有意になっている。つまり、人口が多くなればなるほど、接触の頻度は低くなるということになる。やはり小さな自治体の課長ほど様々なアクターに接触する傾向がある。これには二つの解釈が可能であり、一つは小さな自治体の課長は自分の管轄領域でより積極的に活動しているという解釈であり、もう一つは小さな自治体の課長は課長という役職以上に自治体の幹部として多様な領域で積極的に活動しているというものである。どちらが正しいかといえば、両面ある、というもののようだ。詳細は表としてのせていないが、クロス表などを用いて個別の領域について検討してみた場合、小規模の自治体の復興系の課長は、国の災害対策本部と接触する頻度が大規模な自治体の復興系の課長より相対的に高い。これは小規模な自治体では外部リソースに頼る必要が大きいうえに、復興系の課長の数が少なくカバーする領域が広いため、一人の課長が行う接触活動が多くなるのだと考えられる。また、人口の少ない自治体の課長は人口規模の大きな自治体の部長のような役割を果たしているため、比較的大きな課題を持って国の組織と頻繁に連絡や交渉を行っていると想像できる。ただし、復興系以外の課長が国の災害対策本部と接触する頻度は大規模な自治体と比べて特に高くはない。一方で、住民組織との接触に関していえば、小規模自治体の場合、どの領域の課長でもほぼまんべんなく接触頻度が高い傾向がある。これは様々な領域で幹部の立場にある課

図表6－3　発災後1ヵ月の接触活動

従属変数	国の災害対策本部	国の各省庁	国の出先機関	消防	警察	自衛隊	県	県内他の市町村	県外の市町村	住民組織	社会福祉協議会	ボランティア団体・NPO	医療機関	電力会社	通信会社
人口（1万人単位）	0.0181*** (0.00512)	0.0168** (0.00692)	0.0161*** (0.00582)	0.0222*** (0.00989)	0.0598*** (0.00969)	0.0118 (0.0102)	0.0620*** (0.00794)	0.0813*** (0.00784)	0.00761 (0.00618)	0.0265*** (0.00684)	0.0259*** (0.00680)	0.0121 (0.00904)	0.0548*** (0.00898)	0.0259*** (0.00771)	0.0183*** (0.00732)
全壊棟数（1万人あたり）	0.000400* (0.000208)	1.86e−05 (0.000207)	0.000140 (0.000282)	−0.000659 (0.000400)	−0.0000675** (0.0000388)	−0.000536 (0.000411)	0.000229 (0.000364)	0.000571* (0.000293)	0.000145 (0.000252)	−0.000302* (0.000471)	−0.000859 (0.000360)	0.000724** (0.000360)	−0.000613* (0.000363)	−0.000397 (0.000315)	−0.000659* (0.000301)
死者行方不明者数（1万人あたり）	0.00162*** (0.000614)	−0.000633 (0.000612)	−0.000645 (0.000831)	0.00136 (0.00118)	0.000894 (0.000115)	−0.000467 (0.00121)	−0.00185* (0.00108)	−0.00421*** (0.000868)	−0.000727 (0.000744)	0.00134** (0.00118)	0.000961 (0.00106)	0.00164 (0.00108)	0.00139 (0.00107)	0.000786 (0.000930)	0.00138** (0.000889)
岩手ダミー	0.188* (0.103)	0.199** (0.102)	0.211 (0.139)	0.355 (0.197)	0.0355 (0.191)	0.278 (0.202)	0.0723 (0.180)	0.147 (0.145)	0.397*** (0.124)	0.280 (0.197)	0.537*** (0.178)	0.463** (0.190)	0.248 (0.179)	0.183 (0.155)	0.0496 (0.148)
福島ダミー	−0.450*** (0.155)	−0.118 (0.154)	0.0318 (0.183)	−0.102 (0.260)	0.0424 (0.253)	0.457** (0.266)	−0.161 (0.236)	−0.206 (0.190)	−0.0786 (0.163)	0.470** (0.259)	0.224 (0.234)	0.163 (0.238)	−0.375 (0.235)	−0.0682 (0.204)	0.0476 (0.195)
合併ダミー	−0.192** (0.0894)	−0.0440 (0.0894)	−0.0647 (0.121)	0.291* (0.173)	0.255 (0.168)	0.301* (0.178)	−0.0666 (0.157)	−0.120 (0.127)	−0.0377 (0.108)	0.512*** (0.1734)	0.459*** (0.155)	0.209 (0.159)	0.185 (0.157)	−0.0278 (0.135)	0.0663 (0.129)
企画系ダミー	0.0710 (0.173)	−0.112 (0.173)	−0.372 (0.234)	−0.148 (0.334)	0.0944 (0.325)	0.237 (0.344)	−0.119 (0.306)	0.0817 (0.246)	−0.0668 (0.209)	−0.315 (0.333)	−0.306 (0.300)	1.608*** (0.306)	−0.0103 (0.304)	−0.500* (0.262)	0.654*** (0.250)
課徴系ダミー	−0.164 (0.217)	−0.422** (0.216)	−1.012*** (0.293)	−1.187*** (0.418)	−0.727** (0.406)	−0.0882 (0.431)	−0.0615 (0.383)	−0.0709 (0.307)	−0.116 (0.261)	−0.401 (0.416)	−0.0900 (0.375)	0.452 (0.383)	0.169 (0.380)	−0.0792** (0.320)	−0.129** (0.306)
福祉保健系ダミー	0.0467 (0.126)	0.198 (0.125)	0.0882 (0.171)	0.267 (0.243)	0.377 (0.235)	0.0507** (0.249)	0.0833 (0.221)	0.116 (0.177)	0.121 (0.152)	−0.217 (0.241)	−0.190 (0.218)	−0.214 (0.223)	−0.0484 (0.219)	0.262 (0.190)	0.289 (0.182)
商工観光系ダミー	0.126 (0.171)	0.0485 (0.171)	−0.351 (0.232)	0.0793 (0.331)	0.418 (0.321)	0.455 (0.340)	0.241 (0.306)	0.408* (0.246)	−0.111 (0.210)	0.174 (0.329)	0.142 (0.297)	−0.0711 (0.303)	0.337 (0.301)	0.257 (0.259)	0.108 (0.247)
農水産系ダミー	0.107 (0.170)	0.119 (0.169)	−0.238 (0.230)	0.420 (0.328)	0.478 (0.318)	0.551 (0.337)	−0.0905 (0.300)	0.108** (0.241)	0.382* (0.207)	0.0275 (0.326)	0.623** (0.294)	0.405 (0.300)	0.487 (0.298)	0.102 (0.257)	0.258 (0.245)
都市整備系ダミー	0.0280 (0.132)	0.0436 (0.132)	−0.335* (0.179)	−0.183 (0.253)	0.00118 (0.245)	0.180 (0.260)	−0.356 (0.231)	0.240 (0.185)	0.209 (0.159)	0.0810 (0.253)	0.480** (0.228)	0.232 (0.233)	0.366 (0.231)	−0.116 (0.198)	−0.151 (0.190)
公営企業系ダミー	−0.150 (0.236)	−0.0375 (0.235)	−0.262 (0.319)	−0.449 (0.456)	0.0251 (0.443)	0.308 (0.470)	−0.202 (0.405)	0.358 (0.335)	−0.0187 (0.293)	0.272 (0.454)	0.166 (0.409)	0.247 (0.417)	0.378 (0.415)	−0.472 (0.357)	−0.612** (0.341)
教育系ダミー	0.0364 (0.135)	0.0776 (0.135)	−0.000356 (0.182)	0.115 (0.261)	0.240 (0.253)	0.219 (0.267)	−0.212 (0.235)	−0.0704 (0.191)	−0.224 (0.163)	−0.0230 (0.261)	−0.0650 (0.233)	0.551** (0.238)	−0.0893 (0.236)	−0.148 (0.204)	−0.193 (0.194)
議会系ダミー	0.287 (0.185)	0.177 (0.185)	−0.200 (0.250)	−0.299 (0.331)	−0.0175 (0.346)	0.237 (0.367)	−0.154 (0.326)	0.173 (0.262)	−0.132 (0.223)	−0.108 (0.355)	0.182 (0.332)	−0.0306 (0.332)	−0.0229 (0.325)	−0.132 (0.280)	−0.0893 (0.267)
復興系ダミー	0.405** (0.137)	−0.242*** (0.196)	−0.306*** (0.185)	0.0314 (0.263)	−0.202 (0.255)	−0.148 (0.269)	−0.130 (0.192)	0.195 (0.185)	0.104 (0.164)	−0.251 (0.262)	0.397* (0.237)	−0.290 (0.241)	0.269 (0.239)	−0.152 (0.205)	−0.124 (0.197)
定数項	4.747*** (0.116)	4.130*** (0.115)	4.402*** (0.157)	3.028*** (0.219)	3.344*** (0.213)	3.208*** (0.225)	3.238*** (0.207)	3.626*** (0.161)	4.208*** (0.139)	2.903*** (0.219)	3.055*** (0.198)	3.329*** (0.202)	3.616*** (0.200)	4.151*** (0.173)	4.210*** (0.165)
観測数	538	536	538	543	545	547	551	544	537	540	539	540	543	543	542
R-squared	0.143	0.080	0.064	0.053	0.078	0.114	0.076	0.102	0.059	0.077	0.090	0.080	0.059	0.062	0.072

注）(）内は頑丈な標準誤差。*** p<0.01，** p<0.05，* p<0.1

長自らが現場の声を拾っているということであり、小規模自治体の特徴である住民との距離の近さを表していると考えられる。対象によりニュアンスの違いはあるが、接触活動は小規模自治体の課長ほど高い。

　線形回帰で推定しているため、効果に関しては係数を相互に比較して影響力を比べることができる。人口規模に相対的に強く反応するのは医療機関、県、他の市町村であり、国の組織は相対的に反応が薄い。もう少し見ると、医療機関、県、他の市町村は接触の頻度が自治体の人口規模で決まるもののようであり、一方で、国の組織などは課長の担当する業務で接触頻度が決まるもののようだ。

　本章の課題の一つは合併の影響を見ることだが、合併した自治体の課長は住民組織と社会福祉協議会との接触頻度が統計的に有意に低いのが目につく。合併自治体では住民と役所の間の風通しが悪いということが従来より合併自治体の問題として指摘されていたが、職員の意識調査のデータからもこれが裏付けられたといえる。これはどのような理由によるだろうか。合併自治体の課長は旧市町村区分では規模の大きな自治体出身の人が多いと想像できるため、新しく合併した地域にまだ課長が詳しくないという人的関係の側面があるだろう。また、合併自治体が相対的に広いため連絡を取ることが物理的にも難しかったという点もあるかもしれない。これらの点はしばしば指摘されてきたところであるが、意識調査からも確認できる。

　その他の要因に関しても検討してみると、死者行方不明者の割合が多い自治体では国の災害対策本部や県内の他市町村との課長の接触が増え、全壊棟数の多いところでは住民組織やボランティア団体との接触が増えるという結果が出ている。これも苦境に対して外部から必要なリソースを求める、あるいは要求を吸い上げているということで理解できる。ただし、被災の度合いが大きくなれば様々なアクターとの接触頻度が一様に増えるということでもないようだ。

　次に、3年後の接触頻度を従属変数として分析を行ったのが図表6－4である。図表6－4を見ると、やはり規模により接触頻度が異なるということ

図表6-4　発災3年後の接触活動

従属変数	国の復興事業	国の各省庁	国の出先機関	消防	警察	自衛隊	県	県外の市町村	県外の市町村	住民組織	社会福祉協議会	ボランティア団体NPO	医療機関	電力会社	通信会社
人口（1万人単位）	0.0166***	0.0189***	0.0267***	0.00524	0.00197***	0.00431	0.0227***	0.0202***	0.00642*	0.0207***	0.0141***	0.00121	0.0141***	0.0210***	0.00407
	(0.00468)	(0.00429)	(0.00483)	(0.00466)	(0.00415)	(0.00394)	(0.00390)	(0.00464)	(0.00370)	(0.00579)	(0.00503)	(0.00486)	(0.00368)	(0.00349)	(0.00317)
全職員数（1万人あたり）	-3.66e-05	6.25e-05	-0.000228	-0.000174	-0.000239	0.000531**	7.37e-05	0.000106	8.48e-06	-0.000228	-0.000203	0.000137	-4.81e-05	2.36e-05	8.39e-05
	(0.000190)	(0.000176)	(0.000197)	(0.000189)	(0.000168)	(0.000162)	(0.000240)	(0.000191)	(0.000151)	(0.000228)	(0.000203)	(0.000199)	(0.000147)	(0.000143)	(0.000130)
死者行方不明者数（1万人あたり）	1.35e-05	-0.000319	0.000522	8.84e-05	8.47e-05	0.000638	-0.000701	-0.000494	-0.000393	0.00110	0.000327	-0.000723	3.97e-06	-0.000393	0.000198
	(0.000564)	(0.000524)	(0.000583)	(0.000557)	(0.000496)	(0.000483)	(0.000708)	(0.000568)	(0.000448)	(0.000706)	(0.000597)	(0.000590)	(0.000435)	(0.000424)	(0.000385)
岩手ダミー	0.0706	0.263***	0.168*	-0.0268	0.000158	-0.0292	0.0177	0.0271	0.100	0.111	0.0857	0.292***	0.0692	0.136*	0.0626
	(0.0932)	(0.0853)	(0.0963)	(0.0928)	(0.0827)	(0.0788)	(0.118)	(0.0933)	(0.0737)	(0.0996)	(0.0969)	(0.0969)	(0.0715)	(0.0697)	(0.0632)
福島ダミー	-0.0221*	-0.121	-0.233*	-0.164	-0.299*	-0.0846	-0.195	-0.0556	-0.129	0.0778	-0.0516	0.230*	0.159*	-0.0216**	-0.0768
	(0.123)	(0.113)	(0.127)	(0.122)	(0.109)	(0.104)	(0.154)	(0.122)	(0.0968)	(0.131)	(0.131)	(0.128)	(0.0941)	(0.0919)	(0.0834)
合併ダミー	-0.0456	-0.135*	-0.0726	0.0733	0.0368	0.0619	-0.0721	0.0148	-0.0452	0.196*	0.162*	-0.00262	-0.0195	-0.0798	-0.0878
	(0.0818)	(0.0749)	(0.0844)	(0.0816)	(0.0726)	(0.0687)	(0.104)	(0.0820)	(0.0646)	(0.102)	(0.0876)	(0.0849)	(0.0628)	(0.0611)	(0.0555)
企画系ダミー	-0.630***	-0.634***	-0.570***	0.0815	0.115	0.0194	-0.393*	-0.631***	-0.0654	-0.255	-0.0857	0.296***	0.103	-0.296***	-0.235***
	0.158	(0.145)	(0.163)	(0.157)	(0.140)	(0.133)	(0.204)	(0.158)	(0.124)	(0.196)	(0.169)	(0.166)	(0.122)	(0.118)	(0.107)
環境系ダミー	-0.131	-0.228**	-0.731***	-0.480**	-0.314*	-0.0122	0.834***	-1.56***	-0.182	-1.533***	-0.242	-0.171	-0.179	-0.303*	0.00642
	(0.203)	(0.181)	(0.204)	(0.202)	(0.180)	(0.170)	(0.252)	(0.203)	(0.160)	(0.251)	(0.223)	(0.216)	(0.159)	(0.155)	(0.141)
福祉保健系ダミー	0.108	0.0920	0.142	0.133	0.146	0.182*	-0.200	-0.142	0.0141	0.196*	-0.713***	-0.175***	-0.437***	0.0646	0.651
	(0.114)	(0.105)	(0.118)	(0.114)	(0.102)	(0.0977)	(0.144)	(0.114)	(0.0905)	(0.152)	(0.122)	(0.118)	(0.0895)	(0.0854)	(0.0775)
商工観光系ダミー	-0.165	-0.117	-0.273*	0.435**	0.379***	0.294**	-0.506*	-0.0793	0.115	0.345**	0.249	-0.000246	0.133	0.0966	0.111
	(0.156)	(0.143)	(0.163)	(0.157)	(0.140)	(0.133)	(0.201)	(0.158)	(0.123)	(0.196)	(0.169)	(0.164)	(0.121)	(0.118)	(0.107)
農水産系ダミー	-0.124	-0.213	-0.130**	0.311**	0.195	0.154	1.045***	-0.372**	0.0416	-0.347*	0.191	0.123	0.0917	-0.0139	0.0275
	(0.157)	(0.146)	(0.161)	(0.154)	(0.137)	(0.133)	(0.200)	(0.157)	(0.123)	(0.194)	(0.166)	(0.162)	(0.120)	(0.117)	(0.106)
都市整備系ダミー	-0.335***	-0.391***	-0.444**	0.154*	0.0584	-0.0288	-0.661***	-0.0301	0.0391	-0.258*	0.164	0.000794	-0.437***	-0.146*	-0.126
	(0.139)	(0.109)	(0.124)	(0.119)	(0.106)	(0.100)	(0.149)	(0.118)	(0.0940)	(0.194)	(0.127)	(0.123)	(0.0908)	(0.0884)	(0.0802)
公営企業系ダミー	0.120	0.00309	-0.00367	0.323	0.303	0.289	-0.169	0.0086	0.0293	0.463**	0.332	-0.0298	0.222	0.0222	0.0204
	(0.210)	(0.192)	(0.216)	(0.214)	(0.191)	(0.181)	(0.274)	(0.215)	(0.170)	(0.267)	(0.230)	(0.223)	(0.165)	(0.160)	(0.145)
教育系ダミー	-0.111	-0.0744	0.0612	0.144	0.0202	0.0411	0.376***	0.287***	-0.0999	-0.188	-0.202	0.571***	-0.0836	-0.0670	-0.0343
	(0.125)	(0.114)	(0.127)	(0.125)	(0.112)	(0.105)	(0.155)	(0.123)	(0.0974)	(0.153)	(0.133)	(0.129)	(0.0944)	(0.0931)	(0.0845)
議会系ダミー	0.171	0.131	0.236	0.117	0.0681	0.0151	0.280	-0.0796	-0.153	0.282	0.242	0.139	0.0659	-0.0121	0.00410
	(0.169)	(0.155)	(0.174)	(0.168)	(0.149)	(0.141)	(0.215)	(0.169)	(0.133)	(0.209)	(0.180)	(0.175)	(0.129)	(0.125)	(0.114)
復興系ダミー	-1.06***	-0.66***	-0.605***	0.356***	-0.0489	0.157	0.641***	-0.223*	0.0226	-0.442***	-0.0759	-0.312***	0.125	-1.313***	-0.219***
	(0.123)	(0.112)	(0.127)	(0.123)	(0.109)	(0.103)	(0.155)	(0.122)	(0.0965)	(0.133)	(0.133)	(0.127)	(0.0936)	(0.0906)	(0.00822)
定数項	4.62***	4.656***	4.325***	1.594***	4.713***	4.89***	4.016***	4.24***	4.730***	4.061***	4.07***	4.535***	4.744***	4.848***	4.556***
	0.145	(0.0956)	(0.105)	(0.104)	(0.0925)	(0.0876)	(0.132)	(0.104)	(0.0824)	(0.129)	(0.112)	(0.1108)	(0.0757)	(0.0778)	(0.0706)
観測数	540	541	540	538	539	534	551	544	540	538	539	539	541	538	537
R-squared	0.200	0.164	0.146	0.055	0.077	0.044	0.146	0.097	0.041	0.093	0.133	0.113	0.107	0.105	0.049

注：表中括弧内は標準誤差、*** p<0.01, ** p<0.05, * p<0.1

は続いているが、一方で、その係数の値は小さくなっている。合併市町村でも、住民との接触頻度が低いという関係が統計的に有意ではなくなり、明確ではなくなっている。

　また、3年後になると、1ヵ月後と比べ、課長の担当する業務に応じた接触が行われているのがわかる。総務系課長と比べて、国の災害対策本部や各省庁、出先機関と接触頻度が高いのは企画・環境・都市整備・復興系の課長である。また、県との接触が高いのは環境・商工・農水・都市整備・教育・復興である。これらの領域では、未曾有の大震災に対して自治体外部から復興のためのリソースを必要としており、実際にそのリソースを国・県から市町村に流す流れが存在しているためだと考えられる。逆に住民組織、社会福祉協議会、ボランティア団体など自治体内部の組織との接触は福祉保健系や復興系の課長で高い。教育系がボランティア団体との接触の頻度が高いのは、ボランティアの受け入れを教育系の部署が行っていたということもあるだろう。発災1ヵ月後と比べた場合、当初は話ができる人がとにかく連絡を取って対応するという状況だったのが、3年後には担当課によるルーティン的な接触が行われるようになったということが読みとれる。

　本章の関心である自治体規模と災害対応・復興の有効性に関して分析の結果をまとめよう。小規模自治体の課長は、活発に接触活動を行っている。特に発災初期において、住民組織や社会福祉協議会のような自治体内の組織との接触が多いことは、小規模組織において住民対応がフレキシブルであったということを示していると思われる。このあたりは、本章の最初で見たように、小規模自治体のメリットを示しているように思われる。

　合併自治体においては発災1ヵ月の段階では課長の住民組織や社会福祉協議会との接触が少ないという状況があった。これは従来から指摘されてきた合併自治体内部での意思決定系統の混乱や風通しの悪さを表していると思われる。ただし、合併が影響を与えたのは、最初期の住民組織、社会福祉協議会及び国との接触だけで、その他には明確な関係はない。しかも3年後には他の自治体よりも課長の住民組織や社会福祉協議会との接触が少ないという

関係は不明確になる。つまり職員意識の面からは、合併による影響は発災当初の動きにやや違いが見られたという程度ではないかと解釈できる。

3.3　復興に影響を与えるもの

自治体の規模ごとに重視するリソースに違いがあるだろうか。また合併の経験が、何らかの重視するリソースの違いをもたらすだろうか。今回のアンケートにはQ17「ご担当をされている業務での復旧・復興を進めるうえで、以下のそれぞれは、復旧・復興の進捗にどの程度影響があると思われますか。」という質問が含まれており、住民の行政に対する信頼、職員数の確保、業務実施のための財源の確保、復興計画上の目標・達成年度、首長のリーダーシップ、職員の意欲の各々について1「特に影響があると思う」から4「影響があると思わない」、5「担当業務では関わりがない」まで5段階で回答を求めている。これを分析することにより、市町村ごとに有効と考えるリソースが異なるかどうか、それに規模や合併の経験が影響を与えているかどうかを検討してみたい。

まず、この質問における従属変数の値の5の「担当業務では関わりがない」、という選択肢は少し異質である。そこで、まず関わりがないという回答がどのようなパターンで出現したかを表にしたのが、図表6－5である。

ここから見た場合、業務内容と関わりがあるリソースの関係は三つに類型できるだろう。まず、すべての項目についてほぼすべての課長が関わりがあるという回答をしたのは、商工観光・復興・企画・農水・環境・都市整備を担当する課長である。また関係ないと答えた課長が比較的多い項目があり、かつ関係ある項目とない項目の差が大きいのが公営企業・議会を担当する課長である。その中間として、総務・福祉・教育などの分野が挙げられる。ここから見る限り、どのようなリソースが復興に関係しているか関係していないかという面に関していえば、担当する業務によってその意識が異なるようだ。

次に、それでは関わりがあるということを前提として、どのような要因が項目の重要性の評価に影響しているだろうか。サンプルから業務に関わりが

図表6-5 業務に関係がないと答えた割合

所属課の業務内容	住民の行政に対する信頼			職員数の確保			業務実施のための財源の確保			復興計画上の目標・達成年度			首長のリーダーシップ			職員の意欲		
	関係がない	関係がある	N	関係がない	関係がある	N	関係がない	関係がある	N	関係がない	関係がある	N	関係がない	関係がある	N	関係がない	関係がある	N
	%	%		%	%		%	%		%	%		%	%		%	%	
総務系	9.33	90.67	150	8.00	92.00	150	7.38	92.62	149	10.81	89.19	148	8.72	91.28	149	7.33	92.67	150
企画系	3.33	96.67	30	0.00	100.00	30	0.00	100.00	30	0.00	100.00	30	0.00	100.00	30	0.00	100.00	30
環境系	5.26	94.74	19	5.26	94.74	19	5.26	94.74	19	5.26	94.74	19	5.26	94.74	19	5.26	94.74	19
福祉保健系	6.76	93.24	74	6.67	93.33	75	6.67	93.33	75	8.22	91.78	73	6.67	93.33	75	6.67	93.33	75
商工観光系	0.00	100.00	32	0.00	100.00	32	0.00	100.00	32	0.00	100.00	32	0.00	100.00	32	0.00	100.00	32
農水産系	3.23	96.77	31	3.13	96.87	32	3.13	96.87	32	0.00	100.00	32	0.00	100.00	32	0.00	100.00	32
都市整備系	2.86	97.14	70	1.43	98.57	70	1.43	98.57	70	1.43	98.57	70	1.43	98.57	70	1.43	98.57	70
公営企業系	17.65	82.35	17	5.88	94.12	17	11.76	88.24	17	11.76	88.24	17	11.76	88.24	17	5.88	94.12	17
教育系	3.28	96.72	61	3.23	96.77	62	4.92	95.08	61	8.20	91.80	61	4.92	95.08	61	3.33	96.67	60
議会系	21.43	78.57	28	21.43	78.57	28	21.43	78.57	28	21.43	78.57	28	17.86	82.14	28	10.71	89.29	28
復興系	0.00	100.00	61	0.00	100.00	61	0.00	100.00	61	0.00	100.00	61	1.64	98.36	61	0.00	100.00	61
合計	6.11	93.89	573	5.03	94.97	576	5.23	94.77	574	6.48	93.52	571	5.4	94.60	574	4.18	95.82	574

ないという回答を抜いて、各々の項目の重要性を従属変数とし、先ほどと同様に比例的な関係を分析する手法である順序ロジットモデルで分析したものが次の図表６－６である。説明変数は先の接触の場合と同じ変数を投入している。また従属変数も値が小さいほど重要であるという意味を持つ変数であるため、これまでと同様な方法で解釈する必要がある。

　全体としてそれほど回帰分析の当てはまりが良いわけではなく、特に行政に対する信頼と職員の意欲に関してはすべての係数をゼロとした場合の帰無仮説を棄却できない。しかしながら、この結果からもいくつかの指摘が可能である。

　第一に、人口規模が小さいほど、住民の行政に対する信頼、職員数の確保、首長のリーダーシップを重視する傾向があるということが統計的に有意に示されている。小規模な自治体では地域における人間の力を重視しているということがわかる。逆にいえば、既に多くの職員がおり、また復興にも多くのリソースが必要な大規模な自治体では、職員の意識が必要なのは当然としても、人間の力というリソースを重視していないといえるだろう。

　一方で、合併による人員不足や住民とのコミュニケーションの不足がもし本当に合併自治体において重要な問題であれば、合併自治体の課長はこれらが重要であるという回答を行う割合が多いはずである。しかしながら、人口規模とは異なり、合併の経験の違いは、重視する項目に関して有意な差を生み出していない。

　担当する業務は、各項目が業務に関係するかしないかに当然関係しているということを先に述べたが、重要かどうかという点にもいくらかは関連しているということが回帰分析からわかる。総務系と比べ、都市整備系・復興系・教育系は復旧・復興に向けての幅広い仕事をこなしているため、財源やその根拠となる計画を必要としている。逆に、住民との信頼関係やリーダーシップ、職員の意識などは特段どの仕事にとって重要という特徴があるわけではないようだ。

　３．２の結果を、自治体の規模、合併に関する経験に注目してまとめると

図表6-6　復興を進めるうえで重要なリソース

従属変数	住民の行政に対する信頼	職員数の確保	財源の確保	復興計画の目標	首長のリーダーシップ	職員の意欲
人口（1万人単位）	0.0247**	0.0379***	0.0232*	0.0203*	0.0346***	0.00954
	(0.0119)	(0.0124)	(0.0122)	(0.0118)	(0.0122)	(0.0118)
全倒壊数（1万人あたり）	−0.00104**	−0.00224***	−0.00130**	−0.000582	−0.000111	0.000501
	(0.000484)	(0.000522)	(0.000539)	(0.000484)	(0.000523)	(0.000490)
死者行方不明者数（1万人あたり）	0.00322**	0.00492***	0.00316**	0.00138	0.000126	−0.00130
	(0.00144)	(0.00151)	(0.00158)	(0.00144)	(0.00156)	(0.00146)
岩手ダミー	−0.0530	−0.194	−0.0930	0.688***	0.157	0.150
	(0.239)	(0.249)	(0.258)	(0.240)	(0.253)	(0.240)
福島ダミー	−0.405	−0.978***	−0.182	0.0899	0.0998	0.413
	(0.309)	(0.327)	(0.331)	(0.306)	(0.332)	(0.311)
合併ダミー	0.219	0.118	−0.0547	−0.0265	0.401*	−0.0712
	(0.210)	(0.226)	(0.233)	(0.212)	(0.221)	(0.213)
企画系ダミー	−0.792*	−0.179	−0.480	−0.344	0.257	0.0649
	(0.418)	(0.420)	(0.424)	(0.391)	(0.398)	(0.400)
環境系ダミー	0.376	0.423	−0.316	−0.0203	0.184	−0.283
	(0.493)	(0.491)	(0.513)	(0.495)	(0.506)	(0.513)
福祉保健系ダミー	−0.241	−0.0365	−0.228	−0.300	−0.0947	−0.0909
	(0.292)	(0.302)	(0.303)	(0.297)	(0.305)	(0.298)
商工観光系ダミー	−0.211	0.237	0.00812	−0.168	−0.0676	−0.0686
	(0.382)	(0.398)	(0.387)	(0.377)	(0.407)	(0.392)
農水産系ダミー	0.216	−0.188	−0.688	−0.256	0.401	0.197
	(0.395)	(0.400)	(0.437)	(0.394)	(0.393)	(0.394)
都市整備系ダミー	−0.412	−0.626**	−0.630**	−0.862***	−0.0580	−0.276
	(0.292)	(0.318)	(0.314)	(0.297)	(0.306)	(0.301)
公営企業系ダミー	0.994*	0.0797	−0.00536	0.0981	0.872	0.556
	(0.556)	(0.533)	(0.547)	(0.547)	(0.558)	(0.538)
教育系ダミー	−0.00782	−0.523	−0.799**	−0.680**	−0.431	0.113
	(0.308)	(0.330)	(0.356)	(0.312)	(0.346)	(0.312)
議会系ダミー	−0.0577	−0.437	−0.652	−0.449	−0.228	0.232
	(0.450)	(0.502)	(0.514)	(0.470)	(0.487)	(0.437)
復興系ダミー	−0.542*	−0.572*	−1.101***	−0.521*	−0.225	−0.449
	(0.308)	(0.335)	(0.370)	(0.309)	(0.329)	(0.320)
Constant cut3	−0.257	4.316***	3.854***	4.201***	6.822***	
	(0.264)	(0.560)	(0.456)	(0.434)	(1.040)	
Constant cut1	2.630***	−0.324	0.102	−1.039***	0.926***	0.508*
	(0.306)	(0.272)	(0.274)	(0.268)	(0.284)	(0.267)
Constant cut2	5.570***	2.515***	2.420***	1.776***	3.542***	4.163***
	(0.752)	(0.328)	(0.319)	(0.278)	(0.347)	(0.399)
観測数	538	547	544	534	543	550
Log-Likelihood	−474.551	−428.045	−424.700	−521.921	−426.495	−415.567

注）表中括弧内は標準誤差、*** $p<0.01$、** $p<0.05$、* $p<0.1$

次のようになる。まず課長がどのリソースを重視するかは、まずは担当する業務に関連しており、業務内容によっては全く関係ないリソースが存在する場合がある。次に、関連があるという前提で、自治体の規模は重視するリソースに影響を与える。自治体の規模が小さくなれば、住民との信頼関係、職員の数、首長のリーダーシップが重要だと考える課長が多くなる。小規模自治体ではシステムでの対応よりもむしろ首長・職員・住民の協力といった人間の力により行政を進めることが有効だと考えられているということではないかと解釈できる。小規模な自治体には小規模な自治体のやり方があり、それが有効であるということの間接的な証拠だともいえるだろう。

一方で、市町村合併の経験は課長の意識に有意な変化を与えていない。市町村合併によって職員数が減り、あるいは住民との関係がうまく作れず、そのことが復興の足かせになったという見方は、職員意識から見れば少し極端ではないかと考えられる。例えば職員数に関しては、合併の経験のある自治体の課長も、合併の経験のない同規模の自治体と同程度にしか重視していない。回帰分析では福島県の自治体の課長が職員の確保を重要視しているという結果が出ている。これに関してはやはり原発事故で十分な職員が確保できないという事情が反映しているように思われる。では合併がそれと同じようなレベルで、職員意識に影響していたかというとそういうわけではないようだ。合併自治体だから特に不足するリソースがある、あるいは重視する項目が異なるというよりは、むしろどの自治体にも共通した状況が、合併自治体にもあるという見方の方が妥当ではないかと考えられる。

4 ｜ 市町村規模や合併の経験は今後重視するものの違いを生むか

前節では現在までの復興についての質問を分析したが、ここからはさらに、これから災害対応を行う際に重要となるものの見方が、市町村規模や合併非合併の経験の違いによって異なるかを分析したい。本アンケート調査では法

令、防災計画、首長、職員、住民団体、国、県、他市町村、ボランティア、専門家という各項目について、今後災害対策に重要となるものを聞いて、その順位を1位から10位までつけてもらっている。この平均順位は次の図表6－7にまとめてある。

図表6－7　災害対策にとって重要なものの平均順位

	首長のリーダーシップ	現場での職員一人ひとりの意欲	住民や住民団体の協力	国からの支援	県からの支援	自治体ごとの「地域防災計画」や「災害対応マニュアル」の整備	他の市町村からの支援	国の災害関連法令の整備	医師・看護師・建築士・測量士・弁護士等の専門家の支援	ボランティアやNPOの活動
平均順位	3.43	4.12	4.47	4.78	5.59	6.12	6.45	6.51	6.55	6.97

　本章では対象を仙台市を除く一般の市町村に限っているためやや数字が異なるが、詳しい解釈は第4章でなされている。首長のリーダーシップや職員の意欲の順位が高いのは当然として、その他の項目に関して、市町村の中でこの項目の重要性の構造が一様かどうかを検討してみたい。

　その分析に入る前に、各項目の全体像をわかりやすくするため、多次元尺度構成法smacofにより二次元に尺度化し平面に配置した（Alvo and Yu 2014：Ch2）。これが図表6－8である。これはランキングデータから類似した項目を近くに配置するという手法である。また小さな点は回答者の配置であり、近くに配置されている項目を高く順位づけているということである。

　各項目の配置の特徴から次のようなことがいえる。まず首長が中央に配置されているが、これは基本的には回答者の多くは首長のリーダーシップが重要だと考えており、高い位置にランクしているという事実による。首長のリーダーシップ以外の要因に関して、右上には職員、住民が首長に近く、これらも相対的に多くの回答者から高く評価されているという事実を反映している。しかし、少し離れて他市町村が並んでおり、ボランティア・専門家という要

素が右上に集まっている。これは人間の力で対処しようという要因の集まりだと考えられる。中でもボランティアと専門家は首長と遠い位置にあり、他の市町村というのもそれらに近いところに位置している。首長、職員、住民が内部の人的リソースであるが、他市町村を主に他市町村からの応援職員だと考えれば、他市町村、ボランティア、専門家は外部の人的リソースの集まりだと考えられる。ただし専門家・ボランティアと他市町村はそれほど近いわけではなく、同程度に離れている。また双方ともに職員から重要な位置にランクされていない。

図表6－8　重視する項目に対しての smacof による分類

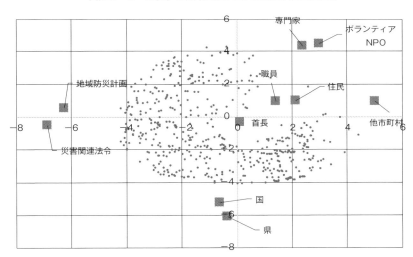

下方向には国と県が位置している。これはより大きなリソースを持つ国や県の力で復興を成し遂げようということだろう。そして左には国の法令や地域防災計画が位置している。計画による事前の備えが重要ということだろう。人間の力、国・県のリソース、計画での対応という三つを極として、職員の意識はその間に位置している。

自治体の規模や市町村合併は災害対応に関する意識をどういう方向に向か

わせるだろうか。それを検討するため、この各要素を重要な順に1番から10番まで順位をつけたランキングデータに対して、順位ロジットモデルというモデルによる分析を行った。順位ロジットモデルとは被説明変数が順位の場合に用いられる回帰分析で、これまで同様に説明変数との比例的関係の有無を調べる方法である。この順位ロジットモデルでは、ベースを首長に置いているので、係数が正で有意であれば、ある変数の値が大きくなると首長よりもその項目を重視して高い位置にランクするようになるという意味がある。これまでの分析で用いてきた被災状況や都道府県ダミーは有意な影響を及ぼさないという結果であったため、ここではそれ以外の要因で分析を行った結果を図表6－9に示した。

　まず自治体規模の解釈からスタートしよう。先ほどの図で見たように中央に位置する首長と似た場所に位置している職員・住民団体に関しては首長と比べてという意味で有意な違いは存在しない。その他の項目を重視するかどうかは、人口規模が影響を与えているようである。まず、人口規模が大きくなると国の法令を重視するようになるという傾向があるという結果が出ている。防災計画に関してはごくわずかに5％の有意水準に届かないが、こちらもほぼ有意な水準である。また国や県の支援も有意となっており、その係数は極めて大きい。最後に、ボランティアや専門家の支援も重要となる。図表6－8との関連でいえば、人口規模が大きくなるとどの方向かはまた別として、職員の意識としては真ん中から端に移動してくるということが示されている。

　この中で特に注意すべきは国の係数が一段と大きく、人口が増えることで特にこの要因が重視されるようになるということである。人口規模が大きくなると、もはや首長のリーダーシップや職員の力のような人的対応以上の対応が求められるので、法令や計画、国の支援が重要になると考えられるが、その中でもやはり国のリソースをしっかりとってくるということが重要なようだ。人口規模がある程度大きくなれば国もその自治体の動向を直接ウォッチする対象とするということもあるだろう。逆にいえば、人口規模の小さな

図表6-9　順位ロジットモデル（Rank Ordered Logit）による分析

	国の法令	防災計画	職員	住民団体	国	県	他市町村	ボランティア	専門家
人口（1万人単位）	0.470***	0.317*	0.112	0.233	0.721***	0.150***	0.320*	0.500***	0.510***
	(0.173)	(0.165)	(0.157)	(0.159)	(0.162)	(0.161)	(0.163)	(0.165)	(0.158)
合併ダミー	0.025***	0.023**	0.010	0.007	0.021**	0.015	0.018**	0.025***	0.014
	(0.009)	(0.009)	(0.009)	(0.009)	(0.009)	(0.009)	(0.009)	(0.009)	(0.009)
企画系ダミー	1.470***	0.780*	0.497	0.552	0.582	0.489	-0.033	0.746	0.900**
	(0.398)	(0.387)	(0.377)	(0.381)	(0.385)	(0.383)	(0.403)	(0.400)	(0.371)
環境系ダミー	0.373	-0.026	0.094	0.161	-0.364	-0.339	0.022	-0.291	0.071
	(0.462)	(0.449)	(0.432)	(0.429)	(0.437)	(0.439)	(0.435)	(0.473)	(0.434)
福祉保健系ダミー	0.333	-0.117	0.191	0.362	0.641***	0.618***	0.192	0.589***	0.590***
	(0.286)	(0.276)	(0.259)	(0.261)	(0.265)	(0.264)	(0.268)	(0.269)	(0.259)
商工観光系ダミー	-0.324	-0.424	0.074	0.119	0.189	0.050	0.000	0.075	-0.315
	(0.419)	(0.386)	(0.356)	(0.360)	(0.371)	(0.369)	(0.369)	(0.377)	(0.369)
農水産系ダミー	-0.536	-0.336	-0.025	-0.005	0.693**	0.522	0.039	0.086	-0.228
	(0.398)	(0.359)	(0.338)	(0.341)	(0.319)	(0.348)	(0.353)	(0.352)	(0.353)
都市整備系ダミー	0.612**	0.191	0.326	0.088	0.387	0.113	0.125	-0.037	0.023
	(0.284)	(0.276)	(0.266)	(0.268)	(0.272)	(0.271)	(0.274)	(0.283)	(0.269)
公営企業系ダミー	0.462	0.542	0.057	0.148	0.340	0.441	0.366	0.241	0.314
	(0.538)	(0.489)	(0.470)	(0.488)	(0.493)	(0.492)	(0.506)	(0.524)	(0.488)
教育系ダミー	0.308	0.339	0.483	0.732***	0.987***	0.823***	0.611**	1.016***	0.845
	(0.312)	(0.290)	(0.275)	(0.281)	(0.283)	(0.283)	(0.283)	(0.286)	(0.278)
議会系ダミー	0.763*	0.959***	0.219	0.230	0.739*	0.645	0.633	0.595	0.283
	(0.418)	(0.389)	(0.386)	(0.369)	(0.382)	(0.380)	(0.379)	(0.388)	(0.387)
復興系ダミー	1.286***	0.598**	0.439	0.533*	1.041***	0.613**	0.579**	1.002***	0.768***
	(0.300)	(0.290)	(0.281)	(0.281)	(0.288)	(0.287)	(0.291)	(0.294)	(0.283)
定数項	-1.877***	-1.230***	-0.181	-0.340**	-1.004***	-0.965***	-1.150***	-1.657***	-1.363***
	(0.192)	(0.181)	(0.172)	(0.175)	(0.178)	(0.178)	(0.179)	(0.184)	(0.180)
観測数	516				Log Likelihood	-7392.5			
					McFadden R^2	0.3309			

注：表中括弧内は標準誤差。*** $p<0.01$、** $p<0.05$、* $p<0.1$

自治体では職員は首長・職員・住民団体の力で災害を乗り切ろうと考えているということになる。これも実情を考えれば妥当な理解だろう。先の**3.2**の分析結果とも整合的である。

　合併市町村については、この災害に対してどのように備えるかという項目に関して強い特徴がある。端的にいえば、職員の意識は、図表6－8の中心よりも外に位置している。まず首長のリーダーシップよりも計画が重視されている。国、他市町村、ボランティアなどの支援も有意であり、つまり合併を経験しなかった自治体よりもこれらの要素を高い位置にランクしている。

　計画重視の姿勢に関しては、合併により地域の一体性がまだ十分ではないという面もあり、首長、職員、住民という地域における属人的な要素を頼りにするよりも、法令や計画の方を重視しているということだろう。加えて、合併を経験した市町村では合併の際には多くの計画を作成しており、このような計画策定に慣れているという面もあるかもしれない。また、首長よりも国、他市町村、ボランティアによる支援を重視しているという点に関しては、合併により規模が大きくなったが抱えた地域は自立困難なところも多いため、災害対応や復興にリソースが必要となり、このリソースを考えた場合、外部のアクターに頼る必要があるということだと理解できる。

　課長の担当業務によっても、例えば首長のリーダーシップは重視しないが地域のリソースを重視する教育系など特徴的なところが多く出ている。これはこれで面白い知見である。しかし、そのような影響を考慮したとしても、合併の経験や自治体規模は今後の災害対応への違いを生んでいると理解できる。

　この節の内容をまとめよう。災害対策において重要なものとして10個の項目について順位づけをしてもらったデータを分析した。その結果、首長・職員・住民という自治体内の人的要素、専門家・ボランティア・他自治体という自治体外の人的支援、国・県という外部からのリソース、及び災害関連法令・地域防災計画という四つのまとまりがあることがわかった。全般的には首長のリーダーシップを中心として今後も対応を行うという課長が多いわけ

ではあるが、人口が増えると、計画や国、さらに自治体外部の人的支援を重視する課長が出てくる、つまり図表6-8の外側に位置する職員が増えるということがわかった。

　合併自治体に関しては、被災地の場合、実際のところ合併の結果により非常に大きな人口の都市ができたというわけでもない。しかしながら、今後重視する項目に関しては人口が大きな自治体と近く、計画や外部アクターを重視した回答となっている。この解釈には二つの可能性があるだろう。第一に、首長のリーダーシップなど自治体内部の人的支援が利用できないために、消極的に外部のリソースの順位を上げているということである。これまでの合併批判の議論はおそらくこの解釈をとるだろう。しかし、3.2では合併自治体の課長も非合併自治体の課長も現在の復興に関して影響を与えるリソースについては見解に差がなかった。そして、行政組織は、本来理想的には属人的対応はとりたくないと考えるものだろう。合併での各種計画の策定などを通じて得たノウハウもあり、将来の対応に関しては首長・職員・住民という当たり前の属人的回答以上の準備をしていると積極的に評価することもできるのではないか。

5｜まとめ

　本章の知見をまとめて、論文を終わろう。本章では市町村職員意識のデータから、実際の災害対応に関して市町村規模や合併の経験がどのように影響を与えたかを分析した。その結果、実際の課長の災害対応について、接触頻度は自治体規模で異なっており、小規模自治体の課長は様々なアクターとの接触活動が活発であるということがわかった。また逆に発災後一定期間を過ぎると、規模の違いよりも担当業務ごとの接触活動の違いが明確になっているということもわかった。

　規模は包括的に様々な接触活動に影響を与えたが、合併の経験は発災初期に住民組織・社会福祉協議会との接触にマイナスの影響を与えたというだけ

であった。発災初期に住民組織との接触が少ないというのは非常に問題が大きいが、一方で、それ以外は接触活動において合併／非合併の違いは存在しなかった。

　加えて、現在の復興において影響を与えるリソースに関していえば、まず課長の担当業務によって関係のあるなしが異なり、次に規模によってどのリソースが重要かが決まる。そして、人口が少ないほど人的リソースの重要性が高いと課長が認識しているという分析結果を得た。これは人を中心とした小規模自治体の行政はそこでは有効に機能している／し得るという事情を反映した意見ではないかと思われる。ただし、合併を経験した自治体と経験していない自治体では、復興に影響を与えるリソースの違いはないという結果も得た。この結果からは自治体規模は復興に対する意識に違いをもたらしたといえるが、合併非合併はあまり大きな違いをもたらしていないといえるだろう。

　また今後の災害対応に関しての意向についても検討したところこれには自治体規模や合併非合併の違いが影響を与えているということがわかった。規模の小さな自治体の職員は首長のリーダーシップと職員・住民の協力で災害対応を乗り切ろうとしているが、規模が大きな自治体や合併自治体は計画・法令や国・県なども考慮しているということがわかった。

　以上の点から、規模と合併の経験の影響を次のようにまとめたい。おそらく震災対応に関して、**2.2**で見たように、小規模な自治体にも大規模な自治体にも各々の強みがある。そして、**3.2**の課長の接触活動や、**3.3**の現在の復興に影響を与えるリソースの分析には、人口の少ない自治体の特徴というのが表れており、ある意味小規模自治体による人を中心とした行政がその自治体にとっては有効であるということを示しているように思われる。

　一方で、合併の経験の有無は、初期においてコミュニケーションの問題を生んだが、それ以外は職員の意識からは差は見えてこない[10]。これまでの合併に関する研究は、合併した自治体が小規模自治体の強みを失ったということにより合併を批判している。これはある意味、合併という制度の問題だけ

でなく、時期の不幸の問題でもあり、合併してまだ一体性が生まれる以前に震災が起きたため、小規模自治体のメリットを失った影響が強く出たという面もあるだろう。制度面から見れば、合併して本当に規模が大きくなれば、大規模自治体のように法令を利用し計画を立て自前のリソースを準備・活用しながら災害対応を行い、被災後は国のリソース獲得により復興を目指す、という方向にいくべきである。もし仮に市町村合併が災害対応に問題を生むとすれば、単純に小規模自治体としての地域と行政の一体性というメリットを失ってしまったということではなく、大規模自治体に類する災害対応の準備ができていなかった、あるいは大規模自治体に類する準備ができるほどの大規模な合併をしていなかったために結局防災力が向上していないというところにあるのだろう。ただし、繰り返しになるが、課長の意識調査からは合併そのものが明確にマイナスに作用した点は、発災直後の住民とのコミュニケーションの問題以外には、筆者には発見できなかった。

　政策的には2.1で見たように、現在、市町村は非常に多くの役割を求められている。一方で、実際に現在の復興の過程で重視されていること、今後の災害対応において重視することは自治体規模ごとに異なっている。そうであれば、すべての面で高度な災害対応を目指すのではなく、ある程度、自治体規模ごとに異なる対応のパターンを考慮する方が良いのではないだろうか。実際に、BCPのモデルケースでは小規模自治体でもとりあえず作成できるというような目標に代わっており、また小規模自治体向けの災害対応講座も行われるようになっている。職員意識調査という限られた証拠からここまで議論するのは行き過ぎかもしれないが、実際に役立つ対応というものは自治体規模ごとに異なるという可能性はあり、すべての自治体に高度な対応を求める必要もないのではないだろうか。

10）本章で具体的には示していないが、著者が今回のアンケートの結果を平均差の検定等を利用して包括的に検討した結果、明確に合併の失敗として発見できたのはこの発災直後に住民団体や社会福祉協議会との接触が少なかったという点だけであった。その他の失敗、例えば合併市町村においては業務が発災以前に戻った時期が遅いというようなこと、はなかった。より詳細な検討を行えば何らかの重要な違いが発見できる可能性はあるが、合併自治体の課長の意識において目立つ特徴というのは非常に少ない。

【参考文献】

伊藤正次（2015）「復興推進体制の設計と展開」小原隆治・稲継裕昭編『震災後の自治体ガバナンス』東洋経済新報社、97-119頁

今井照（2013）「原発災害市町村はどのように行動したか」室崎益輝・幸田雅治編『市町村合併による防災力空洞化—東日本大震災で露呈した弊害』ミネルヴァ書房、185-214頁

今井照（2015）「東日本大震災と合併旧市町村」ガバナンス12月号（176号）、18-20頁

太田好乃・牛山素行（2011）「2008年の調査にもとづく市町村における豪雨防災情報活用の課題」自然災害科学Vol.30、NO.1、81-91頁

鍵屋一（2016）「基礎自治体の防災・減災マネジメント」国際文化研修91巻、6-11頁

川瀬憲子（2015）「震災復興財政の現状と課題—石巻市の事例を中心に—」静岡大学経済研究20巻1号、37-57頁

河村和徳（2014）『東日本大震災と地方自治—復旧・復興における人々の意識と行政の課題』ぎょうせい

幸田雅治（2013）「市町村合併による震災対応力への影響—石巻市にみる大震災と大合併」室崎益輝・幸田雅治編『市町村合併による防災力空洞化—東日本大震災で露呈した弊害』ミネルヴァ書房、57-92頁

小原隆治（2015）「東日本大震災と自治体」小原隆治・稲継裕昭編『震災後の自治体ガバナンス』、東洋経済新報社、1-19頁

長末亮（2015）「消防団と消防の広域化」調査と情報No.871、1-10頁

中林一樹（2013）「自治体の合併と防災対策の動向：合併すれば地域防災力が高まるわけではない」室崎益輝・幸田雅治編『市町村合併による防災力空洞化—東日本大震災で露呈した弊害』ミネルヴァ書房、23-56頁

牧紀男（2013）「市町村合併と災害対応：二〇一一年台風一二号災害」室崎益輝・幸田雅治編『市町村合併による防災力空洞化—東日本大震災で

露呈した弊害』ミネルヴァ書房、93-113頁

増田知也（2011）「市町村の適正規模と財政効率性に関する研究動向」自治総研396号、23-44頁

松井望（2015）「自治体の震災対応と職員意識」小原隆治・稲継裕昭編『震災後の自治体ガバナンス』東洋経済新報社、73-93頁

丸山真央（2014）「平成三陸大津波をめぐる合併自治体の対応」山本唯人編『東日本大震災における支援活動と地域社会──岩手県大船渡市を中心に』「社会と基板」研究会・岩手調査班報告書、79-93頁

村田和彦（2013）「東日本大震災の教訓を踏まえた災害対策法制の見直し—災害対策基本法、大規模災害復興法—」立法と調査 345号、125-140頁

吉村弘（1999）『最適都市規模と市町村合併』東洋経済新報社

Alvo, Mayer and Yu, Philip L.H.（2014）*Statistical Methods for Ranking Data*, Springer.

第7章

農水産系職員が関わった復旧・復興業務
―農業普及指導員とネットワーク―

竹内直人

1 | はじめに

　東日本大震災について復旧・復興事業の当事者である自治体職員の意識や行動を記録することが不可欠という問題意識から、震災3年後に被災3県自治体の課長級職員に対して大規模な意識調査が実施され、その分析も行われている（松井2015：73-93）。

　分析は三つのことを明らかにしている。第一に、自治体における復旧・復興業務は、通常の事務分掌の下でルーティン業務に追加される形で行われたこと。第二に、国、県、市町村という復旧・復興の担い手の中で、巷間で語られるよりも県の役割が大きかったこと。第三に、意識調査の中から復旧・復興にあたり、リーダーシップや職員の意欲を重視するモチベーションの高い職員像が提示されたことである。

　この分析結果は、被災3県及び同県内の37市町村の1,325名の課長級職員を全体として捉えたものであり、担当業務の内容ごとにさらに検討していくと、部局間の相違やニュアンスの違いが見えてくる。

　本章は松井（2015）の分析をもとに、3県の農水産系の県職員へのアンケート結果に絞って、ルーティンのあり方は復旧・復興の業務にどう影響したか、国、県、市町村、関係組織のネットワークの中で県職員はどのような役割を担ったか、復旧・復興活動のモチベーションはどこから生まれてくるのかについて、より詳細な分析を行うものである。

農水産系を対象とする理由は以下の二点にある。第一の理由として、東日本大震災は東北地方の沿岸部の農山漁村を襲った非都市型の災害であり、319の漁港と28,000隻を超える漁船、1,700を超える加工施設等が被害を受け、流失・冠水等により被害を受けた耕地面積[1]は、東北３県だけで京都府の総耕地面積にほぼ等しいこと。また、東日本大震災の被害総額は、発災約３ヵ月後の発表によると、約16.9兆円（推計）であり、うち農林水産業の被害額は約1.9兆円[2]と11％を超えること[3]。また、岩手県、宮城県の21,955の農業経営体[4]のうち、岩手県の経営体の8.4％（487経営体）、宮城県については37.5％（6,058経営体）が津波の被害を受けていることである。

　一方、このような大きな被害にも関わらず、被災１年後（2012年春）には被害を受けた経営体のうち、岩手県では約23％、宮城県では約40％が営農を再開している[5]。被災地への支援が災害救助、応急住宅の建設や緊急インフラ整備、原子力損害賠償等の最緊急分野から、生業支援や産業基盤整備支援に本格化するのは、復興財源確保法及び地方財源確保法が成立し、復興債の発行（11兆5,500億円）が決まる第３次補正予算（2011年11月21日成立）以降である[6]。さらに、12月26日には「東日本大震災復興特別区域法」が施行され、復興特別会計と復興交付金のしくみができあがり、復興が本格的に進み始める。実際、上記約23,000haの流失・冠水した被害耕地について、大規模かんがい施設やカントリー・エレベーターなどの本格的な復旧が始まるの

1）22,763ha、農林水産省「地震の規模と被害」（2012年３月５日現在）。
2）「東日本大震災における被害額の推計について」（内閣府発表資料、2011年６月24日）。
3）これに対して、阪神・淡路大震災は被害総額約9.6兆円のうち、農林水産関係被害は900億円（平成22年度「食料・農業・農村白書」2011年５月31日公表）と１％に満たない。
4）経営体とは、農林水産省の統計に基づく定義であり、経営耕地面積が30a以上の規模の農業を営むか（水田耕作を想定）、または、露地野菜栽培作付け15a、果樹栽培10a、肥育（搾乳）牛１頭、ブロイラー出荷年間1,000羽などのいずれかの条件を超えているか、もしくは年間の農業販売額が50万円を超える規模の経営を行っている農家のことである。
5）農林水産省大臣官房統計部「東日本大震災による農業経営体の被災・経営再開状況」（2012年３月11日現在）７ページ記載の表からデータ不明の市町村を除き、筆者が再計算した。本統計は聞き取り調査と農林業センサスにより作成されたものであり、細部で数字の不整合があるため、概ねの目安である。
6）被災自治体においても、第3次補正予算がスタートであり、それは少し遅かったというように受け取られている（日本学術振興会「東日本大震災学術調査ヒアリング（2012年12月実施）」）。なお、１次補正の段階で「東日本大震災農業生産対策交付金」（341億円）など、ソフト事業や小規模基盤整備事業等を対象とする予算は措置されている。後述。

は、第3次補正後の2011年末からである。

例えば、大きな被害を受けた仙台市東部の農地が震災前の能力を取り戻し、すべての農地で営農が再開されるのは2015年度を待たなければならない（農林中金総合研究所2016：18-19）。このような状況の下での2012年春の営農再開率は決して悪いものではない。後に見るように、国の補正予算等を待つことなく（積極的に提案しながら）、現場の職員の献身的な活動によって速やかな対応が始まっていたのである。本章では、このような対応を可能にする意欲としくみを職員のアンケートから探る。

第二の理由として、農水産系職員のアンケートの回答そのものが、他の分野と比較して興味深い特徴を示していることである。大きく三つの特徴がある。

まず、県の農水産系部門と国の省庁・出先機関、市町村、さらに住民組織、関係団体との連絡の頻度は、全部で12に分けられる業務系大分類[7]の中でいずれも上位3番目までに入っている。次に、緊密な連携にも関わらず、県と国との見解の相違は大きく、国（本庁）との見解の相違は50％に迫る。一方、市町村や関係団体との間には相違が小さく、市町村との見解の一致（相違の小ささ）は50％を超えるなど、全組織の中で一番高い。最後に、復興の進捗には職員の意欲が重要であると答える割合が最も高くなっている。これに対して、首長のリーダーシップが最も重要と答える割合は3割を切り、他の多くの部局よりも低くなっている。このような特徴に加えて、企画系の職員と事業系の職員の間に明瞭な差があり、上記の特徴は事業系の職員により強く表れている。

これらの特徴は、どのように統一的に理解され得るだろうか。本章は、都道府県に置かれる普及指導員という職を中心とする（農林水産業の）普及指導ネットワークに注目し、アンケートの内容を読み解いていく。

普及指導員は農業改良助長法により設置され、国家資格を取得し各地の農業（漁業）改良普及センター等に勤務し、月の半分は現場に出て農業者・漁業者に巡回指導や講習をすることを義務付けられている独特の職である。と

7）本アンケート調査では、業務の内容に応じて○○系と呼んでいる。基本的には部局に対応するが、復興系については複数の部局にまたがっている。

りわけ農村では彼らを中心に緊密なネットワークが形成されている。その勤務形態の特殊性に鑑み、手当が支給される[8]とともに手当及びその他の経費に充てるため、国から都道府県に対して交付金が支給される。東日本大震災が発生した2011年度には、農業普及指導員だけで全国に7,204名が設置されていた[9]。

「(災害)復興のための政策の多くは、支援の総額……の大きさを重視するという考え方を基本としているが、……少なくとも物質的なものと同様に社会的資源がレジリエンスと復興の基盤になる」(アルドリッチ2015：vii)のである。普及指導員を中心とするネットワークの特徴が農水産系の職員アンケートに反映していると考えると、データ間の相互関連が見えてくる。この関連を統一的に把握し、復旧・復興におけるレジリエンスとは具体的にどういうことなのかについて考える。

最後に、本章ではもっぱら農業の復興を対象とする。その理由は、一つには農業普及指導員や農協組織などによる現場の取り組みの記録が多く残されている[10]からであるが、より本質的には、水産業と農業の構造的な相違に基づく。今次の大震災における水産業の被害額は漁港・漁船や加工施設など約1兆3千億円に上り、農業被害額よりも5割程度大きい。一方、被害前の生産額は、東北3県の農林水産業の総産出額8,056億円(2010年)の約17％、1,349億円を占めるに過ぎない。水産業は一種の巨大な装置産業の性格を帯びており、何よりも漁船を手当てし、漁港を修復し、生産・加工関連のインフラを復旧することが喫緊の課題であった。農業のように地域や風土に合った耕作や被害状況を踏まえ種苗や作付け方法の選択など、きめ細かなネットワークが機能する状況を見つけにくい構造になっている[11]。

---

8) 昭和39年8月31日付39林野普第351号(平成24年4月6日一部改正 2323林整研第913号)、都道府県知事あて農林事務次官通知「林業普及指導事業及び水産業改良普及事業に従事する職員に対する農林漁業普及指導手当の支給について」参照。なお、制度の全体像については、後述3.1で詳述する。

9) 2017年3月31日現在では6,568人である。

10) 日本農業普及学会編著(2017)、古川(2015)、農林中金総合研究所(2016)など。

11) なお、養殖については、稚魚の選択、餌の種類、出荷の時期などきめ細かな配慮が必要であり、水産業普及指導員が活躍する場になっていることは付言しなければならない。

2 | アンケート調査結果の特徴

2.1 震災後1ヵ月の関係機関・組織との連絡頻度

　以下、農水産系の3県の県職員のアンケート結果について具体的に見ていく。まず、Q13「震災後1ヵ月の関係機関・組織との連絡頻度」について、五つの組織との関係を見る。

　図表7-1から図表7-5まで、全体として農水産系職員の関係組織との連絡は他の部局の職員よりも密接である。ほぼ毎日及びほぼ2～3日に1回の割合を合計した「左2欄計」という欄を作り、上位3部門にアンダーラインを引いた。農水産系の職員は「その他の組織」を除き（これも0.1ポイント差で4位）、すべて上位3位までに入っている。

　なお、福祉保健部門や商工観光部門、農水産部門などは、仕事の内容に応じて、計画・企画系と事業系に分けられている。計画・企画系（以下、「企画系」という）とは、総合計画や分野別計画の企画・進行管理の業務とともに、特に部内の人事（人員配置）や予算調整といったロジスティックを担う組織である。例えば岩手県の農林水産部では、農林水産企画室[12]、農業振興課[13]、林業振興課、水産振興課の4課・室がこれにあたる。

　一方、事業系とは農業普及技術課[14]、農産園芸課、畜産課など現場で事業を実施する課であり、多くの出先や職員を持ち予算を執行する組織である。

　以上のことを踏まえたうえで、まず国の省庁との連絡（図表7-1）について見てみると、農水産系は復興系に次いで接触が頻繁である（31.7％）。また、出先機関との連絡（図表7-2）も3番目に多い。目につくのは、出先機関へほぼ毎日連絡した頻度を見ると、企画系（6.7％）は事業系（19.2％）の3分の1に過ぎないことである。農水省の予算配分は本省の権限が強く、

---

12) 岩手県知事部局行政組織規則「部の総括に関すること。部内各課等の連絡に関すること。農林水産行政の企画及び調整に関すること。部内の予算に関すること。」など。
13)「農業行政の企画及び調整に関すること。農業構造政策に関すること。」など。
14)「農業技術の改良普及に関すること。農山漁村生活の改善に関すること。農業担い手の育成及び確保に関すること。」など。

図表7－1　震災後1ヵ月の国の省庁との連絡頻度（3県）

	ほぼ毎日	ほぼ2～3日に1回	左2欄計	ほぼ1週間に1回	ほぼ1ヵ月に1回	特になし・無回答	合計 %	N
総務系	2.4	14.6	17.0	12.2	4.9	65.9	100.0	41
企画系	14.3	0.0	14.3	4.8	19.0	61.9	100.0	21
環境系	11.5	15.4	26.9	15.4	3.8	53.9	100.0	26
福祉保健系	6.9	17.2	24.1	0.0	3.4	72.5	100.0	29
商工観光系	4.8	23.8	<u>28.6</u>	4.8	4.8	61.9	100.0	21
計画・企画系	0.0	40.0	40.0	0.0	0.0	60.0	100.0	10
事業系	9.1	9.1	18.2	9.1	9.1	63.6	100.0	11
農水産系	12.2	19.5	<u>31.7</u>	9.8	2.4	56.1	100.0	41
計画・企画系	13.3	26.7	40.0	0.0	0.0	60.0	100.0	15
事業系	11.5	15.4	26.9	15.4	3.8	53.9	100.0	26
都市整備系	15.0	2.5	17.5	15.0	15.0	52.5	100.0	40
教育系	4.3	17.4	21.7	4.3	0.0	74.0	100.0	23
復興系	35.3	17.6	<u>52.9</u>	5.9	5.9	35.3	100.0	17

図表7－2　震災後1ヵ月の国の出先機関との連絡頻度（3県）

	ほぼ毎日	ほぼ2～3日に1回	左2欄計	ほぼ1週間に1回	ほぼ1ヵ月に1回	特になし・無回答	合計 %	N
総務系	7.3	4.9	12.2	12.2	7.3	68.3	100.0	41
企画系	9.5	0.0	9.5	0.0	4.8	85.7	100.0	21
環境系	3.8	7.7	11.5	7.7	7.7	73.1	100.0	26
福祉保健系	3.4	0.0	3.4	10.3	10.3	76.0	100.0	29
商工観光系	4.8	14.3	19.1	0.0	0.0	80.9	100.0	21
計画・企画系	10.0	10.0	20.0	0.0	0.0	80.0	100.0	10
事業系	0.0	18.2	18.2	0.0	0.0	81.8	100.0	11
農水産系	14.6	7.3	<u>21.9</u>	12.2	9.8	56.1	100.0	41
計画・企画系	6.7	13.3	20.0	20.0	13.3	46.7	100.0	15
事業系	19.2	3.8	23.0	7.7	7.7	61.6	100.0	26
都市整備系	25.0	10.0	<u>35.0</u>	22.5	5.0	37.5	100.0	40
教育系	0.0	0.0	0.0	4.3	4.3	91.4	100.0	23
復興系	23.5	0.0	<u>23.5</u>	17.6	0.0	58.9	100.0	17

出先機関は主に本省から配分された予算を執行する役割を担う。ともに予算の執行機関である県の事業系部門と国の出先機関の連携が密接になる一方、予算獲得を役割とする企画系職員は、直接本省と交渉することが多くなるのであろう。図表7－1が示すように、農水産企画系の本省との連絡は復興系に次いで高くなっている。

　被災1ヵ月というこの段階における本省との連絡とは何か。それはまず県から国への要望活動から始まる。発災当日の3月11日から被災3県は国に様々な要望書を出しており、その中心は激甚災害の指定やインフラ、教育施設、産業施設などへの財政支援である。農林水産業に関して宮城県を例にとれば、3月12日には漁港施設や農業施設の復旧に関する支援要望（菅直人総理大臣あて）、3月21日には追加で除塩対策等（同）の要望を行っている。4月に入ると要望は各部局ごとに具体的になり、農林水産分野では、2日に鹿野道彦農林水産大臣に詳細な要望[15]を行っている。

　これを受けて、農林水産省は4月22日の1次補正において341億円の「東日本大震災農業生産対策交付金」を創設し、5月2日に交付要綱を発出している[16]。この中には、要望に掲げられたリース方式による機械の導入に対する支援などが含まれている。また、支援は4月にまでさかのぼって適用されることが認められている。

　被災の初期段階において県の各部局の企画系の課長級職員の大きな役割は、市町村や関係団体から要望を聞き取り、それを具体的支援策として固め、国の省庁に対して要望し調整することである。一方、事業系の課長は、国の予算執行機関である出先機関と事業実施の基準となる交付要綱の具体的な解釈と運用を詰めなければならない。市町村との連絡（図表7－3）も福祉保健系に次いで2番目に頻繁である。環境系（がれき処理等の業務）や復興系の部門を大きく超えており、市町村との密接な関係が表れている。

---

15) 鹿野道彦農林水産大臣あて「東北地方太平洋沖地震災害に関する緊急要望書」宮城県知事村井嘉浩（宮城県HP「国の施策・予算に関する提案・要望」に掲載）参照。
16)「東日本大震災農業生産対策交付金交付要綱の制定について」23生産第722号平成23年5月2日農林水産事務次官依命通知。

図表7－3　震災後1ヵ月の市町村との連絡頻度（3県）

	ほぼ毎日	ほぼ2～3日に1回	左2欄計	ほぼ1週間に1回	ほぼ1ヵ月に1回	特になし・無回答	合計%	N
総務系	31.7	19.5	51.2	17.1	2.4	29.3	100.0	41
企画系	33.3	9.5	42.8	0.0	14.3	42.9	100.0	21
環境系	23.1	15.4	38.5	23.1	3.8	34.6	100.0	26
福祉保健系	51.7	17.2	<u>68.9</u>	3.4	3.4	24.3	100.0	29
商工観光系	28.6	4.8	33.4	14.3	4.8	47.5	100.0	21
計画・企画系	40.0	10.0	50.0	10.0	0.0	40.0	100.0	10
事業系	18.2	0.0	18.2	18.2	9.1	54.5	100.0	11
農水産系	51.2	14.6	<u>65.8</u>	14.6	2.4	17.2	100.0	41
計画・企画系	53.3	13.3	66.6	13.3	0.0	20.1	100.0	15
事業系	50.0	15.4	65.4	15.4	3.8	15.4	100.0	26
都市整備系	22.5	17.5	40.0	10.0	10.0	40.0	100.0	40
教育系	21.7	30.4	52.1	8.7	13.0	26.2	100.0	23
復興系	35.3	17.6	<u>52.9</u>	29.4	0.0	17.7	100.0	17

　農林水産業に関する国から市町村への補助金には、県を経由する間接補助事業が多い。いわゆる「空飛ぶ補助金」など、自治体を経由することなく国から直接団体や個別の事業者に交付される補助金等が増えているとはいえ、農林水産部門においてはなお間接補助が多くあり、補助金制度上、国（本省及び出先機関）と県、市町村、関係団体の密接な連携が必要となる構造が残っている。

　例えば会計検査院の「平成23年度決算検査報告」において、農林水産省所管の補助金に関して不当と指摘を受けた39の事業のうち、12事業が間接補助事業である[17]。この12のうち、国－都道府県－組合等という流れの補助事業が8件、国－都道府県－市町村の流れのものが4件である。同年の会計検査院の経済産業省の補助金に関する不当指摘は15件。そのうち、県を介する間接補助事業は1件だけである。残りの14件については、株式会社への直接補助が5件、独法や財団、社団が6件、NPOその他が2件、都道府県への直

---

[17] 同報告書第3章第1節第9農林水産省の項中不当事項補助金（会計検査院検査報告データベースに掲載）を参照。

接補助が1件となっている[18]。

次に住民組織及びその他の組織との連絡頻度を見る。住民組織（図表7－4）については、自治会・町内会（以下、「自治会」という）が中心となるが、総務系の下位分類である危機管理系では、地域の消防団が、福祉保健系では地区社会福祉協議会などが該当する。いずれも自治会の下部組織（防災委員会や婦人会など）と構成員が重複するなどの関係にあり、一体となって活動している例も多い。

図表7－4　震災後1ヵ月の住民組織（自治会・町内会など）との連絡頻度（3県）

	ほぼ毎日	ほぼ2～3日に1回	左2欄計	ほぼ1週間に1回	ほぼ1カ月に1回	特になし・無回答	合計 %	N
総務系	2.4	0.0	2.4	9.8	4.9	82.9	100.0	41
企画系	0.0	4.8	4.8	4.8	4.8	85.6	100.0	21
環境系	0.0	3.8	3.8	3.8	11.5	80.9	100.0	26
福祉保健系	6.9	3.4	10.3	6.9	6.9	75.9	100.0	29
商工観光系	0.0	0.0	0.0	14.3	4.8	80.9	100.0	21
計画・企画系	0.0	0.0	0.0	10.0	0.0	90.0	100.0	10
事業系	0.0	0.0	0.0	18.2	9.1	72.7	100.0	11
農水産系	12.2	4.9	17.1	2.4	9.8	70.7	100.0	41
計画・企画系	13.3	0.0	13.3	6.7	6.7	73.3	100.0	15
事業系	11.5	7.7	19.2	0.0	11.5	69.3	100.0	26
都市整備系	7.5	7.5	15.0	7.5	2.5	75.0	100.0	40
教育系	4.3	4.3	8.6	0.0	8.7	82.7	100.0	23
復興系	5.9	0.0	5.9	0.0	11.8	82.3	100.0	17

住民組織に対しては農水産系の連絡頻度が突出して高い。農村や漁村では職住一致のため、自治会がそのまま農業や漁業の機能的組織となっているからであろう。これは次のその他の組織（農協・漁協等）との連絡頻度が最も高いことからもうかがえる。一方、商工観光系については、機能的組織である商工会が住民組織から分離しており、連携の頻度が顕著に低くなっている。

---

18) なお、図表7－3において、商工観光系の企画系が市町村との連絡が増えているのは、商店街復旧・復興の中心となった「中小企業等グループ施設等復旧整備補助金」（いわゆるグループ補助金）が間接補助の形をとったことが影響していると推測できる。

その他の組織（図表7－5）については注意が必要である。部門ごとに応答する組織・団体が異なるからである。農水産系については、その他の組織は接触頻度の高さから農協や漁協であると推定され、本章ではそのように扱う。福祉保健系が連携する組織は、地元医師会や看護師会などであろうか。

図表7－5　震災後1ヵ月のその他の組織との連絡頻度（3県）

	ほぼ毎日	ほぼ2～3日に1回	左2欄計	ほぼ1週間に1回	ほぼ1カ月に1回	特になし・無回答	合計 %	N
総務系	26.8	4.9	31.7	0.0	0.0	68.3	100.0	41
危機管理系	42.9	0.0	42.9	0.0	28.6	28.5	100.0	7
企画系	9.5	9.5	19.0	0.0	0.0	81.0	100.0	21
環境系	0.0	11.5	11.5	11.5	0.0	77.0	100.0	26
福祉保健系	31.0	6.9	37.9	0.0	0.0	62.1	100.0	29
商工観光系	4.8	4.8	9.6	0.0	0.0	90.4	100.0	21
計画・企画系	0.0	10.0	10.0	0.0	0.0	90.0	100.0	10
事業系	9.1	0.0	9.1	0.0	0.0	90.9	100.0	11
農水産系	24.4	4.9	29.3	0.0	2.4	68.3	100.0	41
計画・企画系	13.3	0.0	13.3	0.0	0.0	86.7	100.0	15
事業系	30.8	7.7	38.5	0.0	3.8	57.7	100.0	26
都市整備系	15.0	10.0	25.0	5.0	2.5	67.5	100.0	40
教育系	13.0	4.3	17.3	4.3	4.3	74.1	100.0	23
復興系	23.5	5.9	29.4	5.9	0.0	64.7	100.0	17

　農水産系のその他の組織（農協・漁協）については、事業系の30%がほぼ毎日連絡していると回答しているのに対して企画系は13%と大きな開きがある。企画系は国の省庁と連携が強く、事業系は住民組織、その他の組織（農協・漁協）など地域の組織と連携が強いことを反映している。市町村とはどちらも連携が密である。

2.2　震災後1ヵ月の関係機関・組織との意見や見解の相違

　このような連携の中で、それぞれの関係機関との意見や見解の相違はどのように現れただろうか。Q15「震災後1ヵ月の関係機関・組織との意見や見解の相違」についてどの程度感じたかという設問である。参照する図表は、

図表7-6から図表7-10である。ここでも上位3位までにアンダーラインを引くとともに、注目すべき欄を枠で囲ってある。

国の省庁（図表7-6）と意見の相違を感じているのは、大分類で見ると、総務系や復興系、環境系であり、農水産系も意見の相違を感じている。相違を大変感じた割合を小分類[19]まで見ると、農水産系は企画系、事業系ともに環境系、復興系に次いで高く、都市整備系を超えている。農水産系の職員は、国の省庁との連携は密接であるが見解の相違も大きいということになる。

図表7-6　震災後1ヵ月の国の省庁との意見や見解の相違（3県）

	大変感じた	ある程度感じた	左2欄計	あまり感じなかった	感じなかった	特になし・無回答	合計 %	合計 N
総務系	14.6	29.3	43.9	2.4	2.4	51.3	100.0	41
危機管理系	14.3	57.1	71.4	0.0	28.6	0.0	100.0	7
企画系	4.8	19.0	23.8	4.8	14.3	57.1	100.0	21
環境系	19.2	26.9	46.1	7.7	7.7	38.5	100.0	26
福祉保健系	13.8	10.3	24.1	20.7	3.4	51.8	100.0	29
商工観光系	9.5	9.5	19.0	14.3	14.3	52.4	100.0	21
計画・企画系	0.0	10.0	10.0	20.0	20.0	50.0	100.0	10
事業系	18.2	9.1	27.3	9.1	9.1	54.5	100.0	11
農水産系	19.5	22.0	41.5	9.8	9.8	38.9	100.0	41
計画・企画系	20.0	13.3	33.3	13.3	6.7	46.7	100.0	15
事業系	19.2	26.9	46.1	7.7	11.5	34.7	100.0	26
都市整備系	10.0	17.5	27.5	20.0	10.0	42.5	100.0	40
教育系	4.3	13.0	17.3	26.1	8.7	47.9	100.0	23
復興系	23.5	29.4	52.9	11.8	5.9	29.4	100.0	17

自治体が国との見解の相違を感じる主な理由は一般に二つあり、一つは財源問題であり、もう一つは住民からの合意調達など事業の準備・実施段階で生じる問題である。

アンケートの設問は発災後1ヵ月を振り返るものであり、まだ財源問題に対する不満は顕在化しない時期である。アンケートの実施時には被災から3

[19] 企画系、事業系のレベル。

年が経過しており、その段階で不満があればこれが過去に投影することも考えられるが、今次の災害では、被害の巨大さ、被災自治体の財政力の脆弱さから前例のない財政措置が実施され（北村2015：121-145）、震災特別交付税や復興交付金制度などが創設されており、復興過程を通して財源への不満は聞かれなかった[20]。

総務（危機管理）系、環境系、復興系が表明する見解の相違は、避難住民の対応や仮設住宅の整備、がれきの処理など事業の執行過程の住民への対応の中で生まれる国の方針への不満であろう。

図表7－7　震災後1ヵ月の国の出先機関との意見や見解の相違（3県）

	大変感じた	ある程度感じた	左2欄計	あまり感じなかった	感じなかった	特になし・無回答	合計 %	合計 N
総務系	9.8	19.5	29.3	7.3	4.9	58.5	100.0	41
危機管理系	28.6	42.8	71.4	0.0	28.6	0.0	100.0	7
企画系	0.0	9.5	9.5	9.5	19.0	62.0	100.0	21
環境系	3.8	19.2	23.0	7.7	3.8	65.5	100.0	26
福祉保健系	0.0	6.9	6.9	10.3	13.8	69.0	100.0	29
商工観光系	4.8	9.5	14.3	9.5	0.0	76.2	100.0	21
計画・企画系	0.0	10.0	10.0	10.0	0.0	80.0	100.0	10
事業系	9.1	9.1	18.2	9.1	0.0	72.7	100.0	11
農水産系	12.2	19.5	31.7	12.2	12.2	43.9	100.0	41
計画・企画系	6.7	26.7	33.4	13.3	6.7	46.6	100.0	15
事業系	15.4	15.4	30.8	11.5	15.4	42.3	100.0	26
都市整備系	2.5	15.0	17.5	37.5	12.5	32.5	100.0	40
教育系	4.3	4.3	8.6	8.7	0.0	82.7	100.0	23
復興系	11.8	23.5	35.3	11.8	5.9	47.0	100.0	17

農水産系職員の国の出先機関（図表7－7）への意見の相違（大変感じた）については、事業系が企画系よりも2倍以上大きい。事業系は事業の進捗や

20）自治体の不満は量的なものではなく（増税までしてもらって量的には不満はないという発言もあった）、使い勝手の悪さである（日本学術振興会「東日本大震災学術調査ヒアリング（2012年12月実施）」）。使い勝手が悪いというのは、住民ニーズに応えられないという不満である。

農業者、漁業者との関係の前面に立つため、どうしても事業の中間的管理者である国の出先機関と衝突する。出先機関は本省から令達された予算の自治体への配分者であり、会計検査の当事者となる。執行について要綱等に基づき細かな注文をつけてくる。住民と直接向き合う自治体は、当然出先機関へのフラストレーションを感じることも多くなる。接触が増えればそれだけ不満も増えると同時に、執行現場での様々な課題を解消するために接触・交渉せざるを得ないという構造になっている。一方、前述したように、予算の本省のコントロールが強いため、予算確保を目指す企画系は本省と直接交渉することが多く、その点で出先機関には不満が向かいにくいということもあろう。

　図表7－8は、県内の市町村との間の見解の相違である。農水産系の職員と市町村との見解の相違は大きくはないようである。「あまり感じなかった」と「感じなかった」の合計は3番目に多い。しかしこれは県から市町村に対する見方であり、そのまま受け取るわけにはいかない。上で述べたように、農林水産業に関する国から市町村への補助金は、県を経由する間接補助事業が多く、また、県の継ぎ足し[21]が行われているものも多い。市町村は県に気をつかわなければならないのである。不満は直接県に届かない可能性がある。

　そこで県との意見の相違について、県内市町村から見たものが図表7－9である。「あまり感じなかった」と「感じなかった」は、どちらも他の部門より高く、その上、意見の相違を大変感じた割合は3％と突出して低くなっている。農水産系については、県と市町村との連絡頻度も高くかつ互いの見解の相違も小さい、緊密・良好な関係が成立しているといえるようである。

　見解の相違に関する最後は、その他の組織との関係である（図表7－10）。農水産事業系職員と関係団体（農協・漁協）の見解の相違は大きくない。「大変感じた」という回答が7.7％見られるが、これは福島県に表れたものであり、岩手、宮城県は0％である。原子力災害という特殊な状況の影響であろう。

21）市町村への間接補助において、国の補助金に都道府県が一定額（率）を単費で上乗せすること。都道府県独自の判断に基づく場合、都道府県の継ぎ足しが国からの補助金交付の条件になっている場合、また都道府県の継ぎ足しに応じて国の補助金額が決まる場合がある。農林水産分野の事業には様々な継ぎ足しが多い。

図表7-8 震災後1ヵ月の県内市町村との意見や見解の相違（3県）

	大変感じた	ある程度感じた	あまり感じなかった	感じなかった	左2欄計	特になし・無回答	合計 %	合計 N
総務系	7.3	34.1	17.1	19.5	36.6	22.0	100.0	41
企画系	4.8	9.5	23.8	28.6	52.4	33.3	100.0	21
環境系	0.0	23.1	30.8	19.2	50.0	26.9	100.0	26
福祉保健系	0.0	20.7	31.0	31.0	62.0	17.3	100.0	29
商工観光系	0.0	23.8	19.0	14.3	33.3	42.9	100.0	21
計画・企画系	0.0	20.0	30.0	10.0	40.0	40.0	100.0	10
事業系	0.0	27.3	9.1	18.2	27.3	45.5	100.1	11
農水産系	7.3	24.4	36.6	19.5	56.1	12.2	100.0	41
計画・企画系	0.0	26.7	33.3	26.7	60.0	13.3	100.0	15
事業系	11.5	23.1	38.5	15.4	53.9	11.5	100.0	26
都市整備系	7.5	22.5	20.0	17.5	37.5	32.5	100.0	40
教育系	4.3	21.7	26.1	26.1	52.2	21.8	100.0	23
復興系	0.0	23.5	35.3	29.4	64.7	11.8	100.0	17

図表7-9 震災後1ヵ月の県内市町村から見た県との意見や見解の相違（市町村）

	大変感じた	ある程度感じた	あまり感じなかった	感じなかった	左2欄計	特になし・無回答	合計 %	合計 N
総務系	8.8	22.1	19.3	17.7	37.0	32.1	100.0	181
企画系	16.7	36.7	13.3	6.7	20.0	26.6	100.0	30
環境系	29.6	22.2	14.8	11.1	25.9	22.3	100.0	27
福祉保健系	13.4	25.6	20.7	11.0	31.7	29.3	100.0	82
商工観光系	13.5	21.6	16.2	18.9	35.1	29.8	100.0	37
農水産系	3.0	21.2	24.2	27.3	51.5	24.3	100.0	33
都市整備系	13.5	19.8	19.8	11.5	31.3	35.4	100.0	96
教育系	10.4	26.9	19.4	20.9	40.3	22.4	100.0	67
復興系	13.6	34.8	19.7	7.6	27.3	24.3	100.0	66

図表7−10　震災後1ヵ月のその他の組織との意見や見解の相違（3県）

	大変感じた	ある程度感じた	あまり感じなかった	感じなかった	左2欄計	特になし・無回答	特に関係なかった	無回答	合計 %	計 N
総務系	2.4	7.3	4.9	12.2	17.1	73.2	36.6	36.6	100.0	41
企画系	0.0	9.5	9.5	0.0	9.5	81.0	52.4	28.6	100.0	21
環境系	3.8	3.8	0.0	15.4	15.4	77.0	42.4	34.6	100.0	26
福祉保健系	0.0	6.9	13.8	17.2	31.0	62.1	34.5	27.6	100.0	29
商工観光系	0.0	4.8	4.8	0.0	4.8	90.4	57.1	33.3	100.0	21
農水産系	4.9	2.4	14.6	2.4	17.0	75.7	44.0	31.7	100.0	41
計画・企画系	0.0	6.7	0.0	6.7	6.7	86.6	53.3	33.3	100.0	15
事業系	7.7	0.0	23.1	0.0	23.1	69.3	38.5	30.8	100.1	26
都市整備系	2.5	5.0	12.5	15.0	27.5	65.0	35.0	30.0	100.0	40
教育系	4.3	8.7	8.7	4.3	13.0	74.0	56.6	17.4	100.0	23
復興系	0.0	0.0	17.6	5.9	23.5	76.5	47.1	29.4	100.0	17

2.3　何が復旧・復興の進捗に影響するのか

最後にQ17「担当業務での復旧・復興の進捗への影響の程度」である。それぞれの部門の職員（課長級）は、復旧・復興に何が影響すると考えるかと

図表7−11　担当業務における復旧・復興への影響の程度（住民の行政に対する信頼）（3県）

	特に影響があると思う	影響があると思う	あまり影響があると思わない	影響があると思わない	関わりがない・無回答	合計 %	計 N
総務系	39.0	48.8	0.0	0.0	12.2	100.0	41
企画系	47.6	47.6	4.8	0.0	0.0	100.0	21
環境系	53.8	34.7	3.8	0.0	7.7	100.0	26
福祉保健系	37.9	51.8	3.4	0.0	6.9	100.0	29
商工観光系	33.3	61.9	4.8	0.0	0.0	100.0	21
計画・企画系	30.0	70.0	0.0	0.0	0.0	100.0	10
事業系	36.4	54.5	9.1	0.0	0.0	100.0	11
農水産系	41.5	53.7	4.8	0.0	0.0	100.0	41
計画・企画系	40.0	53.3	6.7	0.0	0.0	100.0	15
事業系	42.3	53.8	3.8	0.0	0.0	99.9	26
都市整備系	40.0	40.0	7.5	0.0	12.5	100.0	40
教育系	43.5	26.1	17.4	4.3	8.7	100.0	23
復興系	41.2	52.9	0.0	5.9	0.0	100.0	17

いう問いである。県、市町村、関係団体が密接に連絡し合い、見解も概ね共有している組織間で何が復興を支えるために重要と考えられるのだろうか。

　住民の行政に対する信頼が重要であると答える農水産系の職員は40％を超え（図表7－11）、環境系、企画系、教育系に次いで多い。住民の行政に対する信頼は、行政の根幹に関わる問いである。農水産系の職員にとっての住民の信頼とはどのようなものか。普及指導員と農業者の関係を見たうえで改めて考える。

　そこでまず、復旧・復興の物的な支えである財源（図表7－12）及び職員数の確保（図表7－13）について見ていく。

　財源、職員数が重要であるという回答は、農水産系や商工観光系、福祉保健系など事業部局の企画系に多く、ロジスティックを担当する企画系の特性がよく出ている。今次の震災は、インフラの被害が甚大であり、漁港やかんがい施設など農林水産業の関連施設の被害も大きかった。財源が重要である

図表7－12　担当業務における復旧・復興への影響の程度（財源の確保）（3県）

	特に影響があると思う	影響があると思う	あまり影響があると思わない	影響があると思わない	関わりがない・無回答	合　計	
						%	N
総務系	63.4	19.5	4.9	0.0	12.2	100.0	41
企画系	57.1	28.6	4.8	0.0	9.5	100.0	21
環境系	46.2	38.5	11.5	3.8	0.0	100.0	26
福祉保健系	62.1	27.6	6.9	0.0	3.4	100.0	29
計画・企画系	83.3	16.7	0.0	0.0	0.0	100.0	12
事業系	47.1	35.3	11.8	0.0	5.8	100.0	17
商工観光系	76.2	19.0	4.8	0.0	0.0	100.0	21
計画・企画系	80.0	20.0	0.0	0.0	0.0	100.0	10
事業系	72.7	18.2	9.1	0.0	0.0	100.0	11
農水産系	75.6	22.0	2.4	0.0	0.0	100.0	41
計画・企画系	93.3	6.7	0.0	0.0	0.0	100.0	15
事業系	65.4	30.8	3.8	0.0	0.0	100.0	26
都市整備系	62.5	27.5	2.5	0.0	7.5	100.0	40
教育系	52.2	39.1	4.3	0.0	4.4	100.0	23
復興系	52.9	35.3	5.9	5.9	0.0	100.0	17

図表7-13　担当業務における復旧・復興への影響の程度（職員数の確保）（3県）

	特に影響があると思う	影響があると思う	あまり影響があると思わない	影響があると思わない	関わりがない・無回答	合計 %	N
総務系	43.9	39.0	7.3	0.0	9.8	100.0	41
企画系	38.1	42.9	4.8	9.5	4.8	100.1	21
環境系	57.7	38.5	3.8	0.0	0.0	100.0	26
福祉保健系	69.0	24.1	3.4	0.0	3.5	100.0	29
計画・企画系	75.0	16.7	8.3	0.0	0.0	100.0	12
事業系	64.7	29.4	0.0	0.0	5.9	100.0	17
商工観光系	52.4	28.6	19.0	0.0	0.0	100.0	21
計画・企画系	50.0	40.0	10.0	0.0	0.0	100.0	10
事業系	54.5	18.2	27.3	0.0	0.0	100.0	11
農水産系	65.8	29.3	4.9	0.0	0.0	100.0	41
計画・企画系	86.7	13.3	0.0	0.0	0.0	100.0	15
事業系	53.8	38.5	7.7	0.0	0.0	100.0	26
都市整備系	62.5	32.5	0.0	0.0	5.0	100.0	40
教育系	34.8	43.5	13.0	4.3	4.4	100.0	23
復興系	52.9	41.2	5.9	0.0	0.0	100.0	17

とするのは当然である。予算がつけば、設計、入札、補助金申請、執行と膨大な書類づくりと業務が待っており、多くの人手が必要となる[22]。職員数が重要という答えも必然である。しかし農水産系を見ると、財源及び職員数の重要性について、企画系と事業系には約30ポイントの大きな差がある（事業系が低い）。財源と職員数に関するこの差は、福祉保健系の企画系と事業系の差と相似である。

　福祉保健系の事業系部門[23]の職員は、現場で住民に接することおよびそのような仕事の支援が職務である。日常的に医師や看護師、ケースワーカーと協力を行い、災害時には専門家ボランティア等との連携も不可欠となる。

22）2010年度（発災年度）と2011年度の一般会計最終予算額を比べると、宮城県が約2.7倍、岩手県が約2.1倍になっている。
23）岩手で事業系に分類されているのは、保健福祉部の健康国保課、地域福祉課、長寿福祉課、障がい保健福祉課、児童家庭課、医師支援推進課。宮城では、保健福祉部の疾病・感染症対策室、障害福祉課、薬務課、国保医療課（課名はいずれも当時）である。

自らも医師や臨床心理士など専門職であることも少なくない。このため、職員の数だけでは片付かない専門性や専門家が重視される。

　農水産系の事業系職員も、ロジスティックを重視する企画系と比較すると、職員数を重要視する割合は低い。これはなぜか。結論を先取りすれば、農水産系の事業系においては、復興は都道府県の職員だけが担うのではなく、県、市町村や農協、基幹的農業者（経営体）の日常的なネットワークの存在が重要なのである。つまり、県職員の数も重要ではあるが、同時に地域における官民協働の（最大動員）ネットワークが重視されている。その中心には農林水産技術の専門家と位置づけられた普及指導員が存在しており、医師や看護師が大きな役割を担う、福祉保健系と類似の構造を持っていると考えることができる。

　次に、農水産系の職員は、首長のリーダーシップをどのように評価しているのかを見る。図表7－14は首長のリーダーシップの重要性を聞いている。

図表7－14　担当業務における復旧・復興への影響の程度（首長のリーダーシップ）（3県）

	特に影響があると思う	影響があると思う	あまり影響があると思わない	影響があると思わない	関わりがない・無回答	合計 %	N
総務系	51.2	31.7	2.4	0.0	14.7	100.0	41
企画系	52.4	42.9	0.0	0.0	4.7	100.0	21
環境系	50.0	38.5	11.5	0.0	0.0	100.0	26
福祉保健系	34.5	62.1	3.4	0.0	0.0	100.0	29
計画・企画系	33.3	66.7	0.0	0.0	0.0	100.0	12
事業系	35.3	58.8	5.9	0.0	0.0	100.0	17
商工観光系	<u>61.9</u>	33.3	4.8	0.0	0.0	100.0	21
計画・企画系	60.0	40.0	0.0	0.0	0.0	100.0	10
事業系	63.6	27.3	9.1	0.0	0.0	100.0	11
農水産系	<u>58.5</u>	34.2	7.3	0.0	0.0	100.0	41
計画・企画系	66.7	33.3	0.0	0.0	0.0	100.0	15
事業系	53.9	34.6	11.5	0.0	0.0	100.0	26
都市整備系	47.5	40.0	5.0	0.0	7.5	100.0	40
教育系	43.5	47.8	8.7	0.0	0.0	100.0	23
復興系	<u>76.5</u>	17.6	0.0	5.9	0.0	100.0	17

図表7-15　自治体が災害に対応するうえで大切だと思うもの（首長のリーダーシップ）（3県）

	1番	2番	その他	合　計 %	N
総務系	34.1	24.4	41.5	100.0	41
企画系	23.8	19.0	57.2	100.0	21
環境系	<u>38.5</u>	0.0	61.5	100.0	26
福祉保健系	24.1	13.8	62.1	100.0	29
計画・企画系	25.0	8.3	66.7	100.0	12
事業系	23.5	17.6	58.9	100.0	17
商工観光系	<u>66.7</u>	14.3	19.0	100.0	21
農水産系	29.3	17.1	53.6	100.0	41
計画・企画系	33.3	20.0	46.7	100.0	15
事業系	26.9	15.4	57.7	100.0	26
都市整備系	35.0	5.0	60.0	100.0	40
教育系	21.7	47.8	30.5	100.0	23
復興系	<u>52.9</u>	11.8	35.3	100.0	17

　農水産系は、復興系、商工観光系に次いで3番目にリーダーシップが<u>重要</u>であると考えているが、ここでも企画系と事業系の間に差が見られる。また、他分野と比べてみると、福祉保健系は事業系とともに企画系も低く、商工観光系はいずれも高い。一見ばらばらなこの違いは、どう解すべきだろうか。

　まず、アンケートにおける質問の順番に着目すべきであろう。当該質問は、財源や人員の重要性が聞かれた後に置かれている。そこで、このリーダーシップは予算獲得に関するリーダーシップの重要性と受け止められた（少なくともその方向に引き寄せられた）と考えてみよう。そうすると、農水産系の率の高さ、特に企画系の職員の率の高さが理解できる。

　このことを確認するため、図表7-15を見てみよう。これはアンケートの締め括りの部分（Q20）に置かれた「災害に自治体が対応するうえで重要だと思うもの」に掲げられた複数の項目の中で1番重要と答えた割合をまとめたものである。つまり、表中の数字（率）は、リーダーシップを1番重要、2番目に重要とした者の割合及びその他の合計を表している。

　この質問に対する首長のリーダーシップが重要という回答は、その質問の

位置から、財源確保等の具体的な対象とは切り離され、いわば一般的な政治的・行政的な首長の役割や手腕が思い浮かんでいるはずである。

　教育系以外の全部門で首長のリーダーシップが1番になっているが、部門間で大きな相違があり、農水産系がリーダーシップを重視する率は、約30％であり、これは図表7－14（約60％）の半分である。これは以下のように解釈できる。

　まず、予算の獲得に対して首長のリーダーシップが重視されるのは、農林水産業の事業特性に関係する[24]。農林水産省の大型予算は、かんがい排水事業や農林道事業などを典型とするように、受益者（農業者）の同意や土地の提供などが条件となっており、地域の同意と要望を取りまとめたうえで、国に要求し配分を受けるという要求－配分型のしくみをとるものが多い。その中には鳥獣害対策や漁礁設置事業のように、各自治体の政策の優先順位判断によって予算要望額が大きく異なるものもある。例えば、鳥獣害の被害が大きな県であっても、農業予算全体の中では、その対策を最優先にするとは限らない。被害の多い露地栽培から付加価値の高い施設園芸へのシフトを急ぎ、鳥獣害には一時目をつぶるということもあり得る。また、漁獲量の増加を目指す場合でも、漁礁の設置、海底耕うん、稚魚等の放流、養殖など多様な選択肢があり、どのような政策体系を作るかは自治体の判断である。

　国はそれぞれの自治体が何を求めているかは結局、要望の強さからしか判断できない。ここでは公平よりも競争・熱意が重視されるのである。自治体への予算配分額の決定は地元の同意と要望の強さが大きく左右する。このような状況においては、予算獲得のためには首長のリーダーシップが重要になる。首長には地元を調整するとともに国に働きかけることが期待されるのである。

　一方、福祉保健系の補助金は、高齢者数や要保育児童数、障がい者施設数など客観的に配分が決まる（べき）ものである。財源はもちろん重要である

| 24）商工観光系も同様な傾向を持つ。

が、首長が獲得を目指し要望に奔走するようなことは少ない。これが、図表7－14において福祉保健系（企画系）が首長のリーダーシップを重要と考える率が低くなっていることの背景である。図表7－14の回答には、予算獲得に対する首長のリーダーシップの重要性が表れているのである。

これに対して、図表7－15のリーダーシップはより一般的・抽象的なイメージで捉えられるリーダーシップである。これについては、次の質問項目である職員の意欲と併せて考える。

Q17の最後は、職員の意欲の重要性（図表7－16）である。農水産系は企画系も事業系も全体の中で1番と2番の高い率を示すが、その理由は若干異なって解釈できる。まず、図表7－14に基づけば、首長の（予算獲得の）リーダーシップが重要と答える企画系職員は、首長を支える幹部職員の活動量が重要であることを実感している。企画系職員の意欲は首長と同様、予算獲得の意欲である。

これは、福祉保健系の企画系の職員と比較すると、より明確になる。両者の大きな差は上に述べた両分野の予算分配の理念の違いから生じている。農水産系では予算は競争を勝ち抜いて獲得するものであるが、予算が平等に分配される福祉保健系の企画系職員の意欲は、予算分捕りには向かわない。福祉保健系の企画系職員は、複雑な保険・医療制度の自治体間不合理・不公平が存在しないか、制度はどうあるべきか、制度の改正や創設に知恵を絞る傾向がある[25]。

一方、事業系の職員の重視する意欲は、現場のネットワークの中で働く意欲である。これは、リーダーシップと職員の意欲の関係からうかがえる。リーダーシップを重視しないのは、教育系、福祉保健系と農水産系の事業系である（図表7－15）。いずれにおいても現場での職員一人ひとりの意欲が重視されており、職員の意欲が特に影響すると思う割合は50％を超えている。

---

[25] 例えば、全国知事会の政府に対する要望を見ると、農林水産系に比べ福祉保健系は制度改善要望が多い。全国知事会HPの「全国知事会の活動」中、各年度の「国の施策並びに予算に関する提案・要望」を参照。

図表7－16　担当業務における復旧・復興への影響の程度（職員の意欲）（3県）

	特に影響があると思う	影響があると思う	あまり影響があると思わない	影響があると思わない	関わりがない・無回答	合計 %	合計 N
総務系	41.5	48.8	2.4	0.0	7.3	100.0	41
企画系	33.3	57.1	4.8	0.0	4.8	100.0	21
環境系	42.3	53.9	3.8	0.0	0.0	100.0	26
福祉保健系	41.4	55.2	3.4	0.0	0.0	100.0	29
計画・企画系	25.0	75.0	0.0	0.0	0.0	100.0	12
事業系	52.9	41.2	5.9	0.0	0.0	100.0	17
商工観光系	33.3	66.7	0.0	0.0	0.0	100.0	21
計画・企画系	40.0	60.0	0.0	0.0	0.0	100.0	10
事業系	27.3	72.7	0.0	0.0	0.0	100.0	11
農水産系	61.0	36.6	2.4	0.0	0.0	100.0	41
計画・企画系	66.7	33.3	0.0	0.0	0.0	100.0	15
事業系	57.7	38.5	3.8	0.0	0.0	100.0	26
都市整備系	55.0	40.0	0.0	0.0	5.0	100.0	40
教育系	52.2	43.5	4.3	0.0	0.0	100.0	23
復興系	58.8	35.3	0.0	5.9	0.0	100.0	17

　クライアントと具体的に向き合う教育や福祉分野の第一線の職員[26]には、リーダーシップよりも現場で力を発揮する職員の意欲が重要なのである。非常時にのみ現れるリーダーシップというのは抽象論であり、現場の執行に軸足を置く職員は、その幻想にとらわれない（砂原2017：83）。また、このような事業系職員の同質性は、専門家のネットワークや専門知識・技能を重視する職務遂行のモラールの共通性に支えられていると考えることもできる。

3 ｜ 普及指導員と営農ネットワーク

3.1　普及指導員の職務と現状

　以上のアンケートデータの分析に一貫性を与えるため、**1**で述べたように、

---

[26] アンケートの回答者は課長級の職員であるが、課長の判断は部下からの報告や価値判断に影響される。特に自らが普及指導員や医師など、専門家集団の一員である場合は尚更である。

本章では普及指導員（とりわけ農業普及指導員）と彼らを中心とする市町村、農協及び基幹的農業者のネットワークという補助線を用いる。

まず、普及指導員とは何か。設置根拠は農業改良助長法（昭和23年7月15日法律第165号。平成23年最終改正。以下、「助長法」という）第8条[27]である。その職務は、市町村、農業団体と「密接な連絡を保ち」（同条）農村で巡回指導や相談を行うことである。これらの活動は、助長法第7条により協同農業普及事業と位置づけられている。助長法の眼目は、このような活動に対して交付金を交付することにあり、助長法第6条第1項は、国が都道府県に対し協同農業普及事業交付金（以下、単に「交付金」という）を交付することを規定している[28]。当初、農業普及指導員は農業改良普及員と専門技術員に分かれていたが[29]、2005年に統合された。普及事業を行う拠点として都道府県には普及指導センターが置かれ、普及指導員が配置されている。

農業普及指導員に対しては、都道府県が普及手当を支給することでき、実際にすべての都道府県において手当が支給されている。ユニークなのは既に指摘したように、その支給の要件として普及指導員は「その月の勤務を要する日の合計の2分の1以上……普及事務（巡回指導や相談業務）に従事していなければならない[30]」ことである。

昭和38年から始まった農業普及指導員への手当の支給は翌年、水産業普及

[27] 第8条　都道府県は、前条第1項第2号、第5号及び第6号の協同農業普及事業を行うため、普及指導員を置く。
　2　普及指導員は、次に掲げる事務を行う。
　　一　試験研究機関、市町村、農業に関する団体、教育機関等と密接な連絡を保ち、専門の事項又は普及指導活動の技術及び方法について調査研究を行うこと。
　　二　巡回指導、相談、農場展示、講習会の開催その他の手段により、直接農業者に接して、農業生産方式の合理化その他農業経営の改善又は農村生活の改善に関する科学的技術及び知識の普及指導を行うこと。
　3　〔略〕
[28] 2011年度は、全国で約36億円。うち、岩手県は約1億800万円、宮城県は約9,800万円、福島県は約1億3,100万円であった。
[29] 2004年の法改正までは、農業改良普及員と専門技術員という区分が設けられ、2段階の資格試験があった。改良普及員試験は大卒の職員であれば実務経験なく受験できるもので、試験は都道府県が実施した。専門技術員はより高度な技術を有するとされ、10年以上の普及指導実務経験があることを受験資格とし、国が実施していた。2005年に二つの資格は普及指導員資格に統合され、大学卒業後4年（大学院修了は2年）の実務経験を経て受験資格を得るよう試験が統一され、併せて試験は国実施となった。
[30] 前掲注8農林事務次官通知「林業普及指導事業及び水産業改良普及事業に従事する職員に対する農林漁業普及指導手当の支給について」。

指導員、林業普及指導員にも拡張されている。普及指導員は月の半分は担当の地域に入り、経営農家等と直接接する。実際の営農指導は、普及指導員と並んで農協に置かれる営農指導員[31]との協力のもとに行われている。

　農業者サイドでも、大規模経営者等、指導農業士[32]や認定農業者[33]として認定を受けた者が中心となり、都道府県、市町村、農協と連携し活動する。助長法第13条は普及指導員に協力する農業従事者として、普及指導協力委員という制度を置いており、指導農業士等はこの普及指導協力委員に委嘱されることも多い。

　指導農業士や認定農業者は、品種改良の協力や新品種の率先した植えつけ[34]など行政に協力する反面、農業研修事業への優先参加や低利融資制度など優遇策が受けられるようになっている。このような普及指導員を中心とするネットワークを図示したものが図表7-17である。普及指導員を中心に垂直にも、水平にも関係が広がっている。

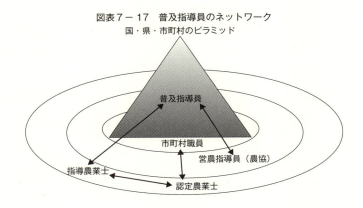

図表7-17　普及指導員のネットワーク
国・県・市町村のピラミッド

---

31) 農業協同組合法第10条が掲げる農協の実施する事業の冒頭に掲げられる「組合員……のためにする農業の経営及び技術の向上に関する指導」に基づき設置される。
32) 1967年、長野県で制度が創設され、その後全国に広がった。都道府県知事が認定し、現在全国で約1万人が認定されている。
33) 1993年農林水産省が創設。一定規模以上の経営規模があり、5年後を目標とする農業経営改善計画を策定する農家（個人、法人）に与えられる。市町村が認定。2016年3月末で約24万6千（うち法人約2万）の認定農業者がいる。
34) 例えば現在多くの道府県が競って開発しているコメの新品種などは、これらの基幹的農業者の協力と努力がなければ実現しない。

図表7－18　東北3県の農業経営基礎データ

(人)

	A	B	C	D	E	F	G	H	I	J
	耕地面積(ha)	流失・冠水面積(ha)	B／A (％)	農業経営体数(件)	一般行政職員数	農林水産部職員数	技術職員数	農業普及指導員数	営農指導員数	G＋H
岩手県	126,686	1,838	1.5	57,001	3,969	1,356	748	191	457	648
宮城県	115,079	15,002	13.0	50,741	4,806	1,309	828	153	458	611
福島県	121,488	5,923	4.9	71,654	5,584	1,534	825	218	388	606
3県計	363,253	22,763	6.3	179,396	14,359	4,199	2,401	562	1,303	1,865
全国	3,631,585	23,600	0.6	1,679,084	237,468	52,713	28,311	7,204	14,414	21,618

出典：A、D：世界農業センサス（2010年2月1日）
　　　B：農林水産省「地震の規模と被害」（2012年3月5日現在）
　　　E～G：総務省「地方公共団体定員管理調査」（2011年4月1日現在）
　　　H：農林水産省「平成22年共同農業普及事業年次報告」（2011年3月31日）
　　　I：農林水産省「総合農協統計表平成22事業年度」（2011年3月31日現在）

　図表7－18は、東北3県（岩手県、宮城県、福島県）の発災前の農業経営と被害の状況及び農業普及指導員、営農指導員の状況をまとめたものである。

　3県の一般行政職に占める農林水産部門の職員数の比率は27％台（宮城、福島）から34％台と全国平均（22.2％）と比べると5ポイントから10ポイント高い。農林水産部門の職員数に占める技術職についても、53％から63％と全国平均を上回り、農林水産部門の職員の半数以上は技術職である。

　農業普及指導員数[35]が技術職員に占める割合はほぼ全国平均並みである（宮城県が若干低い）が、職員に占める技術職員の割合が高いから、全体としては、配置は多いことになる。これに農協の営農指導員を加えるとその総数は、岩手県が全国4位、宮城県が5位、福島県が6位と農業指導体制が充実している。

　本アンケート調査は被災3県の課長級職員に行ったものである。2005年の制度改正以前は、多くの県では農業技術職員の採用条件として旧農業改良普及員の資格取得を求めており、アンケートに答えている農水産系の課長級職員の多くは普及指導員資格を持っている[36]。その大多数は10年の普及業務の

---

35) 水産普及指導員数、林業普及指導員数は含まない。
36) 例えば、岩手県農林水産部の事業系10課の課長級職員29人のうち14人が普及指導員資格の保有者である（2017年度）。これは事業系の課に農業（漁業）土木系の課が含まれるためであり、普及センターなど出先機関の課長級職員の保有率はさらに上がる。

経験を有する旧専門技術員の資格保持者であろう[37]。つまり、アンケートに答えた農水産系の技術職の課長級職員の多くは、10年以上にわたり月の半分は地域の農業者等と顔を合わせ、市町村、農協の職員と顔見知りであり、地域の農業の特徴はもちろん、農業者の家族構成や個人的な事情を知る間柄なのである。

3.2 ネットワークの実態と機能

このような関係が日常的にどのようなネットワークを生み、被災後の活動にどう結びついたか、被災3県の普及指導員の記録[38]から拾ってみよう。

まず、岩手県大船渡農業改良普及センター[39]所属の普及指導員の記録からの抜粋である。引用文中、主語はすべて普及指導員である（下線は筆者。以下同じ）。

> パートナー（地域の中核的な農業者で、普及指導員が密に接する農業者の呼称）の農業者や、パートナー以外でも地域の主要な農業者を中心に安否確認を行い、……情報を収集していきました。……3月22日からの2ヵ月間で普及指導員が地域[40]の農業者86名を巡回訪問し、状況確認を行っています[41]。

> 被災から10日ほどたったころ、農協の営農部長から、……農業についても手を付けていかなくてはという提案がありました。それに呼応するかたちで、前（普及：筆者加筆）センター長が中心となり、農業関係者があつまる会議がもたれるようになった……。第1回の災害復興営農対

---

37) 前掲注27の資格制度を参照。
38) 前掲注10記載の各記録を参照。
39) 大船渡市にあり、大槌町、釜石市、大船渡市、陸前高田市、住田町を所管とする。津波で管内の耕地522haが被災するという大きな被害を受けたセンターである。
40) センターの普及指導員はそれぞれ担当地域を持ち、当該地域の農業者の相談に乗り、指導し、協力して営農を支援する。
41) 日本農業普及学会編著（2017：20）。

策会議は３月23日に開催されました。……関係機関である<u>農協や農業共済</u>の担当者が集まりました[42]。

　普及指導員たちは、発災後10日足らずで被災後の営農体制を考え、動き始めている。また、普及指導員や農協の営農部（所属の営農指導員）と連携する地域の基幹的農業者は、パートナーと呼ばれるような関係であることがわかる。他県でも状況は同様であった[43]。
　このような緊密なネットワークは、個人的な親密な関係につながる。また、この関係こそ普及指導員の資産である。

　　　……普及センターの仕事は、農家がどこでなにを作っているのかまで知らないとできないのです。逆に知らないと不安になります。……<u>普及指導員の仕事は県職員としては、非常に異質だと思う</u>。現場を持っている。やらないといけないことは、あらゆる手段を使って実現するというような職場です。……農家の家庭環境まで知っているからこそ、これをしたらという指導ができる。そういう部署は県の他の部署にはあまりない[44]。

　農業者との間にできあがった関係は、担当職員と所管の農家という関係を超えていく。退職後も普及指導員たちは農業経営のNPOでもあるOB会に加入し、関係は続いていく。

　　　……農家との人的なつながりは、普及センターの仕事の中で受け継がれています。担当職員が異動したからといって、なくなるものではあり

---

42) 日本農業普及学会編著（2017：22-23）。
43) 「（震災後声をあげた若い）人たちに、法人化したらどうかと、普及センターから提案したのです。……計画実現のためには土地が必要です。……普及指導員は農家と人的なつながりがあるので、……農業士とかが協力してくれました。」同上（67-68）。
44) 同上（89）。

第7章｜農水産系職員が関わった復旧・復興業務

ません[45]。

　岩手県農業改良普及職員OB会、NPO法人いわてアグリサポートネット等が6班編成で、被災地の農業復興活動を展開する旨、県庁農業普及技術課から5月11日付けで通知……[46]

　普及指導員は、自分たちと農家のこのようなつながりが自らの仕事の根幹であると考えている。その中心はハードではなくてソフトである。

　土木や水産などのハード事業では、その事業特有のノウハウが必要ですが、地域が変わっても共通する部分が多い。……しかし、<u>普及はソフト事業</u>であることから、その地域の農業者のことがわからないと進めることが難しいです。地域特性がわからないと、どの品目をどのように作ればよいかなど、指導することもできません。……[47]

　図表7－11において農水産系の職員が大きな影響を持つと回答した「住民の行政に対する信頼」は、上で見たような農業者や農協の営農指導員など顔が思い浮かぶ具体的な信頼関係である。
　この信頼がどのようなものであるかは、環境系の職員と比較してみるとよくわかる。図表7－11において農水産系以上に住民の信頼が大きな影響を与えると答えている環境系の職員は、住民組織（図表7－4）やその他の組織（図表7－5）との連絡はほとんどない。そのうえで住民の信頼が重要であるというのは、行政や政治の活動を信頼して任せてほしいという一般的な信頼への希望である。
　では、このような普及指導員たちは自分たちの存在や仕事をどう考えているのか。家庭環境まで知るような親密な関係を結び、相談に応じることこそ

---

45) 日本農業普及学会編著（2017：89）。
46) 古川（2015：99）。
47) 日本農業普及学会編著（2017：42）。

重要だと考えているのだろうか。そこにはある種のゆらぎが見られる。

　　……話を聞くことが重要なんです。たいへんだったねということで、なにができるかを一緒に考えてあげることで、農家の不安やストレスの解消に少しは役に立つのではないか[48]。

　　……被災した農家についてあまりにかわいそうなので、話を聞くべきではないという人もいますが、そうではないと思う。やっぱり農家は話したいと思う。行って話を聞くことが重要。聞くほうもつらいが、今でも聞いてよかったと思います[49]。

一方、次のような発言もある。

　　……「聞き手になる」という言い方に違和感があります。普及指導員は職務目的をもって農業者を訪問しているのであって、話し相手になるために農業者を訪問しているわけではありません[50]。

　　……私ども普及員は、スペシャリストであり、お互いの専門性を発揮しあいながら、この有事の時にこそ前向きに取り組む姿勢を農業者や関係者に示すことが重要である[51]。

後者も現場に出ると農業者の話を聞いていないわけではないだろうし、前者もスペシャリストとしての役割を否定するわけではないだろう。要は、どちらが前面に出るか、どちらを主と考えるかという自己認識の問題である。そしてそれは結局バランスの問題であると考えるとき、次のような発言が生

---

48) 日本農業普及学会編著（2017：79）。
49) 同上（80）。
50) 同上（30）。
51) 古川（2015：28）。

まれる。

> 普及指導員とは何かについてあらためて考えさせられました。地域に根ざした行政や、農協という立場とも異なるスタンスをもち、農業者の気持ちをくみ取る一方で、客観的な視線も持ってやるべきこと、状況を農業者に伝え、判断することが求められるのが普及指導員であると思います[52]。

このような自己規定は、地域に埋め込まれる（embedded）とともに公務員として、国－都道府県－市町村という行政組織の秩序に属してもいるという普及指導員の二面性の反映である。

> ……（新しいプロジェクトを始めるとき）たとえば、どういう人をリーダーにすべきかは、<u>普及センターが地域のリーダーとのつながりがあった</u>のですぐに対象者を見つけることができました。そして地域のリーダーを中心に、進めていったのです[53]。

> 復興交付金事業とか東日本大震災農業生産対策交付金も最初はありませんでした。<u>交付金事業の制度設計者がヒアリングに来て</u>、こういった事業が必要という話をして、施設園芸対象の事業が加わったと聞いています[54]。

国の省庁、出先とも市町村、その他の組織とも密接な連絡があるというのは、水平、垂直両方向のつながりを意味する。普及指導員のネットワークは水平方向にも垂直方向にもつながっているのである[55]。しかし、その軸足は

---

52) 日本農業普及学会編著（2017：46）。
53) 同上（107）。
54) 同上（68）。
55) 図表7－17参照。

地域にある。自ら県職員としては特殊な存在と考え[56]、国、市町村、住民組織、関係団体と連携しながらも国と対立し、公務員でありながら国や場合によっては県の組織よりも民間組織（JA）や農業者に親近感を感じ、一方で専門家として地域と一定の距離を置く。予算や人材が重要であるとしながら、官民のネットワークを仕事の拠り所とする。首長のリーダーシップについても、ネットワークの重視や専門家としての意識から、どこか冷静に評価し、住民の信頼と自らの意欲を頼みとして復旧・復興にあたる。

　農水産系職員のアンケートの特徴は、普及指導員という制度を中心とするネットワークが反映されていると考えると、より深く理解することができる。

4｜おわりに

　1において述べたように、本章の関心の一つは復旧・復興におけるレジリエンスとは何か、ということであった。レジリエンスとは、政策の立案と実施の観点から見れば、多様に解釈できる政策について、情報と理念が共有されることにより、柔軟で公正・公平な運用が統一的かつ迅速に進むことであるといえるのではないか。

　地方自治体において政策を実施し、成果を上げることには多くの困難が伴う。都道府県を例にとれば、権限や財源を留保する国及び実施の一部を委任する市町村の双方との調整がある。また、政策が適用される場である「社会」には企業のインセンティブ構造やコミュニティのルールがある。

　自治体における30年の経験から、筆者は自治体政策のポイントは、Simple、System、Social Capitalという三つのSであると考えてきた。国－県－市町村や県－市町村－民間など複数の組織階層にまたがる間接補助事業の場合、これはとりわけ重要である。

　いかに理論的に考えられていても、複雑な実施要項や分厚いQ＆Aが必要な事業はうまくいかない。シンプルであることは政策執行の重要な条件で

---

[56] 前掲注44。

ある。例えば農業に関する補助事業であれば、市町村や農協など実施段階で複雑な説明や煩雑な手続きがある事業は敬遠され、「売れない」事業となる。国庫補助がある場合には、複雑な事業は会計検査でのリスクが高くなるから尚更である。

　一方において、緊密なネットワークは複雑さを軽減する。情報と理念が共有され、実施主体相互の気心が知れていれば、複雑さは抑えられる。複雑さは、危機と同じく主体の側の問題解決能力との相関関係（ハバーマス1979：4）によって規定される。

　システムとは制度もしくはインセンティブのことである。新しい事業はできるだけ既存の制度に乗せ、実施の負担を軽減する必要がある。それは既存のインセンティブ構造をうまく利用することでもある。そして、政策の執行現場でいっそう重要なことは、システムの中心にあってそれを動かすリーダーやグループが存在するかどうかである。これは、システムを裏から支えるソーシャル・キャピタルを見つけることができるかと言い換えることができる。

　新しい事業を行う場合、それを支えるリーダーやグループを思い浮かべることができれば、新しい制度を作ることができる。自治体では事業は人であるといわれることが多いが、それはしくみが重要ではないという意味ではなく、しくみを支えるリーダーと彼（彼女）を支えるグループがいるかということである。このグループが安定したものであれば、それは政策執行に役立つソーシャル・キャピタルである。上に引用した「プロジェクトを進める際にまずリーダーを探した」という発言[57]は、この事情をよく表している。

　成果を上げている自治体の事業の多くには、しくみとソーシャル・キャピタルの一体性が見いだせる。国の事業が現場において、ときに非現実的であるのは、この両者の関係が見落とされているからである。また、同様な事業が自治体によって機能したり、しなかったりするのも、地域独自のソーシャル・キャピタルに関わっている。

　本章で取り上げた普及指導員を中心とするネットワークをソーシャル・

| 57）前掲注53。

キャピタルと理解するとして、それはどのような特性を持っているのか。Bonding、Bridging、LinkingなどSocial Capital の理論的分析は様々な示唆を与えてくれる。具体的な検討に際しては、農協の組織率が影響するのではないか、農作物共済制度や組織などもネットワークを支えているのではないかなど、検討項目は多い。また、普及指導員や営農指導員の専門性に着目するなら、国の研究機関まで含んで、これを一種のPolicy Network と捉えることも可能であろう。さらに、日本の行政の特色である最大動員の自治体行政における具体的な現れと観察することもできるであろう。理論的な検討を今後の課題としたい。

【参考文献】

天川晃（2015）「自治体行政の『非常時』と『平時』」小原隆治・稲継裕昭編『震災後の自治体ガバナンス』東洋経済新報社、23-48頁

北村亘（2015）「被災自治体に対する政府の財政措置」小原隆治・稲継裕昭編『震災後の自治体ガバナンス』東洋経済新報社、121-145頁

砂原庸介（2017）「書評 小原隆治・稲継裕昭編／村松岐夫・恒川惠一監修『大震災に学ぶ社会科学第2巻震災後の自治体ガバナンス』」季刊行政管理研究157号、80-83頁

日本農業普及学会編著（2017）『聞く力、つなぐ力 3．11東日本大震災被災農家に寄り添いつづける普及指導員たち』農文協

農林中金総合研究所（2016）『東日本大震災 農業復興はどこまで進んだか』家の光協会

古川勉（2015）『3・11私のアーカイブ 東日本大震災津波から一年の記録』

松井望（2015）「自治体の震災対応と職員意識」小原隆治・稲継裕昭編『震災後の自治体ガバナンス』東洋経済新報社、73-93頁

村松岐夫（1988）『地方自治』東京大学出版会

村松岐夫（1994）『日本の行政』中央公論社

Ｄ．Ｐ．アルドリッチ（石田祐・藤澤由和訳）（2015）『災害復興におけるソー

シャル・キャピタルの役割とは何か』ミネルヴァ書房
J. ハバーマス（細谷貞雄訳）(1979)『晩期資本主義における正統化の諸問題』
　　岩波現代選書

補章

「東日本大震災学術調査に係る被災自治体職員アンケート調査」調査票及び質問回答一覧

　以下、補章として「東日本大震災学術調査に係る被災自治体職員アンケート調査」（調査時には「震災と行政システムに関するアンケート調査」という略称を用いた）の調査票及び各質問回答一覧を収録した。なお、調査票は「市町村職員用」として配布したものを掲載したが、「県職員用」のものもQ13-16、20の一部を除いてすべて同一である。異なる部分については、脚注において補足をした。

「震災と行政システムに関するアンケート調査」調査票
（市町村職員用）

東日本大震災震災学術調査 行政・地方自治班（早稲田大学受託事業）

　本質問票は、被災3県（岩手県、宮城県、福島県）と同3県内の沿岸部37市町村に送付しております。

　調査へのご理解とご協力、よろしくお願い申し上げます。

◇回答者と質問について

> 　本調査は、質問票を送付した2014年2月現在における各課の課長級の職員様がご回答ください。該当者が複数いらっしゃる場合は、その中から回答者を1名選んでください。回答者の選出方法は、無作為・任意いずれの方法でも構いません。
> 　質問は東日本大震災発災時のことを尋ねるものと、それ以降についての経過を尋ねるものがございます。発災時から現在にかけて人事異動がなされていると思いますので、質問票への回答は、現在ご所属先の課長級職員様としての立場ではなく、回答者様個人の立場からのご意見としてご記入ください。発災当時、現在と異なる所属・職位にあった場合でも、回答者様個人の立場からのご意見として、当時の認識をご回答ください。
> 　他自治体・組織からの派遣・応援職員の方は、Q1以降の質問では派遣先の自治体での勤務についてご回答をお願いします。
> 　選択肢がある質問の場合は、当てはまる番号を○で囲み、それ以外は、各設問の指示に従って記入してください。

◇郵送での提出方法

　質問票は同封している返信用封筒に必要書類を封入した上で、2014年3月20日（木）までにご返送ください。もし期限を過ぎてしまった場合でもご回答の上ご返送いただければ幸いです。

◇WEBでの回答方法

　本調査は、WEBでもご回答いただけます。その場合、紙の質問票のご返送は不要です。下記のインターネットサイトにアクセス頂き、本質問票左上の整理番号を入力の上、画面の指示に従ってご回答ください。　※ＷＥＢ回答に関するお問合せは〔略〕までお願いします。
　　　　　　「震災と行政システムに関するアンケート調査」WEBサイト
　　　　　　　　　　　https://……

◇こたえづらい・わからない質問

　本調査における設問はいずれも重要なものであり、可能なかぎりすべての質問へのご回答をお願いするものですが、どうしても回答することができない質問については、何も記入しない状態にしたうえで、次の質問へとお進みください。

◇自由記述回答について

　本調査には、いくつか自由記述形式でご回答いただく質問がございます。どのようなものでも構いませんので、多くの事柄についての忌憚無きご意見をご記入ください。ご回答が記入欄に収まらなかった場合は欄外や9ページ目（自由記入欄の続き）に続きをご記入ください。

まず、平成26年現在におけるあなたご自身のことについてお答え下さい。

```
F1  所属自治体名  〔                市・町・村〕
    ※他自治体・組織からの派遣・応援職員である場合は派遣先の自治体名
F2  現在の所属部局  〔              〕※他自治体・組織からの
    発災時の所属部局  〔              〕  派遣・応援職員である場合
                                        は派遣先の自治体での所属
F3  年    齢  〔    〕歳
F4  勤務年数  〔    〕年  ※他自治体・組織からの派遣・応援職員である場合は派遣元での
                                勤務年数
F5  現在の勤務地  〔        市・町・村〕
    発災時の勤務地  〔        市・町・村〕
```
※他自治体・組織からの派遣・応援職員である場合、次もご記入ください。
```
F6  本来の所属自治体名  〔        都・道・府・県・市・町・村〕
    その他の組織の場合  〔                            〕
F7  現在の所属自治体に派遣された時期  〔   年   月   日〕から派遣
```

Q1 震災後の1ヵ月を振り返って下さい。あなたの仕事の内容は、どのようなものでしたか。（○は1つ）

```
1  震災以前の仕事とほぼ同じだった ➡Q5へ
2  震災以前の仕事に、災害関連の仕事が加わった
3  震災以前の仕事から災害関連の仕事に変った
4  被災等の何らかの事情により出勤できなかったため不明 ➡Q5へ
5  その他（具体的に：                    ）➡Q5へ
```

▶【Q1で「2 震災以前の仕事に、災害関連の仕事が加わった」「3 震災以前の仕事から災害関連の仕事に変った」と回答した方におたずねします】

Q2 災害関連の仕事は、自分の所属する部局に関連する仕事でしたか。（○は1つ）

```
1  すべて関連する仕事       3  一部関連する仕事
2  大半が関連する仕事       4  すべて関連しない仕事
```
  ▶Q5へ

【Q2で「3 一部関連する仕事」「4 すべて関連しない仕事」と回答した方におたずねします】

Q3 関連しない仕事の中身を具体的にお教え下さい。（**自由記入**）

補章

Q4　その仕事を行うようになった理由は何ですか。（複数回答可）

```
1  組織としての所管事項と関連があったから    4  職場の討論の結果
2  上司に命じられたから                      5  その他（           ）
3  自分の判断で
```

【全ての方におたずねします】
Q5　おおむねいつ頃から、震災以前の仕事の状態に戻りましたか。（○は1つ）

```
1  1ヵ月以内    3  半年以内    5  2年以上後    7  前の仕事に戻らず新しい職務についた
2  3ヵ月以内    4  1年以内     6  まだ戻っていない
```

　　　　↓
　　　Q5SQ　まだ戻っていない理由は何ですか。（複数回答可）

```
1  職員の不足    3  法律、条例等の問題    5  その他
2  財源の不足    4  住民との関係             （           ）
```

【全ての方におたずねします】
Q6　震災以前のあなたの仕事は、住民と直接接触する機会の多いものでしたか。（○は1つ）

```
1  多い      2  ある程度多い      3  少ない      4  ほとんどない
```

Q7　震災後の3年間を振り返って下さい。震災に関わる事柄で、住民からの直接の問い合わせ、依頼、あるいは要求をどの程度受けましたか。（○は1つ）

```
1  非常に多く受けた            3  あまり受けなかった
2  かなり多く受けた            4  全く受けなかった ➡Q12へ
```

【Q7で「1　非常に多く受けた」「2　かなり多く受けた」「3　あまり受けなかった」と回答した方におたずねします】
Q8　住民からの直接の問い合わせ、依頼・要求の内容は、普段の場合と比べてどうでしたか。（○は1つ）

```
1  すべて想定できない内容だった     3  一部想定できない内容だった
2  大半が想定できない内容だった     4  すべて想定できる内容だった
```
　　　　　　　　　　　　　　　　　　　➡ Q10へ

【Q8で「1 すべて想定できない内容だった」「2 大半が想定できない内容だった」と回答した方におたずねします】

Q9 想定できない内容とはどのようなものでしたか。具体的に記入して下さい。（**自由記入**）

【Q7で「1 非常に多く受けた」「2 かなり多く受けた」「3 あまり受けなかった」と回答した方におたずねします】

Q10 あなたは住民から具体的に出された要求にどの程度応えることができましたか。（○は1つ）

1	十分に応えられた	3	あまり応えられなかった
2	かなり応えられた	4	全く応えられなかった

　　　　▶ Q12へ　　　　　　　　　▶ Q11へ

【Q10で「3 あまり応えられなかった」「4 全く応えられなかった」と回答した方におたずねします】

Q11 住民の要求に十分応えられなかったとしたら、その主な理由はなんだったのでしょうか。（複数回答可）

1 所管に関わらない事柄だったため
2 所管に関わる事柄だったが、上司との連絡調整に手間取った
3 所管に関わる事柄だったが、関係部局もしくは機関との間の調整に手間取った
4 所管に関わる事柄だったが、現場の混乱で、人手や手段がなかった
5 所管に関わる事柄だったが、制度上応えられる内容ではなかった
6 その他（具体的に：　　　　　　　　　　　　　　　　　　　）

【全ての方におたずねします】

Q12 混乱した状況の中で住民の依頼・要求により良く応えるために改善すべき点があるとするなら、それはどのような点ですか。具体的にお書き下さい。（**自由記入**）

Q13 震災後の1ヵ月を振り返って下さい。仕事の実施に際して、関係機関・組織とどれくらい連絡をとりましたか。当てはまる番号に○をおつけ下さい。(○はそれぞれ1つずつ)

	ほぼ毎日	ほぼ2〜3日に1回	ほぼ1週間に1回	ほぼ1カ月に1回	特になし
(1) 国の災害対策本部	1	2	3	4	5
(2) 国の各省庁	1	2	3	4	5
(3) 国の出先機関	1	2	3	4	5
(4) 消防	1	2	3	4	5
(5) 警察	1	2	3	4	5
(6) 自衛隊	1	2	3	4	5
(7) 県 [他都道府県][1)	1	2	3	4	5
(8) 県内の他の市町村 [県内の市町村]	1	2	3	4	5
(9) 県外の市町村	1	2	3	4	5
(10) 住民組織（自治会、町内会など）	1	2	3	4	5
(11) 社会福祉協議会	1	2	3	4	5
(12) ボランティア団体・NPO	1	2	3	4	5
(13) 医療機関	1	2	3	4	5
(14) 電力会社	1	2	3	4	5
(15) 通信会社	1	2	3	4	5
(16) その他（　　　）	1	2	3	4	5

Q14 震災後の3年を振り返って下さい。仕事の実施に際して、関係機関・組織とどれくらい連絡をとりましたか。当てはまる番号に○をおつけ下さい。(○はそれぞれ1つずつ)

	ほぼ毎日	ほぼ2〜3日に1回	ほぼ1週間に1回	ほぼ1カ月に1回	特になし
(1) 国の復興庁	1	2	3	4	5
(2) 国の各省庁	1	2	3	4	5
(3) 国の出先機関	1	2	3	4	5
(4) 消防	1	2	3	4	5
(5) 警察	1	2	3	4	5
(6) 自衛隊	1	2	3	4	5
(7) 県 [他都道府県]	1	2	3	4	5

1) [ ] 内は「県職員」に対する調査票の質問項目である。以下、Q 14 – 16、Q 20 につき同じ。

(8) 県内の他の市町村 ［県内の市町村］	1	2	3	4	5
(9) 県外の市町村	1	2	3	4	5
(10) 住民組織（自治会、町内会など）	1	2	3	4	5
(11) 社会福祉協議会	1	2	3	4	5
(12) ボランティア団体・NPO	1	2	3	4	5
(13) 医療機関	1	2	3	4	5
(14) 電力会社	1	2	3	4	5
(15) 通信会社	1	2	3	4	5
(16) その他（　　　）	1	2	3	4	5

Q15　震災後の1ヵ月を振り返って下さい。関係機関・組織との間で意見や見解の相違を感じましたか。当てはまる番号に○をおつけ下さい。（○はそれぞれ1つずつ）

	大変感じた	ある程度感じた	あまり感じなかった	感じなかった	特に関係なかった
(1) 国の災害対策本部	1	2	3	4	5
(2) 国の各省庁	1	2	3	4	5
(3) 国の出先機関	1	2	3	4	5
(4) 消防	1	2	3	4	5
(5) 警察	1	2	3	4	5
(6) 自衛隊	1	2	3	4	5
(7) 県［他都道府県］	1	2	3	4	5
(8) 県内の他の市町村 ［県内の市町村］	1	2	3	4	5
(9) 県外の市町村	1	2	3	4	5
(10) 住民組織（自治会、町内会など）	1	2	3	4	5
(11) 社会福祉協議会	1	2	3	4	5
(12) ボランティア団体・NPO	1	2	3	4	5
(13) 医療機関	1	2	3	4	5
(14) 電力会社	1	2	3	4	5
(15) 通信会社	1	2	3	4	5
(16) その他（　　　）	1	2	3	4	5

Q16　震災後の3年を振り返って下さい。関係機関・組織との間で意見や見解の相違を感じましたか。当てはまる番号に○をおつけ下さい。（○はそれぞれ1つずつ）

	大変感じた	ある程度感じた	あまり感じなかった	感じなかった	特に関係なかった
⑴　国の復興庁	1	2	3	4	5
⑵　国の各省庁	1	2	3	4	5
⑶　国の出先機関	1	2	3	4	5
⑷　消防	1	2	3	4	5
⑸　警察	1	2	3	4	5
⑹　自衛隊	1	2	3	4	5
⑺　県　［他都道府県］	1	2	3	4	5
⑻　県内の他の市町村［県内の市町村］	1	2	3	4	5
⑼　県外の市町村	1	2	3	4	5
⑽　住民組織（自治会、町内会など）	1	2	3	4	5
⑾　社会福祉協議会	1	2	3	4	5
⑿　ボランティア団体・NPO	1	2	3	4	5
⒀　医療機関	1	2	3	4	5
⒁　電力会社	1	2	3	4	5
⒂　通信会社	1	2	3	4	5
⒃　その他（　　　　）	1	2	3	4	5

Q17　ご担当をされている業務での復旧・復興を進める上で、以下のそれぞれは、復旧・復興の進捗にどの程度影響があると思われますか。当てはまる番号に○をおつけ下さい。（○はそれぞれ1つずつ）

	特に影響があると思う	影響があると思う	あまり影響があると思わない	影響があると思わない	担当業務では関わりがない
⑴　住民の行政に対する信頼	1	2	3	4	5
⑵　職員数の確保	1	2	3	4	5
⑶　業務実施のための財源の確保	1	2	3	4	5
⑷　復興計画上の目標・達成年度	1	2	3	4	5
⑸　首長のリーダーシップ	1	2	3	4	5

(6) 職員の意欲	1	2	3	4	5
(7) その他 右欄に具体的にご記入ください➡	(自由記入)				

Q18 あなたは、ご自身が所属する市町村の常設の危機管理機関・組織（例えば、危機管理監、防災課・室、危機対策課・室）が、今回の東日本大震災に対して有効に機能したと思いますか。（○は1つ）

1 非常に有効　　3 どちらともいえない　　5 全く有効ではなかった
2 ある程度有効　　4 あまり有効ではなかった

Q19 あなたは、東日本大震災に関連した業務を行うなかで、①災害対策基本法、災害救助法、被災者生活再建支援法等の災害対策に関連した法律や、それらの法律に基づく政省令、②あなたが働く自治体で災害対策基本法に基づいて策定されている「地域防災計画」、③あなたの自治体で災害時において職員がとるべき行動について定めた「災害対応マニュアル」を、どの程度参照しましたか。当てはまる番号に○をおつけ下さい。（○はそれぞれ1つずつ）

	頻繁に参照した	時々参照した	少なくとも一度は参照した	まったく参照しなかった
(1) 法律や政省令	1	2	3	4
(2) 地域防災計画	1	2	3	4
(3) 災害対応マニュアル	1	2	3	4

Q20 東日本大震災のような災害に自治体が対応するうえで、以下の(1)から(10)のそれぞれは、どの程度大切だと思われますか。あなた自身の経験を踏まえ、最も大切だと思うものを「1」として、1から10まで順番に番号をおつけ下さい。（□に1から10まで数字を記入）

(1) 国の災害関連法令の整備……………………………………………➡ □ 番
(2) 自治体ごとの「地域防災計画」や「災害対応マニュアル」の整備……➡ □ 番
(3) 首長のリーダーシップ……………………………………………➡ □ 番
(4) 現場での職員一人ひとりの意欲…………………………………➡ □ 番
(5) 住民や住民団体の協力……………………………………………➡ □ 番
(6) 国からの支援………………………………………………………➡ □ 番
(7) 県からの支援　［他都道府県からの支援］……………………➡ □ 番

(8) 他の市町村からの支援　［市町村との連携・協力］………………➡ □番
(9) ボランティアやNPOの活動 …………………………………………➡ □番
(10) 医師・看護師・建築士・測量士・弁護士等の専門家の支援………➡ □番

Q21　あなたの職場で、災害時に求められる業務が事情により十分に遂行できない事態が発生したとき、それを補うための人員とはどのような人でしょうか。（○は1つ）

1　必要な技能・知識を備えている公務員
2　必要な技能・知識を備えている民間のボランティア・NPO
3　必要な技能・知識を備えていれば誰でもよい
4　必要な技能・知識を備えていなくとも公務員であればよい
5　誰でもよい

Q22　災害時に職場の業務が滞らないための措置として、今後どのようなものが有効であるとお考えですか。以下に自由にご記入下さい。（**自由記入**）

最後に、あなたご自身のことについておうかがいします。

Q23　災害救助や復興への関わり方で、あなたが自治体職員であることは、どのような意味を持ったと思いますか。（**複数回答可**）

1　自治体職員であるがゆえに、自らの家族や親戚の安全に十分気をつかうことができなかった
2　自治体職員としての職責を果たすことによって、救助や復興に十分貢献できた
3　自治体職員としての職責は果たしたが、災害救助や復興には貢献できなかったとの思いが残る
4　自治体職員としての職責は果たしたが、その分、一市民としてボランティア活動などに参加できなかった
5　自治体職員としての自覚は特に持たなかった
6　なんともいえない
7　その他（具体的に：　　　　　　　　　　　　　　　　　　　　　　　　　）

Q24　あなたは、発災直後、地震・津波の被害などに関する情報をどこから得ていましたか。(複数回答可)

1	ラジオ	4	防災無線	6	知人	8	その他
2	テレビ	5	家族・親戚	7	職場の同僚	(	)
3	インターネット（パソコン・携帯・スマートフォンを含む）						

Q25　今回の震災では多くの職員の方自身が大変大きく被災されましたが、あなたの場合はいかがでしたか。(複数回答可)

1	家屋に被害を受け、避難を余儀なくされた
2	自分自身が負傷した
3	家族が負傷した
4	家族が亡くなった
5	被災はしていない
6	その他の状況（具体的に： ）

質問は以上です。皆様も、それぞれ何らかのかたちで被災され、また、管理職としての心労も相当なものであったと思います。その中にあって、今回のアンケートに最後までご協力いただき、ありがとうございました。

自由記入欄の続き　自由記入欄が足りなかった場合は、下の欄に続きをご記入下さい。

Q＿＿＿＿＿＿＿＿（質問番号もご記入ください）

◇本アンケート調査の体制について〔略〕
◇調査に関するご連絡先〔略〕

補章　233

質問回答一覧

図表A-1　Q1．震災後1ヵ月の仕事の内容

	震災以前の仕事とほぼ同じだった	震災以前の仕事に、災害関連の仕事が加わった	震災以前の仕事から災害関連の仕事に変った	被災等の何らかの事情により出勤できなかったため不明	その他	無回答	合計	
							%	N
県	6.1	58.5	32.6	0.3	1.3	1.3	100	313
市町村	4.3	55.2	36.6	0.6	2.3	1.1	100	705
全体	4.8	56.2	35.4	0.5	2.0	1.2	100	1018

図表A-2　Q2．災害関連の仕事は、所属部局に関連する仕事か

	すべて関連する仕事	大半が関連する仕事	一部関連する仕事	すべて関連しない仕事	非該当	無回答	合計	
							%	N
県	27.5	36.7	16.0	10.9	8.9	0	100	313
市町村	20.0	28.7	23.3	19.3	8.2	0.6	100	705
全体	22.3	31.1	21.0	16.7	8.4	0.4	100	1018

図表A-3　Q3．部局に関連しない仕事の中身（自由記入）

	記入なし	記入あり	合計	
			%	N
県	73.2	26.8	100	313
市町村	58.0	42.0	100	705
全体	62.7	37.3	100	1018

図表A-4　Q4．部局に関連しない仕事を行うようになった理由（複数回答可）

	組織としての所管事項と関連があったから	上司に命じられたから	自分の判断で	職場の討論の結果	その他	有効回答数（N）
県	23.8	42.9	8.3	4.8	38.1	84
市町村	35.2	44.6	8.1	18.1	25.8	298
全体	32.7	44.2	8.1	15.2	28.5	382

図表A-5　Q5．いつ頃から震災以前の仕事の状態に戻ったか

	1ヵ月以内	3ヵ月以内	半年以内	1年以内	2年以上後	まだ戻っていない	前の仕事に戻らず新しい職務についた	無回答	合計 %	N
県	3.5	7.0	12.1	15.3	6.1	35.8	19.8	0.3	100	313
市町村	4.0	13.3	17.4	20.4	9.1	20.1	15.0	0.6	100	705
全体	3.8	11.4	15.8	18.9	8.2	25.0	16.5	0.5	100	1018

図表A-6　Q5SQ．震災以前の仕事の状態にまだ戻っていない理由（複数回答可）

	職員の不足	財源の不足	法律、条例等の問題	住民との関係	その他	有効回答数（N）
県	43.8	11.6	9.8	17.0	77.7	112
市町村	56.7	12.1	13.5	22.7	57.4	141
全体	51.0	11.9	11.9	20.2	66.4	253

図表A-7　Q6．震災以前の仕事は、住民と直接接触する機会が多かったか

	多い	ある程度多い	少ない	ほとんどない	無回答	合計 %	N
県	8.9	23.3	37.4	30.4	0	100	313
市町村	28.2	29.4	29.1	13.2	0.1	100	705
全体	22.3	27.5	31.6	18.5	0.1	100	1018

図表A-8　Q7．震災後の3年間に住民からの直接の問い合わせ、依頼・要求を受けた程度

	非常に多く受けた	かなり多く受けた	あまり受けなかった	全く受けなかった	無回答	合計 %	N
県	15.7	36.7	35.1	11.2	1.3	100	313
市町村	29.1	40.7	23.8	6.0	0.4	100	705
全体	25.0	39.5	27.3	7.6	0.7	100	1018

図表A-9　Q8．住民からの直接の問い合わせ、依頼・要求の内容の普段との比較

	すべて想定できない内容だった	大半が想定できない内容だった	一部想定できない内容だった	すべて想定できる内容だった	非該当	無回答	合計 %	合計 N
県	2.6	20.4	48.9	14.7	12.5	1.0	100	313
市町村	3.5	18.7	55.9	14.8	6.4	0.7	100	705
全体	3.2	19.3	53.7	14.7	8.3	0.8	100	1018

図表A-10　Q9．想定できなかった住民からの直接の問い合わせ、依頼・要求の具体的な内容（自由記入）

	記入なし	記入あり	合計 %	合計 N
県	77.6	22.4	100	313
市町村	78.7	21.3	100	705
全体	78.4	21.6	100	1018

図表A-11　Q10．住民からの具体的な要求に応えることができたか

	十分に応えられた	かなり応えられた	あまり応えられなかった	全く応えられなかった	非該当	無回答	合計 %	合計 N
県	3.2	40.9	40.3	1.3	12.5	1.9	100	313
市町村	3.4	49.2	36.7	1.7	6.4	2.6	100	705
全体	3.3	46.7	37.8	1.6	8.3	2.4	100	1018

図表A-12　Q11．住民からの要求に応えられなかった理由（複数回答可）

	所管に関わらない事柄だったため	所管に関わる事柄だったが、上司との連絡調整に手間取った	所管に関わる事柄だったが、関係部局もしくは機関との間の調整に手間取った	所管に関わる事柄だったが、現場の混乱で、人手や手段がなかった	所管に関わる事柄だったが、制度上応えられる内容ではなかった	その他	有効回答数（N）
県	37.7	0.8	22.3	23.8	46.9	26.2	130
市町村	31.0	1.8	21.8	39.9	39.9	25.1	271
全体	33.2	1.5	21.9	34.7	42.1	25.4	401

図表A-13　Q12. 混乱した状況の中で住民の依頼・要求により良く応えるために改善すべき点（自由記入）

	記入なし	記入あり	合計 %	合計 N
県	25.6	74.4	100	313
市町村	23.3	76.7	100	705
全体	24.0	76.0	100	1018

図表A-14　Q13. 震災後1ヵ月の関係機関・組織との連絡頻度　(1)　国の災害対策本部

	ほぼ毎日	ほぼ2～3日に1回	ほぼ1週間に1回	ほぼ1カ月に1回	特になし	無回答	合計 %	合計 N
県	6.4	2.6	1.3	3.5	80.2	6.1	100	313
市町村	3.0	2.0	2.0	2.3	84.7	6.1	100	705
全体	4.0	2.2	1.8	2.7	83.3	6.1	100	1018

図表A-15　Q13. 震災後1ヵ月の関係機関・組織との連絡頻度　(2)　国の各省庁

	ほぼ毎日	ほぼ2～3日に1回	ほぼ1週間に1回	ほぼ1カ月に1回	特になし	無回答	合計 %	合計 N
県	8.9	12.1	9.6	7.0	58.1	4.2	100	313
市町村	2.6	3.5	5.0	8.7	73.9	6.4	100	705
全体	4.5	6.2	6.4	8.2	69.1	5.7	100	1018

図表A-16　Q13. 震災後1ヵ月の関係機関・組織との連絡頻度　(3)　国の出先機関

	ほぼ毎日	ほぼ2～3日に1回	ほぼ1週間に1回	ほぼ1カ月に1回	特になし	無回答	合計 %	合計 N
県	9.9	4.8	10.9	7.0	62.3	5.1	100	313
市町村	4.8	6.2	6.8	7.9	67.9	6.2	100	705
全体	6.4	5.8	8.1	7.7	66.2	5.9	100	1018

図表A-17　Q13. 震災後1ヵ月の関係機関・組織との連絡頻度　(4)　消防

	ほぼ毎日	ほぼ2～3日に1回	ほぼ1週間に1回	ほぼ1カ月に1回	特になし	無回答	合計 %	N
県	7.0	2.2	5.4	5.1	74.8	5.4	100	313
市町村	20.3	5.4	8.2	6.4	53.8	6.0	100	705
全体	16.2	4.4	7.4	6.0	60.2	5.8	100	1018

図表A-18　Q13. 震災後1ヵ月の関係機関・組織との連絡頻度　(5)　警察

	ほぼ毎日	ほぼ2～3日に1回	ほぼ1週間に1回	ほぼ1カ月に1回	特になし	無回答	合計 %	N
県	9.3	3.8	6.4	7.3	68.1	5.1	100	313
市町村	17.4	6.0	7.9	7.1	56.3	5.2	100	705
全体	14.9	5.3	7.5	7.2	59.9	5.2	100	1018

図表A-19　Q13. 震災後1ヵ月の関係機関・組織との連絡頻度　(6)　自衛隊

	ほぼ毎日	ほぼ2～3日に1回	ほぼ1週間に1回	ほぼ1カ月に1回	特になし	無回答	合計 %	N
県	11.8	5.1	4.5	3.2	70.6	4.8	100	313
市町村	24.4	5.8	7.1	2.8	55.0	4.8	100	705
全体	20.5	5.6	6.3	2.9	59.8	4.8	100	1018

図表A-20　Q13. 震災後1ヵ月の関係機関・組織との連絡頻度　(7)　(県)他都道府県(市町村)県

	ほぼ毎日	ほぼ2～3日に1回	ほぼ1週間に1回	ほぼ1カ月に1回	特になし	無回答	合計 %	N
県	6.7	8.3	11.2	11.8	57.8	4.2	100	313
市町村	18.9	15.3	16.2	10.1	35.3	4.3	100	705
全体	15.1	13.2	14.6	10.6	42.2	4.2	100	1018

図表A-21 Q13. 震災後1ヵ月の関係機関・組織との連絡頻度 (8) (県) 県内の市町村 (市町村) 県内の他の市町村

	ほぼ毎日	ほぼ2〜3日に1回	ほぼ1週間に1回	ほぼ1カ月に1回	特になし	無回答	合計 %	N
県	34.2	17.6	12.1	6.1	26.8	3.2	100	313
市町村	5.8	7.9	15.2	14.0	51.8	5.2	100	705
全体	14.5	10.9	14.2	11.6	44.1	4.6	100	1018

図表A-22 Q13. 震災後1ヵ月の関係機関・組織との連絡頻度 (9) 県外の市町村

	ほぼ毎日	ほぼ2〜3日に1回	ほぼ1週間に1回	ほぼ1カ月に1回	特になし	無回答	合計 %	N
県	1.9	1.9	2.6	4.8	82.7	6.1	100	313
市町村	3.3	4.8	9.4	9.5	66.8	6.2	100	705
全体	2.8	3.9	7.3	8.1	71.7	6.2	100	1018

図表A-23 Q13. 震災後1ヵ月の関係機関・組織との連絡頻度 (10) 住民組織（自治会、町内会など）

	ほぼ毎日	ほぼ2〜3日に1回	ほぼ1週間に1回	ほぼ1カ月に1回	特になし	無回答	合計 %	N
県	5.1	2.9	5.8	7.7	72.8	5.8	100	313
市町村	19.9	11.1	8.7	7.2	47.2	6.0	100	705
全体	15.3	8.5	7.8	7.4	55.1	5.9	100	1018

図表A-24 Q13. 震災後1ヵ月の関係機関・組織との連絡頻度 (11) 社会福祉協議会

	ほぼ毎日	ほぼ2〜3日に1回	ほぼ1週間に1回	ほぼ1カ月に1回	特になし	無回答	合計 %	N
県	2.6	2.6	5.4	5.8	78.0	5.8	100	313
市町村	11.5	10.5	9.5	7.0	55.5	6.1	100	705
全体	8.7	8.1	8.3	6.6	62.4	6.0	100	1018

図表A-25　Q13. 震災後1ヵ月の関係機関・組織との連絡頻度　⑿　ボランティア団体・NPO

	ほぼ毎日	ほぼ2～3日に1回	ほぼ1週間に1回	ほぼ1カ月に1回	特になし	無回答	合計 %	合計 N
県	4.2	5.8	8.6	6.7	69.6	5.1	100	313
市町村	12.5	10.8	11.2	7.0	52.8	5.8	100	705
全体	9.9	9.2	10.4	6.9	58.0	5.6	100	1018

図表A-26　Q13. 震災後1ヵ月の関係機関・組織との連絡頻度　⒀　医療機関

	ほぼ毎日	ほぼ2～3日に1回	ほぼ1週間に1回	ほぼ1カ月に1回	特になし	無回答	合計 %	合計 N
県	6.1	2.9	2.9	3.8	78.6	5.8	100	313
市町村	11.8	7.9	7.0	5.7	62.1	5.5	100	705
全体	10.0	6.4	5.7	5.1	67.2	5.6	100	1018

図表A-27　Q13. 震災後1ヵ月の関係機関・組織との連絡頻度　⒁　電力会社

	ほぼ毎日	ほぼ2～3日に1回	ほぼ1週間に1回	ほぼ1カ月に1回	特になし	無回答	合計 %	合計 N
県	2.9	3.5	5.8	5.8	77.0	5.1	100	313
市町村	6.5	7.0	8.5	7.7	64.8	5.5	100	705
全体	5.4	5.9	7.7	7.1	68.6	5.4	100	1018

図表A-28　Q13. 震災後1ヵ月の関係機関・組織との連絡頻度　⒂　通信会社

	ほぼ毎日	ほぼ2～3日に1回	ほぼ1週間に1回	ほぼ1カ月に1回	特になし	無回答	合計 %	合計 N
県	2.9	2.2	4.2	3.5	82.1	5.1	100	313
市町村	5.8	5.4	7.8	7.4	67.9	5.7	100	705
全体	4.9	4.4	6.7	6.2	72.3	5.5	100	1018

図表A-29　Q13. 震災後1ヵ月の関係機関・組織との連絡頻度　(16)　その他

	ほぼ毎日	ほぼ2〜3日に1回	ほぼ1週間に1回	ほぼ1カ月に1回	特になし	無回答	合計 %	N
県	17.6	7.3	3.2	1.0	42.5	28.4	100	313
市町村	11.2	3.5	2.0	0.3	42.7	40.3	100	705
全体	13.2	4.7	2.4	0.5	42.6	36.6	100	1018

図表A-30　Q14. 震災後3年の関係機関・組織との連絡頻度　(1)　国の復興庁

	ほぼ毎日	ほぼ2〜3日に1回	ほぼ1週間に1回	ほぼ1カ月に1回	特になし	無回答	合計 %	N
県	0.6	1.0	5.4	24.9	62.0	6.1	100	313
市町村	1.1	2.8	4.3	20.0	65.7	6.1	100	705
全体	1.0	2.3	4.6	21.5	64.5	6.1	100	1018

図表A-31　Q14. 震災後3年の関係機関・組織との連絡頻度　(2)　国の各省庁

	ほぼ毎日	ほぼ2〜3日に1回	ほぼ1週間に1回	ほぼ1カ月に1回	特になし	無回答	合計 %	N
県	1.9	8.6	12.8	34.8	37.4	4.5	100	313
市町村	0.4	2.4	5.4	22.3	63.7	5.8	100	705
全体	0.9	4.3	7.7	26.1	55.6	5.4	100	1018

図表A-32　Q14. 震災後3年の関係機関・組織との連絡頻度　(3)　国の出先機関

	ほぼ毎日	ほぼ2〜3日に1回	ほぼ1週間に1回	ほぼ1カ月に1回	特になし	無回答	合計 %	N
県	1.9	4.5	10.9	27.5	49.2	6.1	100	313
市町村	0.9	2.8	6.5	26.0	57.6	6.2	100	705
全体	1.2	3.3	7.9	26.4	55.0	6.2	100	1018

図表A−33　Q14. 震災後3年の関係機関・組織との連絡頻度　(4)　消防

	ほぼ毎日	ほぼ2〜3日に1回	ほぼ1週間に1回	ほぼ1カ月に1回	特になし	無回答	合計 %	合計 N
県	0.3	0	0.3	3.5	89.8	6.1	100	313
市町村	1.8	1.8	4.5	13.6	71.6	6.5	100	705
全体	1.4	1.3	3.2	10.5	77.2	6.4	100	1018

図表A−34　Q14. 震災後3年の関係機関・組織との連絡頻度　(5)　警察

	ほぼ毎日	ほぼ2〜3日に1回	ほぼ1週間に1回	ほぼ1カ月に1回	特になし	無回答	合計 %	合計 N
県	0	0	1.0	7.3	85.6	6.1	100	313
市町村	1.0	0.4	4.1	12.9	75.3	6.2	100	705
全体	0.7	0.3	3.1	11.2	78.5	6.2	100	1018

図表A−35　Q14. 震災後3年の関係機関・組織との連絡頻度　(6)　自衛隊

	ほぼ毎日	ほぼ2〜3日に1回	ほぼ1週間に1回	ほぼ1カ月に1回	特になし	無回答	合計 %	合計 N
県	0	0.3	1.0	2.9	89.8	6.1	100	313
市町村	1.0	1.1	1.6	4.7	84.7	7.0	100	705
全体	0.7	0.9	1.4	4.1	86.2	6.7	100	1018

図表A−36　Q14. 震災後3年の関係機関・組織との連絡頻度　(7)　(県) 他都道府県 (市町村) 県

	ほぼ毎日	ほぼ2〜3日に1回	ほぼ1週間に1回	ほぼ1カ月に1回	特になし	無回答	合計 %	合計 N
県	1.0	1.3	6.1	41.5	44.7	5.4	100	313
市町村	2.7	8.7	18.6	34.6	30.9	4.5	100	705
全体	2.2	6.4	14.7	36.7	35.2	4.8	100	1018

図表A-37　Q14. 震災後3年の関係機関・組織との連絡頻度 (8) (県)県内の市町村(市町村)県内の他の市町村

	ほぼ毎日	ほぼ2〜3日に1回	ほぼ1週間に1回	ほぼ1カ月に1回	特になし	無回答	合計 %	N
県	5.8	11.8	19.2	32.3	27.5	3.5	100	313
市町村	0.6	2.1	9.1	34.8	47.9	5.5	100	705
全体	2.2	5.1	12.2	34.0	41.7	4.9	100	101

図表A-38　Q14. 震災後3年の関係機関・組織との連絡頻度 (9) 県外の市町村

	ほぼ毎日	ほぼ2〜3日に1回	ほぼ1週間に1回	ほぼ1カ月に1回	特になし	無回答	合計 %	N
県	0.6	0	1.3	5.8	86.6	5.8	100	313
市町村	0.1	0.9	3.4	17.6	72.1	6.0	100	705
全体	0.3	0.6	2.8	13.9	76.5	5.9	100	1018

図表A-39　Q14. 震災後3年の関係機関・組織との連絡頻度 (10) 住民組織(自治会、町内会など)

	ほぼ毎日	ほぼ2〜3日に1回	ほぼ1週間に1回	ほぼ1カ月に1回	特になし	無回答	合計 %	N
県	0.6	1.0	2.2	11.5	78.6	6.1	100	313
市町村	2.0	3.4	10.6	22.4	55.2	6.4	100	705
全体	1.6	2.7	8.1	19.1	62.4	6.3	100	1018

図表A-40　Q14. 震災後3年の関係機関・組織との連絡頻度 (11) 社会福祉協議会

	ほぼ毎日	ほぼ2〜3日に1回	ほぼ1週間に1回	ほぼ1カ月に1回	特になし	無回答	合計 %	N
県	0	0.3	1.0	5.8	87.2	5.8	100	313
市町村	1.3	2.8	4.8	14.5	70.4	6.2	100	705
全体	0.9	2.1	3.6	11.8	75.5	6.1	100	1018

図表A-41　Q14. 震災後3年の関係機関・組織との連絡頻度　⑿　ボランティア団体・NPO

	ほぼ毎日	ほぼ2〜3日に1回	ほぼ1週間に1回	ほぼ1カ月に1回	特になし	無回答	合計 %	N
県	0	1.0	3.2	15.7	75.1	5.1	100	313
市町村	0.9	2.3	7.1	17.7	66.0	6.1	100	705
全体	0.6	1.9	5.9	17.1	68.8	5.8	100	1018

図表A-42　Q14. 震災後3年の関係機関・組織との連絡頻度　⒀　医療機関

	ほぼ毎日	ほぼ2〜3日に1回	ほぼ1週間に1回	ほぼ1カ月に1回	特になし	無回答	合計 %	N
県	0.3	0.6	1.3	7.0	85.0	5.8	100	313
市町村	0.3	1.4	2.7	10.5	79.1	6.0	100	705
全体	0.3	1.2	2.3	9.4	80.9	5.9	100	1018

図表A-43　Q14. 震災後3年の関係機関・組織との連絡頻度　⒁　電力会社

	ほぼ毎日	ほぼ2〜3日に1回	ほぼ1週間に1回	ほぼ1カ月に1回	特になし	無回答	合計 %	N
県	0.3	1.0	1.0	8.9	83.1	5.8	100	313
市町村	0.3	1.1	1.8	12.3	78.0	6.4	100	705
全体	0.3	1.1	1.6	11.3	79.6	6.2	100	1018

図表A-44　Q14. 震災後3年の関係機関・組織との連絡頻度　⒂　通信会社

	ほぼ毎日	ほぼ2〜3日に1回	ほぼ1週間に1回	ほぼ1カ月に1回	特になし	無回答	合計 %	N
県	0	0.3	0	4.5	89.5	5.8	100	313
市町村	0.1	0.9	1.7	8.9	81.8	6.5	100	705
全体	0.1	0.7	1.2	7.6	84.2	6.3	100	1018

図表A－45　Q14．震災後3年の関係機関・組織との連絡頻度　(16)　その他

	ほぼ毎日	ほぼ2～3日に1回	ほぼ1週間に1回	ほぼ1カ月に1回	特になし	無回答	合計 %	N
県	5.8	2.6	5.8	4.8	52.1	29.1	100	313
市町村	1.8	1.4	1.7	3.7	50.9	40.4	100	705
全体	3.0	1.8	2.9	4.0	51.3	36.9	100	1018

図表A－46　Q15．震災後1ヵ月の関係機関・組織との意見や見解の相違　(1)　国の災害対策本部

	大変感じた	ある程度感じた	あまり感じなかった	感じなかった	特に関係なかった	無回答	合計 %	N
県	8.9	7.7	6.4	5.1	66.8	5.1	100	313
市町村	6.7	10.4	4.3	3.4	68.8	6.5	100	705
全体	7.4	9.5	4.9	3.9	68.2	6.1	100	1018

図表A－47　Q15．震災後1ヵ月の関係機関・組織との意見や見解の相違　(2)　国の各省庁

	大変感じた	ある程度感じた	あまり感じなかった	感じなかった	特に関係なかった	無回答	合計 %	N
県	11.8	19.8	11.8	8.3	44.4	3.8	100	313
市町村	7.4	16.3	6.5	5.0	58.7	6.1	100	705
全体	8.7	17.4	8.2	6.0	54.3	5.4	100	1018

図表A－48　Q15．震災後1ヵ月の関係機関・組織との意見や見解の相違　(3)　国の出先機関

	大変感じた	ある程度感じた	あまり感じなかった	感じなかった	特に関係なかった	無回答	合計 %	N
県	4.8	14.7	13.1	9.6	52.4	5.4	100	313
市町村	5.8	15.0	8.5	8.7	55.3	6.7	100	705
全体	5.5	14.9	9.9	8.9	54.4	6.3	100	1018

図表A-49　Q15. 震災後1ヵ月の関係機関・組織との意見や見解の相違　(4)　消防

	大変感じた	ある程度感じた	あまり感じなかった	感じなかった	特に関係なかった	無回答	合計 %	合計 N
県	0	0.3	9.6	15.3	69.6	5.1	100	313
市町村	0.4	2.7	14.8	29.2	45.8	7.1	100	705
全体	0.3	2.0	13.2	25.0	53.1	6.5	100	1018

図表A-50　Q15. 震災後1ヵ月の関係機関・組織との意見や見解の相違　(5)　警察

	大変感じた	ある程度感じた	あまり感じなかった	感じなかった	特に関係なかった	無回答	合計 %	合計 N
県	0	1.0	12.8	18.2	62.6	5.4	100	313
市町村	0.9	4.3	15.5	24.5	48.7	6.2	100	705
全体	0.6	3.2	14.6	22.6	52.9	6.0	100	1018

図表A-51　Q15. 震災後1ヵ月の関係機関・組織との意見や見解の相違　(6)　自衛隊

	大変感じた	ある程度感じた	あまり感じなかった	感じなかった	特に関係なかった	無回答	合計 %	合計 N
県	0	2.2	10.2	16.9	65.5	5.1	100	313
市町村	1.3	3.5	13.9	29.4	46.2	5.7	100	705
全体	0.9	3.1	12.8	25.5	52.2	5.5	100	1018

図表A-52　Q15. 震災後1ヵ月の関係機関・組織との意見や見解の相違　(7)　(県)他都道府県（市町村）県

	大変感じた	ある程度感じた	あまり感じなかった	感じなかった	特に関係なかった	無回答	合計 %	合計 N
県	1.3	8.0	17.3	20.8	48.2	4.5	100	313
市町村	11.6	23.8	18.9	14.8	26.8	4.1	100	705
全体	8.4	19.0	18.4	16.6	33.4	4.2	100	1018

図表A-53　Q15. 震災後1ヵ月の関係機関・組織との意見や見解の相違　(8)　(県) 県内の市町村（市町村）県内の他の市町村

	大変感じた	ある程度感じた	あまり感じなかった	感じなかった	特に関係なかった	無回答	合計 %	N
県	3.5	24.3	25.6	22.7	21.4	2.6	100	313
市町村	1.0	7.4	18.6	24.5	43.0	5.5	100	705
全体	1.8	12.6	20.7	24.0	36.3	4.6	100	1018

図表A-54　Q15. 震災後1ヵ月の関係機関・組織との意見や見解の相違　(9)　県外の市町村

	大変感じた	ある程度感じた	あまり感じなかった	感じなかった	特に関係なかった	無回答	合計 %	N
県	0.3	3.5	5.1	7.3	78.3	5.4	100	313
市町村	0.7	5.7	13.0	18.9	55.0	6.7	100	705
全体	0.6	5.0	10.6	15.3	62.2	6.3	100	1018

図表A-55　Q15. 震災後1ヵ月の関係機関・組織との意見や見解の相違　(10)　住民組織（自治会、町内会など）

	大変感じた	ある程度感じた	あまり感じなかった	感じなかった	特に関係なかった	無回答	合計 %	N
県	1.9	6.7	11.2	8.3	66.5	5.4	100	313
市町村	4.5	17.9	14.6	17.2	39.3	6.5	100	705
全体	3.7	14.4	13.6	14.4	47.6	6.2	100	1018

図表A-56　Q15. 震災後1ヵ月の関係機関・組織との意見や見解の相違　(11)　社会福祉協議会

	大変感じた	ある程度感じた	あまり感じなかった	感じなかった	特に関係なかった	無回答	合計 %	N
県	0	2.2	8.6	7.7	76.0	5.4	100	313
市町村	0.9	5.4	19.4	20.4	47.2	6.7	100	705
全体	0.6	4.4	16.1	16.5	56.1	6.3	100	1018

図表A-57　Q15.　震災後1ヵ月の関係機関・組織との意見や見解の相違　⑿　ボランティア団体・NPO

	大変感じた	ある程度感じた	あまり感じなかった	感じなかった	特に関係なかった	無回答	合計 %	合計 N
県	1.6	11.8	8.3	9.6	64.5	4.2	100	313
市町村	2.8	11.9	16.6	17.7	45.0	6.0	100	705
全体	2.5	11.9	14.0	15.2	51.0	5.4	100	1018

図表A-58　Q15.　震災後1ヵ月の関係機関・組織との意見や見解の相違　⒀　医療機関

	大変感じた	ある程度感じた	あまり感じなかった	感じなかった	特に関係なかった	無回答	合計 %	合計 N
県	0.3	5.1	8.3	6.4	74.8	5.1	100	313
市町村	1.3	4.7	14.0	19.7	54.2	6.1	100	705
全体	1.0	4.8	12.3	15.6	60.5	5.8	100	1018

図表A-59　Q15.　震災後1ヵ月の関係機関・組織との意見や見解の相違　⒁　電力会社

	大変感じた	ある程度感じた	あまり感じなかった	感じなかった	特に関係なかった	無回答	合計 %	合計 N
県	2.6	3.5	6.4	10.9	71.6	5.1	100	313
市町村	3.0	4.8	11.2	19.0	55.9	6.1	100	705
全体	2.8	4.4	9.7	16.5	60.7	5.8	100	1018

図表A-60　Q15.　震災後1ヵ月の関係機関・組織との意見や見解の相違　⒂　通信会社

	大変感じた	ある程度感じた	あまり感じなかった	感じなかった	特に関係なかった	無回答	合計 %	合計 N
県	0	1.0	6.4	8.9	78.6	5.1	100	313
市町村	1.3	4.1	12.2	16.6	59.4	6.4	100	705
全体	0.9	3.1	10.4	14.2	65.3	6.0	100	1018

図表A-61　Q15. 震災後1ヵ月の関係機関・組織との意見や見解の相違　(16)　その他

	大変感じた	ある程度感じた	あまり感じなかった	感じなかった	特に関係なかった	無回答	合計 %	合計 N
県	2.2	6.4	8.3	9.9	43.5	29.7	100	313
市町村	0.9	2.8	5.4	8.2	41.8	40.9	100	705
全体	1.3	3.9	6.3	8.7	42.3	37.4	100	1018

図表A-62　Q16. 震災後3年の関係機関・組織との意見や見解の相違　(1)　国の復興庁

	大変感じた	ある程度感じた	あまり感じなかった	感じなかった	特に関係なかった	無回答	合計 %	合計 N
県	16.6	25.2	7.3	5.4	40.6	4.8	100	313
市町村	14.0	24.0	6.1	4.7	45.1	6.1	100	705
全体	14.8	24.4	6.5	4.9	43.7	5.7	100	1018

図表A-63　Q16. 震災後3年の関係機関・組織との意見や見解の相違　(2)　国の各省庁

	大変感じた	ある程度感じた	あまり感じなかった	感じなかった	特に関係なかった	無回答	合計 %	合計 N
県	13.7	30.7	15.7	8.9	27.8	3.2	100	313
市町村	10.5	25.4	10.5	6.4	41.0	6.2	100	705
全体	11.5	27.0	12.1	7.2	36.9	5.3	100	1018

図表A-64　Q16. 震災後3年の関係機関・組織との意見や見解の相違　(3)　国の出先機関

	大変感じた	ある程度感じた	あまり感じなかった	感じなかった	特に関係なかった	無回答	合計 %	合計 N
県	5.8	23.0	18.5	9.3	38.7	4.8	100	313
市町村	6.0	22.4	15.0	10.1	40.3	6.2	100	705
全体	5.9	22.6	16.1	9.8	39.8	5.8	100	1018

図表A-65　Q16. 震災後3年の関係機関・組織との意見や見解の相違　(4)　消防

	大変感じた	ある程度感じた	あまり感じなかった	感じなかった	特に関係なかった	無回答	合計 %	N
県	0	0.3	5.8	6.7	81.5	5.8	100	313
市町村	0.1	1.7	13.8	22.7	54.6	7.1	100	705
全体	0.1	1.3	11.3	17.8	62.9	6.7	100	1018

図表A-66　Q16. 震災後3年の関係機関・組織との意見や見解の相違　(5)　警察

	大変感じた	ある程度感じた	あまり感じなかった	感じなかった	特に関係なかった	無回答	合計 %	N
県	0	0.6	8.3	8.9	76.4	5.8	100	313
市町村	0.1	2.4	13.9	19.9	57.2	6.5	100	705
全体	0.1	1.9	12.2	16.5	63.1	6.3	100	1018

図表A-67　Q16. 震災後3年の関係機関・組織との意見や見解の相違　(6)　自衛隊

	大変感じた	ある程度感じた	あまり感じなかった	感じなかった	特に関係なかった	無回答	合計 %	N
県	0	1.3	5.8	6.7	80.5	5.8	100	313
市町村	0.1	1.0	9.4	19.1	63.0	7.4	100	705
全体	0.1	1.1	8.3	15.3	68.4	6.9	100	1018

図表A-68　Q16. 震災後3年の関係機関・組織との意見や見解の相違　(7)　(県)　他都道府県（市町村）県

	大変感じた	ある程度感じた	あまり感じなかった	感じなかった	特に関係なかった	無回答	合計 %	N
県	0.6	15.3	18.8	22.7	37.7	4.8	100	313
市町村	8.2	27.9	21.0	16.0	22.3	4.5	100	705
全体	5.9	24.1	20.3	18.1	27.0	4.6	100	1018

図表A-69　Q16. 震災後3年の関係機関・組織との意見や見解の相違　(8)　(県) 県内の市町村　(市町村) 県内の他の市町村

	大変感じた	ある程度感じた	あまり感じなかった	感じなかった	特に関係なかった	無回答	合計 %	N
県	2.2	27.2	26.2	20.1	20.4	3.8	100	313
市町村	0.6	8.1	23.7	25.7	35.7	6.2	100	705
全体	1.1	13.9	24.5	24.0	31.0	5.5	100	1018

図表A-70　Q16. 震災後3年の関係機関・組織との意見や見解の相違　(9)　県外の市町村

	大変感じた	ある程度感じた	あまり感じなかった	感じなかった	特に関係なかった	無回答	合計 %	N
県	0	3.2	4.2	6.7	80.2	5.8	100	313
市町村	0.4	6.5	14.9	17.9	53.2	7.1	100	705
全体	0.3	5.5	11.6	14.4	61.5	6.7	100	1018

図表A-71　Q16. 震災後3年の関係機関・組織との意見や見解の相違　(10)　住民組織 (自治会、町内会など)

	大変感じた	ある程度感じた	あまり感じなかった	感じなかった	特に関係なかった	無回答	合計 %	N
県	1.3	11.5	5.1	5.8	70.0	6.4	100	313
市町村	1.8	18.0	18.0	13.9	41.0	7.2	100	705
全体	1.7	16.0	14.0	11.4	49.9	7.0	100	1018

図表A-72　Q16. 震災後3年の関係機関・組織との意見や見解の相違　(11)　社会福祉協議会

	大変感じた	ある程度感じた	あまり感じなかった	感じなかった	特に関係なかった	無回答	合計 %	N
県	0	1.6	6.1	5.4	81.2	5.8	100	313
市町村	0.1	3.1	18.2	16.9	55.2	6.5	100	705
全体	0.1	2.7	14.4	13.4	63.2	6.3	100	1018

図表A-73　Q16. 震災後3年の関係機関・組織との意見や見解の相違　⑿　ボランティア団体・NPO

	大変感じた	ある程度感じた	あまり感じなかった	感じなかった	特に関係なかった	無回答	合計 %	N
県	0.6	9.3	9.9	9.9	65.2	5.1	100	313
市町村	1.4	9.8	17.2	16.0	48.9	6.7	100	705
全体	1.2	9.6	14.9	14.1	53.9	6.2	100	1018

図表A-74　Q16. 震災後3年の関係機関・組織との意見や見解の相違　⒀　医療機関

	大変感じた	ある程度感じた	あまり感じなかった	感じなかった	特に関係なかった	無回答	合計 %	N
県	0	2.6	6.1	6.1	79.6	5.8	100	313
市町村	0.4	2.8	13.3	14.5	62.4	6.5	100	705
全体	0.3	2.8	11.1	11.9	67.7	6.3	100	1018

図表A-75　Q16. 震災後3年の関係機関・組織との意見や見解の相違　⒁　電力会社

	大変感じた	ある程度感じた	あまり感じなかった	感じなかった	特に関係なかった	無回答	合計 %	N
県	4.2	4.8	5.1	4.8	75.4	5.8	100	313
市町村	2.3	3.4	11.2	13.3	63.0	6.8	100	705
全体	2.8	3.8	9.3	10.7	66.8	6.5	100	1018

図表A-76　Q16. 震災後3年の関係機関・組織との意見や見解の相違　⒂　通信会社

	大変感じた	ある程度感じた	あまり感じなかった	感じなかった	特に関係なかった	無回答	合計 %	N
県	0	1.3	3.8	4.2	85.0	5.8	100	313
市町村	0.4	3.1	11.5	12.5	65.4	7.1	100	705
全体	0.3	2.6	9.1	9.9	71.4	6.7	100	1018

図表A-77　Q16. 震災後3年の関係機関・組織との意見や見解の相違　(16)　その他

	大変感じた	ある程度感じた	あまり感じなかった	感じなかった	特に関係なかった	無回答	合計	
							%	N
県	1.6	4.2	5.8	7.0	50.8	30.7	100	313
市町村	0.7	1.8	4.1	6.1	45.5	41.7	100	705
全体	1.0	2.6	4.6	6.4	47.2	38.3	100	1018

図表A-78　Q17. 担当業務における復旧・復興への影響の程度　(1)　住民の行政に対する信頼

	特に影響があると思う	影響があると思う	あまり影響があると思わない	影響があると思わない	担当業務では関わりがない	無回答	合計	
							%	N
県	40.6	47.3	5.4	0.6	5.1	1.0	100	313
市町村	40.4	45.2	6.1	0.4	7.1	0.7	100	705
全体	40.5	45.9	5.9	0.5	6.5	0.8	100	1018

図表A-79　Q17. 担当業務における復旧・復興への影響の程度　(2)　職員数の確保

	特に影響があると思う	影響があると思う	あまり影響があると思わない	影響があると思わない	担当業務では関わりがない	無回答	合計	
							%	N
県	54.3	34.8	6.4	1.0	2.2	1.3	100	313
市町村	55.2	34.6	3.8	0.6	5.7	0.1	100	705
全体	54.9	34.7	4.6	0.7	4.6	0.5	100	1018

図表A-80　Q17. 担当業務における復旧・復興への影響の程度　(3)　業務実施のための財源の確保

	特に影響があると思う	影響があると思う	あまり影響があると思わない	影響があると思わない	担当業務では関わりがない	無回答	合計	
							%	N
県	60.4	29.4	5.1	0.6	3.2	1.3	100	313
市町村	60.4	28.1	4.1	1.0	5.8	0.6	100	705
全体	60.4	28.5	4.4	0.9	5.0	0.8	100	1018

図表A-81　Q17．担当業務における復旧・復興への影響の程度　(4)　復興計画上の目標・達成年度

	特に影響があると思う	影響があると思う	あまり影響があると思わない	影響があると思わない	担当業務では関わりがない	無回答	合計 %	合計 N
県	13.7	62.0	17.3	2.2	3.5	1.3	100	313
市町村	25.1	51.6	13.9	1.6	6.8	1.0	100	705
全体	21.6	54.8	14.9	1.8	5.8	1.1	100	1018

図表A-82　Q17．担当業務における復旧・復興への影響の程度　(5)　首長のリーダーシップ

	特に影響があると思う	影響があると思う	あまり影響があると思わない	影響があると思わない	担当業務では関わりがない	無回答	合計 %	合計 N
県	51.8	38.7	5.4	0.3	2.2	1.6	100	313
市町村	53.0	33.6	5.7	0.7	6.4	0.6	100	705
全体	52.7	35.2	5.6	0.6	5.1	0.9	100	1018

図表A-83　Q17．担当業務における復旧・復興への影響の程度　(6)　職員の意欲

	特に影響があると思う	影響があると思う	あまり影響があると思わない	影響があると思わない	担当業務では関わりがない	無回答	合計 %	合計 N
県	46.6	48.2	2.2	0.3	1.6	1.0	100	313
市町村	51.8	41.0	2.0	0	4.8	0.4	100	705
全体	50.2	43.2	2.1	0.1	3.8	0.6	100	1018

図表A-84　Q17．担当業務における復旧・復興への影響の程度　(7)　その他（自由記入）

	記入なし	記入あり	合計 %	合計 N
県	87.2	12.8	100	313
市町村	90.6	9.4	100	705
全体	89.6	10.4	100	1018

図表A-85　Q18.　自治体常設の危機管理機関・組織が有効に機能したか

	非常に有効	ある程度有効	どちらともいえない	あまり有効ではなかった	全く有効ではなかった	無回答	合計 %	N
県	13.1	54.6	17.6	10.5	3.2	1.0	100	313
市町村	10.4	47.0	21.0	15.7	5.1	0.9	100	705
全体	11.2	49.3	19.9	14.1	4.5	0.9	100	1018

図表A-86　Q19.　震災関連業務での参照頻度　(1)　法律や政省令

	頻繁に参照した	時々参照した	少なくとも一度は参照した	まったく参照しなかった	無回答	合計 %	N
県	12.5	26.8	32.6	27.5	0.6	100	313
市町村	12.8	32.2	26.2	27.8	1.0	100	705
全体	12.7	30.6	28.2	27.7	0.9	100	1018

図表A-87　Q19.　震災関連業務での参照頻度　(2)　地域防災計画

	頻繁に参照した	時々参照した	少なくとも一度は参照した	まったく参照しなかった	無回答	合計 %	N
県	6.4	30.4	38.7	23.6	1.0	100	313
市町村	12.1	38.7	29.4	19.0	0.9	100	705
全体	10.3	36.1	32.2	20.4	0.9	100	1018

図表A-88　Q19.　震災関連業務での参照頻度　(3)　災害対応マニュアル

	頻繁に参照した	時々参照した	少なくとも一度は参照した	まったく参照しなかった	無回答	合計 %	N
県	15.0	42.8	29.1	12.1	1.0	100	313
市町村	16.9	40.9	21.8	18.7	1.7	100	705
全体	16.3	41.5	24.1	16.7	1.5	100	1018

図表A-89　Q20. 自治体が災害に対応するうえで大切だと思うもの：1番

	国の災害法令関連の整備	自治体ごとの[地域防災計画]や[災害対応マニュアル]の整備	首長のリーダーシップ	現場での職員一人ひとりの意欲	住民や住民団体の協力	国からの支援	(県) 他都道府県からの支援 (市町村) 県からの支援	(県) 市町村との連携・協力 (市町村) 他 (市町村) からの支援	ボランティアやNPOの活動	医師・看護師・建築士・測量士・弁護士等の専門家の支援	無回答	合計 %	N
県	9.3	4.8	34.2	17.3	5.8	13.1	1.3	5.4	1.0	4.2	3.8	100	313
市町村	7.2	10.6	25.2	13.3	12.1	12.8	1.8	1.6	2.4	5.0	7.9	100	705
全体	7.9	8.8	28.0	14.5	10.1	12.9	1.7	2.8	2.0	4.7	6.7	100	1018

図表A-90　Q20. 自治体が災害に対応するうえで大切だと思うもの：2番

	国の災害法令関連の整備	自治体ごとの[地域防災計画]や[災害対応マニュアル]の整備	首長のリーダーシップ	現場での職員一人ひとりの意欲	住民や住民団体の協力	国からの支援	(県) 他都道府県からの支援 (市町村) 県からの支援	(県) 市町村との連携・協力 (市町村) 他 (市町村) からの支援	ボランティアやNPOの活動	医師・看護師・建築士・測量士・弁護士等の専門家の支援	無回答	合計 %	N
県	7.3	6.7	16.6	21.7	8.0	15.3	6.4	8.0	2.9	2.9	4.2	100	313
市町村	7.8	5.7	13.8	23.5	9.6	8.7	9.4	5.8	4.3	3.5	7.9	100	705
全体	7.7	6.0	14.6	23.0	9.1	10.7	8.4	6.5	3.8	3.3	6.8	100	1018

図表A－91　Q20. 自治体が災害に対応するうえで大切だと思うもの：3番

	国の災害法令関連の整備	自治体ごとの「地域防災計画」や「災害対応マニュアル」の整備	首長のリーダーシップ	現場での職員一人ひとりの意欲	住民や住民団体の協力	国からの支援	(県)都道府県からの支援(市町村)	(県)他市町村との連携・協力(市町村)他の市町村からの支援	ボランティアやNPOの活動	医師・看護師・建築士・測量士・弁護士等の専門家の支援	無回答	合計		
												%	N
県	9.6	7.3	11.5	10.9	13.4	14.4	8.6	12.8	2.2	5.1	4.2	100	313
市町村	9.2	8.1	15.3	10.9	17.2	10.1	7.5	6.4	2.7	4.7	7.9	100	705
全体	9.3	7.9	14.1	10.9	16.0	11.4	7.9	8.3	2.6	4.8	6.8	100	1018

図表A－92　Q20. 自治体が災害に対応するうえで大切だと思うもの：4番

	国の災害法令関連の整備	自治体ごとの「地域防災計画」や「災害対応マニュアル」の整備	首長のリーダーシップ	現場での職員一人ひとりの意欲	住民や住民団体の協力	国からの支援	(県)都道府県からの支援(市町村)	(県)他市町村との連携・協力(市町村)他の市町村からの支援	ボランティアやNPOの活動	医師・看護師・建築士・測量士・弁護士等の専門家の支援	無回答	合計		
												%	N
県	6.4	6.7	8.0	9.9	8.3	16.0	10.5	17.9	2.9	9.6	3.8	100	313
市町村	8.5	9.2	9.6	8.8	10.9	11.9	7.5	11.1	6.2	8.2	7.9	100	705
全体	7.9	8.4	9.1	9.1	10.1	13.2	8.4	13.2	5.2	8.6	6.7	100	1018

図表A-93　Q20. 自治体が災害に対応するうえで大切だと思うもの：5番

	国の災害法令関連の整備	自治体ごとの「地域防災計画」や「災害対応マニュアル」の整備	首長のリーダーシップ	現場での職員一人ひとりの意欲	住民や住民団体の協力	国からの支援	(県)他都道府県からの支援(市町村)他(市町村)県からの支援	(県)市町村との連携・協力(市町村)他(市町村)県からの支援	ボランティアやNPOの活動	医師・看護師・建築士・測量士・弁護士等の専門家の支援	無回答	合計		
												%	N
県	3.8	3.8	8.6	10.5	10.9	8.6	13.7	18.2	8.0	9.3	4.5	100	313
市町村	7.1	8.5	9.5	8.2	12.1	10.2	13.8	7.9	7.9	7.1	7.7	100	705
全体	6.1	7.1	9.2	8.9	11.7	9.7	13.8	11.1	8.0	7.8	6.7	100	1018

図表A-94　Q20. 自治体が災害に対応するうえで大切だと思うもの：6番

	国の災害法令関連の整備	自治体ごとの「地域防災計画」や「災害対応マニュアル」の整備	首長のリーダーシップ	現場での職員一人ひとりの意欲	住民や住民団体の協力	国からの支援	(県)他都道府県からの支援(市町村)他(市町村)県からの支援	(県)市町村との連携・協力(市町村)他(市町村)県からの支援	ボランティアやNPOの活動	医師・看護師・建築士・測量士・弁護士等の専門家の支援	無回答	合計		
												%	N
県	5.8	5.4	6.7	6.7	15.3	7.7	14.7	12.8	9.9	10.2	4.8	100	313
市町村	7.9	7.9	5.7	7.7	9.4	10.4	10.8	12.1	9.5	9.9	8.8	100	705
全体	7.3	7.2	6.0	7.4	11.2	9.5	12.0	12.3	9.6	10.0	7.6	100	1018

図表A-95 Q20. 自治体が災害に対応するうえで大切だと思うもの：7番

	国の災害関連法令の整備	自治体ごとの「地域防災計画」や「災害対応マニュアル」の整備	首長のリーダーシップ	現場での職員一人ひとりの意欲	住民や住民団体の協力	国からの支援	(県)他都道府県からの支援(市町村)県からの支援	(県)市町村との連携協力(市町村)他の市町村からの支援	ボランティアやNPOの活動	医師・看護師・建築士・測量士・弁護士等の専門家の支援	無回答	合計 %	N
県	5.1	6.4	4.8	4.2	9.6	8.6	14.1	11.2	16.6	14.7	4.8	100	313
市町村	5.4	8.4	4.4	6.0	8.1	8.9	12.9	12.3	14.3	10.5	8.8	100	705
全体	5.3	7.8	4.5	5.4	8.5	8.8	13.3	12.0	15.0	11.8	7.6	100	1018

図表A-96 Q20. 自治体が災害に対応するうえで大切だと思うもの：8番

	国の災害関連法令の整備	自治体ごとの「地域防災計画」や「災害対応マニュアル」の整備	首長のリーダーシップ	現場での職員一人ひとりの意欲	住民や住民団体の協力	国からの支援	(県)他都道府県からの支援(市町村)県からの支援	(県)市町村との連携協力(市町村)他の市町村からの支援	ボランティアやNPOの活動	医師・看護師・建築士・測量士・弁護士等の専門家の支援	無回答	合計 %	N
県	5.4	9.3	3.2	8.0	13.7	6.4	13.4	3.8	16.0	16.0	4.8	100	313
市町村	6.5	7.9	4.1	5.5	6.4	8.2	9.6	13.2	13.6	16.2	8.7	100	705
全体	6.2	8.3	3.8	6.3	8.6	7.7	10.8	10.3	14.3	16.1	7.5	100	1018

補章

図表A−97 Q20. 自治体が災害に対応するうえで大切だと思うもの：9番

	国の災害関連法令の整備	自治体ごとの「地域防災計画」や「災害対応マニュアル」の整備	首長のリーダーシップ	現場での職員一人ひとりの意欲	住民や住民団体の協力	国からの支援	(県) 他都道府県からの支援 (市町村) 県からの支援	(県) 市町村との連携・協力 (市町村) 他の市町村からの支援	ボランティアやNPOの活動	医師・看護師・建築士・測量士・弁護士等の専門家の支援	無回答	合計		
												%	N
県	16.3	24.0	1.3	2.9	7.3	3.5	7.3	2.9	15.7	14.1	4.8	100	313
市町村	8.9	17.0	2.1	3.5	4.1	6.2	9.2	12.6	14.5	12.9	8.8	100	705
全体	11.2	19.2	1.9	3.3	5.1	5.4	8.6	9.6	14.8	13.3	7.6	100	1018

図表A−98 Q20. 自治体が災害に対応するうえで大切だと思うもの：10番

	国の災害関連法令の整備	自治体ごとの「地域防災計画」や「災害対応マニュアル」の整備	首長のリーダーシップ	現場での職員一人ひとりの意欲	住民や住民団体の協力	国からの支援	(県) 他都道府県からの支援 (市町村) 県からの支援	(県) 市町村との連携・協力 (市町村) 他の市町村からの支援	ボランティアやNPOの活動	医師・看護師・建築士・測量士・弁護士等の専門家の支援	無回答	合計		
												%	N
県	26.2	20.1	1.3	3.2	3.2	1.6	4.8	2.2	20.8	10.2	6.4	100	313
市町村	23.7	8.5	1.8	4.0	1.8	4.3	8.7	9.4	16.2	12.9	8.8	100	705
全体	24.5	12.1	1.7	3.7	2.3	3.4	7.5	7.2	17.6	12.1	8.1	100	1018

図表A-99　Q21. 災害時の業務を補うのに適した人員

	必要な技能・知識を備えている公務員	必要な技能・知識を備えている民間のボランティア・NPO	必要な技能・知識を備えていれば誰でもよい	必要な技能・知識を備えていなくとも公務員であればよい	誰でもよい	無回答	合計 %	合計 N
県	60.7	2.2	29.7	6.4	0.3	0.6	100	313
市町村	56.2	4.1	32.3	4.5	1.7	1.1	100	705
全体	57.6	3.5	31.5	5.1	1.3	1.0	100	1018

図表A-100　Q22. 災害時に職場の業務が滞らないための措置として有効なもの（自由記入）

	記入なし	記入あり	合計 %	合計 N
県	29.7	70.3	100	313
市町村	33.2	66.8	100	705
全体	32.1	67.9	100	1018

図表A-101　Q23. 災害救助や復興への関わり方で自治体職員であることの意味（複数回答可）

	自治体職員であるがゆえに、自らの家族や親戚の安全に十分気をつかうことができなかった	自治体職員としての職責を果たすことによって、救助や復興に十分貢献できた	自治体職員としての職責は果たしたが、災害救助や復興には貢献できなかったとの思いが残る	自治体職員としての職責は果たしたが、その分、一市民としてボランティア活動などに参加できなかった	自治体職員としての自覚は特に持たなかった	なんともいえない	その他	有効回答数（N）
県	44.6	40.1	32.2	32.6	0	3.9	3.9	307
市町村	74.4	45.3	23.4	20.3	0.6	5.0	6.0	698
全体	65.3	43.7	26.1	24.1	0.4	4.7	5.4	1005

図表A-102　Q24. 発災直後の地震・津波の被害に関する情報源（複数回答可）

	ラジオ	テレビ	インターネット	防災無線	家族・親戚	知人	職場の同僚	その他	有効回答数（N）
県	51.9	69.4	30.6	5.8	5.5	3.2	20.	11.3	310
市町村	63.7	47.6	16.8	44.2	3.0	3.7	25.8	12.1	702
全体	60.1	54.2	21.0	32.4	3.8	3.6	24.0	11.9	1012

図表A-103　Q25. 自身の被災状況（複数回答可）

	家屋に被害を受け、避難を余儀なくされた	自分自身が負傷した	家族が負傷した	家族が亡くなった	被災はしていない	その他の状況	有効回答数（N）
県	10.8	0.3	1.0	1.0	44.3	46.2	305
市町村	28.7	0.9	2.4	4.9	34.1	38.5	697
全体	23.3	0.7	2.0	3.7	37.2	40.8	1002

著者一覧（執筆順）

稲継　裕昭（いなつぐ　ひろあき）〔序章、第4章〕

早稲田大学政治経済学術院教授。博士（法学）（京都大学）。大阪市職員、大阪市立大学法学部長等を経て、2007年より現職。著書に、『人事・給与と地方自治』（東洋経済新報社、2000年）、『公務員給与序説』（有斐閣、2005年）、『地方自治入門』（有斐閣、2011年）ほか。編著に『大規模災害に強い自治体間連携』（早稲田大学出版部、2012年）、『大震災に学ぶ社会科学　第2巻　震災後の自治体ガバナンス』（共編、東洋経済新報社、2015年）、『Aftermath: Fukushima and the 3.11 Earthquake』（共編、京都大学学術出版会、2017年）ほか。

大谷　基道（おおたに　もとみち）〔第1章〕

獨協大学法学部教授。早稲田大学大学院政治学研究科博士後期課程研究指導終了退学。茨城県職員、日本都市センター主任研究員、名古屋商科大学教授等を経て、2016年より現職。著書に、『ダイバーシティ時代の行政学』（共著、早稲田大学出版部、2016年）、『大震災に学ぶ社会科学　第2巻　震災後の自治体ガバナンス』（共著、東洋経済新報社、2015年）ほか。

松井　望（まつい　のぞみ）〔第2章〕

首都大学東京都市教養学部都市政策コース教授。財団法人日本都市センター研究室研究員、首都大学東京都市教養学部都市政策コース研究員、助教、准教授を経て、2017年より現職。
著書に、『地方自治論入門』（編著、ミネルヴァ書房、2012年）、『自治体政策法務の理論と課題別実践　鈴木庸夫先生古稀記念』（共著、第一法規、2017年）、『大震災に学ぶ社会科学　第2巻　震災後の自治体ガバナンス』（共著、東洋経済新報社、2015年）。

本田　哲也（ほんだ　てつや）〔第3章〕

愛媛大学大学院教育学研究科講師。慶應義塾大学大学院政策・メディア研究科修士課程修了。東京大学大学院教育学研究科博士後期課程単位取得退学。主要な論文に、「指定都市の区長による教育行政への関与の分析」（『日本教育行政学会年報』第41号、2015年）ほか。

河合　晃一（かわい　こういち）〔第5章〕

金沢大学人間社会研究域法学系講師。博士（公共経営）（早稲田大学）。東北大学大学院教育学研究科特任助教を経て、2016年より現職。著書に、『大震災に学ぶ社会科学　第2巻　震災後の自治体ガバナンス』（共著、東洋経済新報社、2015年）ほか。

中村　悦大（なかむら　えつひろ）〔第6章〕

愛知学院大学総合政策学部准教授。京都大学大学院法学研究科博士後期課程満期退学。愛媛大学法文学部講師、同准教授、学術振興会海外特別研究員（兼任）を経て、2016年より現職。主要な論文に、Etsuhiro Nakamura, Yusuke Chamoto, Tadahiko Murata, Ryota Natori.「Can Adaptively Rational Voters Control Public Policies? -Computational Extension of Outcome-Oriented Voting」（『選挙研究』第28巻2号、2012年）。

竹内　直人（たけうち　なおと）〔第7章〕

京都橘大学現代ビジネス学部教授。中央大学大学院法学研究科博士前期課程修了（法学修士）。福井県職員を経て、2017年より現職。著書等に、『自治体行政の領域』（共著、ぎょうせい、2013年）、『大震災に学ぶ社会科学 第2巻 震災後の自治体ガバナンス』（共著、東洋経済新報社、2015年）、「自治体における政策形成と予算編成の関係変化」（『公共政策研究』第17号、2017年）ほか。

```
                サービス・インフォメーション
              ┌─────────────────── 通話無料 ───┐
              │ ①商品に関するご照会・お申込みのご依頼             │
              │      TEL 0120(203)694／FAX 0120(302)640      │
              │ ②ご住所・ご名義等各種変更のご連絡                  │
              │      TEL 0120(203)696／FAX 0120(202)974      │
              │ ③請求・お支払いに関するご照会・ご要望               │
              │      TEL 0120(203)695／FAX 0120(202)973      │
              └──────────────────────────────┘
```

●フリーダイヤル（TEL）の受付時間は、土・日・祝日を除く
　9：00〜17：30です。
●FAXは24時間受け付けておりますので、あわせてご利用ください。

東日本大震災大規模調査から読み解く災害対応
　　―自治体の体制・職員の行動―

平成30年３月10日　初版発行

編　著　　稲　継　裕　昭
発行者　　田　中　英　弥
発行所　　第一法規株式会社
　　　　　〒107-8560　東京都港区南青山2-11-17
　　　　　ホームページ　http://www.daiichihoki.co.jp/

東日本災害対応　ISBN 978-4-474-06308-2　C0031（1）